In der gleichen Reihe erschienen:

Bagatell- und Schönheitsreparaturen in Mietwohnungen
ISBN 3-8029-3582-9

Mieterschutz bei Kündigung
ISBN 3-8029-3700-7

Recht für Mieter
ISBN 3-8029-3463-6

Miet-Nebenkosten
ISBN 3-8029-3730-9

Mietminderung
ISBN 3-8029-3720-1

Fallstricke im Mietvertrag
ISBN 3-8029-3945-X

Wenn der Vermieter zuviel Geld verlangt
ISBN 3-8029-3647-7

Profi-Handbuch Mietrecht
ISBN 3-8029-3333-8

Versicherungs-ABC für Haus- und Wohnungseigentümer
ISBN 3-8029-3910-7

Steuern sparen als Vermieter
ISBN 3-8029-3603-5

So kündigen Sie als Vermieter
ISBN 3-8029-3745-7

Recht auf Mieterhöhung
ISBN 3-8029-3672-8

Die Eigentumswohnung von A-Z
ISBN 3-8029-3566-7

Geld Checkliste für Vermieter
ISBN 3-8029-3925-5

Geld Checkliste für Mieter
ISBN 3-8029-3930-1

Geld Checkliste Eigentumswohnung
ISBN 3-8029-3895-X

Profi-Handbuch Wohnungs- und Hausverwaltung
ISBN 3-8029-3343-5

Profi-Handbuch Wertermittlung von Immobilien
ISBN 3-8029-3309-5

E-Mail: walhalla@walhalla.de
http://www.walhalla.de

Walhalla Fachverlag · Haus an der Eisernen Brücke · 93059 Regensburg
Telefon (09 41) 5 68 40 · Telefax (09 41) 56 84 111

KARL-FRIEDRICH MOERSCH

ABC DES MIETRECHTS

Lexikon für Mieter und Vermieter

WALHALLA
FACHVERLAG

Die Deutsche Bibliothek – CIP-Einheitsaufnahme

Moersch, Karl-Friedrich :
ABC des Mietrechts : Lexikon für Mieter und Vermieter / Karl-Friedrich Moersch. –
10., aktualisierte Aufl. – Regensburg ; Düsseldorf ; Berlin : Walhalla-Fachverl., 2000
(Geld & Gewinn)
ISBN 3-8029-3288-9

Zitiervorschlag:
K.-F. Moersch, ABC des Mietrechts,
Regensburg/Düsseldorf/Berlin, 2000

Hinweis: Unsere Ratgeber sind stets bemüht, Sie nach bestem Wissen zu informieren. Die vorliegende Ausgabe beruht auf dem Stand von Februar 2000. Verbindliche Auskünfte holen Sie gegebenenfalls bei Ihrem Rechtsanwalt ein.

10., aktualisierte Auflage

Produktion: Walhalla Fachverlag, **93042** Regensburg
Umschlaggestaltung: Gruber & König, Augsburg
Druck und Bindung: Westermann Druck Zwickau GmbH
Printed in Germany
ISBN 3-8029-3288-9

Nutzen Sie das Inhaltsmenü:
Die Schnellübersicht führt Sie zu Ihrem Thema.

Schnellübersicht

Wegweiser für Mieter und Vermieter *15*
Hinweise *16*
Abkürzungen *19*

A *Abmahnung* *21*
Abnutzung *21*
Abstandszahlung *22*
Allgemeine Geschäftsbedingungen *23*
Anfechtung *24*
Angemessene wirtschaftliche Verwertung *25*
Anzeigepflicht *28*
Aufrechnung *29*
Aufzug *30*
Auskunftspflicht (Selbstauskunft) *30*
Ausstattungsmerkmale *31*
Auszug des Mieters *32*

B *Bagatellschaden* *35*
Bauherren-Modell *36*
Besitzrecht des Mieters *37*

Schnellübersicht

Besucher 38
Betriebsbedarf 39
Betriebskosten 40
Betriebskostenumlageverordnung 43
Beweismittel 45
Beweissicherungsverfahren 46
Breitbandanschluß 47

D DDR (Neue Bundesländer) 49
Doppelvermietung 49
Dringender Eigenbedarf 50
Durchführung von Schönheitsreparaturen 51

E Eheähnliche Lebensgemeinschaft 55
Ehegatten 56
Ehescheidung 57
Eigenbedarf 59
Eilverfahren 62
Einliegerwohnung 62
Einrichtung 64
Einstellplatz 65
Einstweilige Verfügung 66
Einzugsermächtigung 66
Entscheidung (Urteil) 67

Erhöhung der Kostenmiete ... 68
Ersatzansprüche des Mieters ... 70
Ersatzansprüche des Vermieters ... 72
Ersatzmieterklausel ... 73
Ersatzwohnraum ... 74

F Fahrräder (Fahrzeuge) ... 77
Familieneinkommen ... 77
Fehlbelegung ... 81
Fehler der Mietsache ... 82
Ferienwohnung ... 83
Fernwärme ... 84
Feuchte Wände ... 86
Formularvertrag ... 88
Fristlose Kündigung ... 90
Fristlose Mieterkündigung ... 91
Funktionsgebundene Werkwohnung ... 93

G Garagen ... 95
Garten ... 95
Gebühren ... 96
Geschäftsraummiete ... 97
Grundbuch ... 98
Grundbucheintragung ... 99

Grundmietenverordnung 100
Grundsteuer 104
Grundstück 104

H Härteklausel (Kündigungsschutz) 106
Hausfriedensbruch 107
Hausmeister 108
Hausordnung 109
Hausrecht 110
Haustiere 111
Hausverwaltung 112
Heizdauer 113
Heizkostenabrechnung 114
Heizkostenverordnung 115
Heizperiode 118
Höhe der Mietminderung 118

I Informationspflicht bei Modernisierung 121
Instandhaltung 123
Instandsetzung 124

K Kabelfernsehen 126
Kaltmiete 129
Kapitalkosten 130
Kappungsgrenze 131

Kaution 133
Kehrwoche 134
Kleinreparaturen 135
Kostenmiete 137
Kündigung durch Mieter 138
Kündigung einer Sozialwohnung 140
Kündigungsfristen 142
Kündigungsgründe, besondere 143
Kündigungsschreiben 146
Kündigungsschutz 147
Kündigungssperrfrist 149

L *Lärmbelästigungen* 152
Leasing 154
Lebenshaltungsindex 154

M *Maklerprovision* 157
Mietaufhebungsvereinbarung 158
Mietausfallwagnis 159
Mieterabwesenheit 160
Mietergemeinschaft 161
Mieterhöhung 162
Mieterhöhung bei Modernisierung 168
Mieterkündigung bei Mieterhöhung 170

Mieterkündigung bei Modernisierung........ 171
Mieterkündigung bei Todesfällen............... 172
Mieterkündigung bei verweigerter Untermieterlaubnis.............................. 173
Mietermodernisierung.............................. 174
Miethöhe.. 174
Mietminderung... 176
Mietpreisüberhöhung............................... 177
Mietrecht... 178
Mietschulden.. 179
Mietsenkung.. 180
Mietsicherheit.. 181
Mietspiegel.. 182
Mietspiegelspanne.................................... 183
Mietvertrag.. 185
Mietvertrag auf Lebenszeit......................... 186
Mietwucher.. 187
Mietzins.. 188
Mindesttemperatur.................................... 189
Mischmietverhältnis.................................. 189
Möbliertes Zimmer.................................... 191
Modernisierung.. 192
Mündlicher Mietvertrag............................. 194

Musik 195
Mustermietvertrag 196

N *Nachmieter* 198
Nebenkosten 199
Nettomiete 200
Nutzungsentschädigung 201
Nutzungsverträge 202

O *Obdachlosenunterbringung* 204
Obhutspflicht 205
Ortsübliche Vergleichsmiete 206

P *Pacht* 208
Parabolantenne 209
Prozeßkosten 211
Prozeßkostenhilfe 212

R *Räumung* 214
Räumungsfrist 214
Räumungsfristverlängerung 216
Rechtsanwalt 217
Rechtsentscheid 217
Rohrverstopfung 218
Rückforderung 219

Schnellübersicht

S Sachverständiger ... 221
Schadenspauschale ... 221
Schlüssel ... 222
Schönheitsreparatur ... 223
Schriftform ... 225
Sonderkündigungsrecht ... 226
Sozialklausel ... 228
Sozialmiete ... 228
Staffelmiete ... 229
Straßenreinigung ... 231
Streitwert ... 231

T Teilkündigung ... 233
Teppichboden ... 234
Thermostatventile ... 235
Tierhaltung ... 236

U Überbelegung ... 238
Umwandlung ... 240
Umzugskosten ... 241
Umzugskostenpauschale ... 243
Unabdingbare Mieterrechte ... 244
Unterlassung von Schönheitsreparaturen ... 245
Untermietverhältnis ... 246

V *Verbrauchserfassung* 250
Vergleich 251
Vergleichsmiete bei Mieterhöhung 252
Verjährung 253
Verjährung von Schadensersatz-ansprüchen 254
Verkauf 255
Verkehrssicherungspflicht 256
Vermietergemeinschaft 258
Vermieterpfandrecht 259
Vermietung und Verpachtung 261
Vermögensgesetz 261
Vertragsstrafe 262
Vertragsverlängerung 263
Verwaltergebühren 264
Verwirkung 264
Volkseigene Wohnungen 265
Vollstreckungsschutz 266
Vorauszahlungen 267
Vorgetäuschter Eigenbedarf 268
Vorkaufsrecht 269

W *Wertsicherungsklauseln* 271
Wiedereinweisung 272

Wohnberechtigungsschein 274
Wohngeld 276
Wohngemeinschaft 277
Wohnlage 278
Wohnungsgröße 279
Wohnungsübergabe 280

Z Zeitmietvertrag 281
Zinserhöhung 284
Zufallschaden 286
Zweckentfremdung 287

Wegweiser für Mieter und Vermieter

Das Recht der Vermieter und der Mieter betrifft den weitaus größten Teil aller unserer Bürgerinnen und Bürger. Irgendwann ist jeder mit einer Rechtsfrage befaßt, die das Wohnen angeht. Es muß dabei gar keinen Streit geben, oft möchte man einfach nur wissen, was denn dieser oder jener Begriff in einem Mietvertrag bedeutet, welche Rechte und welche Pflichten aus einem Mietverhältnis entstehen.

Leider ist das Mietrecht zu einem schwierigen Spezialgebiet geworden mit vielen Sondervorschriften und immer wieder geänderten und neuen gesetzlichen Regelungen. Selbst Rechtskundige suchen häufig lange nach einer richtigen Antwort. Es reicht oft nicht nur der Blick in das Gesetz, sondern es sind auch noch viele Gerichtsentscheidungen des Bundesgerichtshofes oder der Oberlandesgerichte zu berücksichtigen. Dieses „Durcheinander" macht es häufig schwierig, sich im Mietrecht zu orientieren. Dieses ABC will Ihnen dabei helfen.

Karl-Friedrich Moersch

Hinweise

In den Jahren '93 bis '95 hat das Mietrecht erhebliche Änderungen erfahren, die sich auch auf den einzelnen auswirken können. Nachfolgend deshalb eine kurze Zusammenstellung dieser Änderungen: Die meisten Änderungen betreffen die neuen Bundesländer (jetzt Beitrittsgebiet genannt). Die letzte Änderung des Gesetzes zur „Regelung der Miethöhe" vom 15. 12. 1995 ist ebenfalls eingearbeitet.

Das bereits in Kraft getretene 4. Mietrechtsänderungsgesetz (gültig seit 1. 9. 1993) brachte neben Änderungen des Kündigungsschutzrechts auch Änderungen des Miethöhegesetzes (MHG), die seit der 4. Auflage berücksichtigt sind.

Seit der Wiedervereinigung Deutschlands (Wirksamwerden des Beitritts am 3. 10. 1990 durch den Einigungsvertrag) gilt das bisherige bundesdeutsche Mietrecht grundsätzlich auch in den fünf neuen Bundesländern. Das teilweise noch gültige Mietrecht der ehemaligen DDR soll nach und nach harmonisch an das bundesdeutsche Mietrecht angepaßt werden. Beispielsweise brachte Art. 232 § 2 EGBGB die Einschränkung der Kündigungsmöglichkeit wegen Eigenbedarf und für Einlieger gilt gem. § 11 MHG eine Sonderregelung. Hierzu wird auf die 1. und 2. Grundmietenverordnung und auf die Betriebskostenumlageverordnung verwiesen. ***Aktuell*** ist seit 1. 7. 1995 das Mietpreisrecht in den neuen Bundesländern durch die Einführung des Miethöhegesetzes neu geregelt, jedoch beschränkt durch eine 2 ½jährige Übergangsregelung. Folgendes ist bei dem „Mietenüberleitungsgesetz für die neuen Bundesländer", kurz zusammengefaßt, zu beachten:

Für ***frei finanzierte*** Wohnungen, die seit dem 3. 10. 1990 in neu errichteten Gebäuden fertiggestellt wurden, galt schon bisher das für die alten Bundesländer maßgebliche Recht, also die §§ 1–10a MHG und § 5 Wirtschaftsstrafgesetz. Den Neubauwohnungen sind solche Wohnungen gleichgestellt, die nach dem 2. 10. 1990 im Wege einer ***umfassenden Sanierung*** aus Räumen wiederhergestellt wurden, die vor dem

3. 10. 1990 unbewohnbar waren oder nach ihrer baulichen Anlage und Ausstattung anderen als Wohnzwecken dienten. Diese Wohnungen werden vom Mietenüberleitungsgesetz nicht berührt.

Für ***alle anderen Wohnungen*** galten bisher die 1. und die 2. Grundmietenverordnung sowie die Betriebskostenumlageverordnung. Diese Verordnungen sind außer Kraft getreten. Statt dessen wurde die Vorschrift des § 11 Abs. 2 MHG dahingehend abgeändert, daß die Regelungen des Miethöhegesetzes (§§ 1–10a) nunmehr auch für diese Wohnungen gelten.

Damit die Angleichung der niedrigeren Ost-Mieten an das höhere Westniveau in sozialverträglicher Weise erfolgt, hat der Gesetzgeber Übergangsvorschriften erlassen, die bis zum Jahresende 1997 befristet waren. Das Übergangsrecht ist in den neuen §§ 12–17 MHG geregelt, die teils neben, teils anstelle der §§ 1–10a MHG anzuwenden sind. Die Übergangsvorschriften sind am Tag nach der Verkündung, also am 11. 6. 1995 in Kraft getreten. Folgende stichwortartigen Aufzählungen reißen die Problematik an:

Eine Mieterhöhungsmöglichkeit besteht nur, wenn ein Gebäude ***keine*** erheblichen Schäden aufweist; die Miete kann in den neuen Bundesländern um höchstens 15 % erhöht werden. Bei Wohnungen ohne Zentralheizung höchstens 10 %. Ab 1. 1. 1997 ist eine weitere Mieterhöhung um 5 % möglich bei Gemeinden mit mindestens 20 000 Einwohnern oder in Gemeinden, die an Gemeinden mit mindestens 100 000 Einwohnern angrenzen. Die sog. „Marktmiete" wird als Obergrenze eingeführt. Das Kriterium der „ortsüblichen Miete" als Maßstab für die Mieterhöhung spielt nach dem Überleitungsrecht bisher keine Rolle. Der Mieter ist nur verpflichtet, einer Erhöhung bis zur „Marktmiete" (§ 12 Abs. 5 MHG) zuzustimmen. Marktmiete ist dabei derjenige Mietpreis, der bei einer Neuvermietung erzielt werden kann.

Im vorgerichtlichen Mieterhöhungsverfahren muß der Vermieter nichts zur Marktmiete ausführen. Vielmehr muß der Mieter ***einwenden*** und ggf. beweisen, daß die Marktmiete geringer ist als die verlangte Miete.

Die Mieterhöhung nach einer Modernisierungsmaßnahme darf in den neuen Bundesländern nur insgesamt 3,00 DM pro qm Wohnfläche monatlich ausmachen. Danach kann der Vermieter 11 % der Modernisierungskosten auf die Mieter umlegen. Die eingeführte Begrenzung galt allerdings nur ***bis zum 31. 12. 1997.*** Seit 1. 1. 1998 gilt § 3 MHG wiederum uneingeschränkt. Anstelle der Betriebskostenumlageverordnung ist nunmehr § 14 MHG getreten. Bei der Erhöhung der Kapitalkosten gem. § 15 MHG ist zu beachten, daß die Zinsbelastung durch Altschulden, die der Vermieter zu tragen hat, nicht zu den umlagefähigen Kapitalkosten gehört. Auch ist die höchstzulässige Miete nach Art. 2 des Mietenüberleitungsgesetzes geregelt. Unangemessen hoch sind solche Entgelte, die infolge der Ausnutzung eines geringen Angebotes die ortsübliche Miete um mehr als 20 % übersteigen. Ist eine höhere Miete zur Deckung der laufenden Aufwendungen des Vermieters erforderlich, so darf die ortsübliche Miete um bis zu 50 % überschritten werden. Auch hat es Änderungen beim Wohngeldsondergesetz gegeben. Für Familien gibt es zusätzliche Freibeträge, die nach der Familiengröße gestaffelt sind.

Die gesetzliche Änderung hat zur Folge, daß die Betriebskostenumlageverordnung außer Kraft getreten und durch das Mietenüberleitungsgesetz ersetzt worden ist. Ebenso ist die 2. Grundmietenverordnung durch das Mietenüberleitungsgesetz außer Kraft getreten.

Die Änderungen zur „Kappungsgrenze", die ab 1. 9. 1998 gelten, sind ebenso berücksichtigt wie auch die Auswirkungen des Euro-Einführungsgesetzes ab 1. 1. 1999 auf den „Lebenshaltungsindex" und auf die „Wertsicherungsklauseln".

Abkürzungen

Abs.	Absatz
AGBG	Gesetz zur Regelung des Rechts der Allgemeinen Geschäftsbedingungen
a. M.	anderer Meinung
BGB	Bürgerliches Gesetzbuch
BGBl.	Bundesgesetzblatt
BGH	Bundesgerichtshof
BGHZ	Entscheidungen des Bundesgerichtshofs in Zivilsachen
BRAGO	Bundesrechtsanwaltsordnung
DB	Der Betrieb
DNR	Dauernutzungsrecht
Düss	OLG Düsseldorf
DWE	Der Wohnungseigentümer
DWR	Dauerwohnrecht
EGBGB	Einführungsgesetz zum Bürgerlichen Gesetzbuch
Ffm	OLG Frankfurt am Main
FGG	Gesetz über die Angelegenheiten der freiwilligen Gerichtsbarkeit
GBO	Grundbuchordnung
GbR	Gesellschaft bürgerlichen Rechts
KG	Kammergericht/Kommanditgesellschaft
LG	Landgericht
MDR	Monatsschrift für Deutsches Recht
MHG	Miethöhegesetz
NJW	Neue Juristische Wochenschrift (juristisches Fachblatt)
NJW RR	Rechtsprechungsreport der NJW
NZM	Neue Zeitschrift für Miet- und Wohnungsrecht

OHG	Offene Handelsgesellschaft
OLG	Oberlandesgericht
OLGZ	Entscheidungen der Oberlandesgerichte in Zivilsachen einschließlich der freiwilligen Gerichtsbarkeit
qm	Quadratmeter (m^2)
S.	Satz/Sätze
SchlHA	Schleswig-Holsteinische Anzeigen
VOB	Verdingungsordnung für Bauleistungen
VOB/A	VOB Teil A
VOB/B	VOB Teil B
WEG	Wohnungseigentumsgesetz
WEM	Wohnungseigentümer-Magazin
WM	Wohnungswirtschaft und Mietrecht
WiStG	Wirtschaftsstrafgesetz
ZGB	Zivilgesetzbuch (der ehemaligen DDR)
ZMR	Zeitschrift für Miet- und Raumrecht
ZPO	Zivilprozeßordnung
ZVG	Zwangsversteigerungsgesetz

Abmahnung

Unter einer Abmahnung versteht man eine mündliche oder schriftliche Aufforderung des Vermieters an den Mieter, einen ganz bestimmten vertragswidrigen Gebrauch der Mietsache künftig ab sofort zu unterlassen. Möchte der Vermieter gerichtlich durchsetzen, daß der Mieter bestimmte Tätigkeiten unterläßt, oder möchte der Vermieter eine fristlose Kündigung wegen vertragswidrigen Gebrauchs aussprechen, so ist die Abmahnung von Gesetzes wegen zwingend als Voraussetzung in den §§ 550 und 553 BGB vorgeschrieben. Die Abmahnung muß konkret und bestimmt sein. Insbesondere muß dem Mieter völlig klar sein, welche vertragswidrigen Verhaltensweisen und Störungen der Vermieter bemängelt und in Zukunft abgestellt haben möchte. Gehen die Störungen von Besuchern des Mieters oder anderen Personen aus, so muß die Abmahnung trotzdem an den Mieter gerichtet werden. Der Mieter ist dann seinerseits verpflichtet, die geltend gemachten Beanstandungen zu beseitigen und den Dritten entsprechend zur Unterlassung aufzufordern. Eine schuldhafte Verletzung der Vertragspflichten ist gegeben, wenn der Mieter trotz des Zuganges von berechtigten Abmahnungen seine schuldhaften Vertragsverletzungen nicht unterläßt. Der Vermieter kann dann entweder eine Unterlassungsklage erheben oder eine fristlose Kündigung aussprechen. Von einer ordnungsgemäßen Abmahnung kann dann keine Rede sein, wenn der Vermieter dem Mieter nur in allgemeinen Worten beschreibt, was er nicht möchte. Pauschale Werturteile stellen keine Abmahnung dar.

Weitere Stichwörter:

Fristlose Kündigung, Haustiere, Überbelegung

Abnutzung

Unter diesem Stichwort versteht man die „Veränderungen oder Verschlechterungen der gemieteten Sache". So steht es in § 548 BGB. Werden die Veränderungen oder Verschlechterungen durch den vertragsgemäßen Gebrauch herbeigeführt, so braucht der Mieter sie nicht zusätzlich zu erstatten, da die Abnutzung mit dem Mietzins abgegolten ist.

Im früheren Recht der ehemaligen DDR gab es eine Regelung gem. § 104 Zivilgesetzbuch (ZGB). Danach hatte der Mieter während des Mietverhältnisses in der Wohnung durch vertragsgemäße Nutzung notwendig gewordene Malerarbeiten ausführen zu lassen. Außerdem waren in der ehemaligen DDR die Wohnung und die Gemeinschaftseinrichtung „pfleglich zu behandeln". An diesen Pflichten hat sich nach dem Einigungsvertrag nichts geändert. Daß eine Mietsache pfleglich zu behandeln ist, steht zwar nicht ausdrücklich im BGB, folgt aber aus der Obhutspflicht des Mieters und ist eine Selbstverständlichkeit. Im übrigen richtet sich die Frage der Vertragsmäßigkeit und der Vertragswidrigkeit einer Abnutzung seit dem 3. 10. 1990 in Deutschland nach den zum BGB entwickelten Grundsätzen, insbesondere zu § 548 BGB. Z. B.: Normaler Verschleiß von Teppich und sonstigen Böden wird mit der Miete abgegolten. Dübellöcher sind zu schließen. Angebohrte Fliesen an der Wand brauchen im Normalfall nicht besonders erneuert zu werden.

Weitere Stichwörter:

Ersatzansprüche des Vermieters, Fehler der Mietsache, Modernisierung, Schönheitsreparatur, Teppichboden

Abstandszahlung

In der Bundesrepublik Deutschland herrschte akute Wohnungsnot. Es fehlten insgesamt etwa 1 Million Wohnungen. Diese Wohnungsknappheit führte zu Abstandszahlungen zwischen einem „Vormieter" und einem „Nachmieter". Unter Abstandszahlungen versteht man Zahlungen an einen Mieter (Vormieter), um ihn zur Aufgabe oder Räumung seiner Wohnung zu veranlassen. Ferner wird häufig bei

Abstandszahlungen vereinbart, daß der Vormieter dem Nachmieter zahlreiche Einrichtungsgegenstände veräußert. Gerade wegen der Einbauten des Vormieters sind die Abstandszahlungen bedeutsam. Die Höhe der Abstandszahlungen richtet sich nach dem Grad der Abnutzung der zu übernehmenden Einrichtungsgegenstände sowie nach der örtlichen Marktlage (Angebot und Nachfrage regeln den Preis).

Solche Abstandszahlungen sind aber nur noch unter bestimmten Voraussetzungen erlaubt, d. h. das neue Vierte Mietrechtsänderungsgesetz hat sie generell für unwirksam erklärt. Es sei denn, es ist Inventar betroffen oder es wird eine Umzugsbeihilfe bezahlt. Auf die ausführliche Darstellung unter dem Stichwort „Umzugskosten" wird verwiesen.

Weitere Stichwörter:

Ersatzansprüche des Mieters, Ersatzwohnraum, Mietaufhebungsvereinbarung, Nachmieter, Umzugskostenpauschale

Allgemeine Geschäftsbedingungen

Unter allgemeinen Geschäftsbedingungen (AGB) versteht man einseitige, vorformulierte Vertragsbedingungen, die ein Vertragspartner zum Bestandteil der vertraglichen Beziehungen macht. Seit dem 1. 4. 1977 ist das Gesetz zur Regelung des Rechts der allgemeinen Geschäftsbedingungen (AGBG) in Kraft, das den zulässigen Inhalt von allgemeinen Geschäftsbedingungen regelt. Interessant ist in diesem Zusammenhang beispielsweise die Verpflichtung, daß der Verwender der allgemeinen Geschäftsbedingungen die andere Vertragspartei auf die AGB hinzuweisen hat (§ 21 AGBG). Erwähnenswert ist auch die Regelung, daß solche AGB nicht Vertragsbestandteil werden, die so ungewöhnlich sind, daß der andere Vertragspartner mit ihnen nicht zu rechnen braucht (§ 3 AGBG). Weiter ist die Regelung wichtig, daß solche Bestimmungen in AGB unwirksam sind, die den Vertragspartner entgegen Treu und Glauben unangemessen benachteiligen (§ 9 AGBG). Die Regelungen des AGB-Gesetzes, insbesondere die vorgenannten Vorschriften und ihre Auslegung werden durch eine unüberschaubare Anzahl von Urteilen konkretisiert. Auch bei der Verwendung von Formularmietverträgen für Wohnräume ist das AGB-Gesetz anwendbar. Wer sich auf allgemeine Geschäftsbedingungen berufen will, muß den Vertragspartner entsprechend darauf hinweisen. Allgemeine Geschäftsbedingungen werden dann nicht Vertragsbestandteil, wenn sie dem Vertragspartner erst mit Übersendung der Rechnung mitgeteilt werden. Allgemeine Geschäftsbedingungen müssen dem Vertragspartner vielmehr vor Vertragsschluß zur Kenntnis gebracht werden.

Weitere Stichwörter:
Formularvertrag, Mustermietvertrag

Anfechtung

In Ausnahmefällen kann ein Mietvertrag durch Anfechtung dann beendet werden, wenn sich die Vertragspartner beim Vertragsabschluß entweder über wesentliche Umstände geirrt haben oder der Vertragsabschluß durch arglistige Täuschung oder Drohung zustande gekommen ist. Das heißt allerdings nicht, daß ein bloß nachteiliger oder unvorteilhafter Mietvertrag bereits angefochten werden kann. Es muß vielmehr ein Irrtum im Sinne des § 119 BGB vorliegen. Der Vertragsschließende muß sich über den Inhalt seiner Willenserklärung geirrt haben bzw. wollte eine Erklärung diesen Inhalts überhaupt nicht abgeben. Gem. § 121 BGB muß die Anfechtung wegen Irrtums ohne schuldhaftes Zögern – also unverzüglich – erfolgen, nachdem der Anfechtungsberechtigte von dem Anfechtungsgrund erfahren hat. Die Anfechtung wegen arglistiger Täuschung oder Drohung kann gem. § 124 BGB binnen Jahresfrist erfolgen. Diese Frist beginnt im Fall der arglistigen Täuschung mit dem Zeitpunkt, in welchem der Anfechtungsberechtigte die Täuschung entdeckt, im Fall der Drohung mit dem Zeitpunkt, in welchem die Zwangslage aufhört (§ 124 Abs. 2 BGB). Desweiteren muß der Anfechtende beachten, daß er die Beweislast trägt und gem. § 122 BGB eventuell der anderen Seite den Schaden zu ersetzen hat, den diese dadurch erleidet, daß sie auf die Gültigkeit der Erklärung vertraut.

Ein Anfechtungsrecht des Mieters besteht beispielsweise dann, wenn der Vermieter diesem auf Befragen wesentliche Mängel der Mietwohnung verschweigt wie Feuchtigkeit, Ungeziefer, Hausschwamm etc. Eine Aufklärungspflicht des Vermieters besteht jedoch nicht unbeschränkt, wenn der Mieter vor Abschluß des Mietvertrages ausreichend Gelegenheit hatte, die Wohnung zu besichtigen und zu prüfen.

Auch der Vermieter kann eventuell den Mietvertrag anfechten bzw. fristlos kündigen, wenn auf sein Befragen hin der Mieter nachweislich falsche Auskünfte erteilt.

Für den Fall, daß der Mietvertrag ein Rücktrittsrecht vorsieht, verhindert § 570a BGB die einfache Auflösung des Mietverhältnisses zu Lasten des Mieters, indem auch in diesem Fall der gesetzliche Kündigungsschutz Anwendung findet.

Weitere Stichwörter:
Auskunftspflicht, Fristlose Kündigung, Kündigungsschutz

Angemessene wirtschaftliche Verwertung

Der Vermieter kann ein Mietverhältnis über Wohnraum kündigen, wenn er ein berechtigtes Interesse an der Beendigung des Mietverhältnisses hat. Zu den berechtigten Interessen an der Beendigung des Mietverhältnisses gehört neben dem Eigenbedarf auch die „angemessene wirtschaftliche Verwertung". In § 564b Abs. 2 Nr. 3 BGB heißt es: „. . . als ein berechtigtes Interesse des Vermieters an der Beendigung des Mietverhältnisses ist es insbesondere anzusehen, wenn . . .

der Vermieter durch die Fortsetzung des Mietverhältnisses an einer angemessenen wirtschaftlichen Verwertung des Grundstücks gehindert und dadurch erhebliche Nachteile erleiden würde ...".

Häufig ist der notwendige Verkauf eines Mietshauses nur wirtschaftlich sinnvoll, wenn das Mietshaus oder die Mietwohnung vollkommen frei von Mietern ist. Ist die zu verkaufende Wohnung vermietet, reduziert sich der Verkaufserlös meistens.

Bei dieser Art der Kündigung stellen die Gerichte in der Regel strenge Beweisanforderungen an das Vorliegen der Kündigungsgründe. Es steht dem Vermieter nach dem Gesetz frei, als Eigentümer der Wohnung diese unabhängig von ihrer Vermietung wirtschaftlich zu nutzen und zu verwerten. Der Eigentümer ist zwar gehalten, auf die Belange des Mieters Rücksicht zu nehmen, so daß er nicht bei jedem wirtschaftlichen Nachteil eine Räumung der Mietwohnung fordern kann. Allerdings dürfen die wirtschaftlichen Einbußen oder Nachteile keinen solchen Umfang annehmen, daß die Nachteile beim Vermieter größer sind als die Nachteile, die dem Mieter dadurch entstehen, daß er seine Wohnung verliert.

Aufgrund der im Zivilrecht herrschenden Vertragsfreiheit ist der Vermieter jederzeit grundsätzlich berechtigt, sein Objekt zu verwerten, indem er es verkauft. Dieses elementare Recht des Eigentümers darf nicht beschränkt werden. Dem Vermieter kann deshalb nicht zugemutet werden, ein Mietverhältnis so lange bestehen zu lassen, bis der Vermieter selbst in wirtschaftliche Schwierigkeiten gerät. Kann der Vermieter im Rahmen eines Räumungsprozesses und auch schon im Kündigungsschreiben vortragen, daß zwischen dem erzielbaren Erlös bei der Veräußerung einer vermieteten Wohnung und den Preiserwartungen hinsichtlich des Verkaufs einer leeren bzw. unvermieteten Wohnung ein Mißverhältnis besteht, so muß das angerufene Gericht im Rahmen des Räumungsprozesses diesen Hinweisen nachgehen. Besteht ein krasses Mißverhältnis zwischen den zu erzielenden Erlösen im vermieteten oder unvermieteten Zustand, so kann dies zur Folge haben, daß ein Verkauf einer vermieteten Wohnung als wirtschaftlich sinnlos anzunehmen ist. Eventuell dem Mieter gewährter Kündigungsschutz stellt damit ein Verkaufshindernis dar.

Der Vermieter erleidet erhebliche wirtschaftliche Nachteile, wenn das zu verkaufende oder zu verwertende Grundstück über längere Zeiten keine Nutzungen erbringt und überwiegend Kosten verursacht oder ein geringer Kaufpreis zu erzielen ist, wenn die im Gebäude befindliche Wohnung nicht geräumt ist. Die Voraussetzungen, Hinderung an einer angemessenen wirtschaftlichen Verwertung und dadurch entstehende erhebliche Nachteile, muß der Vermieter im Rahmen eines Prozesses in vollem Umfang darlegen und beweisen.

Eine wirtschaftliche Verwertung eines Grundstücks kann auch darin gesehen werden, daß das Gebäude vollständig abgerissen wird oder in der Bausubstanz grundlegend erneuert werden soll. Ausgeschlossen ist eine Kündigung der vorgenannten Art jedoch immer dann, wenn damit erreicht werden soll, daß der Vermieter mit anderen Mietern ein neues Mietverhältnis eingehen kann, um eine höhere Monatsmiete zu erzielen.

Möglicherweise können die Kündigungsgründe auch dann ausgeschlossen sein, wenn die ursprünglich als Wohnraum vermieteten Räumlichkeiten neu vermietet werden sollen, und zwar zu gewerblichen oder freiberuflichen Zwecken. Soll die Wohnung einer neuen Nutzung zugeführt werden, so muß möglicherweise eine behördliche Genehmigung vorliegen. Die Genehmigung muß dann schon zum Zeitpunkt der Kündigung vorhanden sein (Verbot der Zweckentfremdung).

Eine Kündigung mit dem Hinweis auf eine bessere wirtschaftliche Verwertung ist bei Altverträgen völlig ausgeschlossen. Dies ist eine Sonderregelung in den neuen Bundesländern. Altverträge sind die Mietverträge, die erstmals vor dem 3. 10. 1990 (vgl. Einigungsvertrag) abgeschlossen worden sind.

Dabei ist jedoch zu beachten, daß die bloße Änderung von bestehenden Verträgen nicht unbedingt einen Neuvertrag darstellt.

Weitere Stichwörter:

Eigenbedarf, Kündigungsfristen, Kündigungsschreiben, Mietaufhebungsvereinbarung

Anzeigepflicht

Zeigt sich im Laufe der Mietzeit ein Mangel der gemieteten Sache oder wird eine Vorkehrung zum Schutze der Sache gegen eine nicht vorhergesehene Gefahr erforderlich, so hat der Mieter den Vermieter unverzüglich davon zu informieren (§ 545 BGB). Das gleiche gilt, wenn sich ein Dritter ein Recht an der Sache anmaßt.

Unterläßt der Mieter die Anzeige (Information), so ist er zum Ersatz des daraus entstandenen Schadens verpflichtet. Er ist, soweit der Vermieter infolge der Unterlassung der Anzeige keine Abhilfe schaffen konnte, nicht berechtigt, die im § 537 BGB (Mängel der Mietsache/Mitzinsminderung) bestimmten Rechte geltend zu machen. Grundgedanke dieser im BGB normierten Vorschrift ist, daß dem Vermieter Gelegenheit gegeben werden soll, die Mängel zu beseitigen und den eventuell zu befürchtenden Schaden möglichst zu begrenzen. Die Anzeigepflicht ist an keine bestimmte Form gebunden, es reicht eine mündliche Information des Vermieters aus.

Es gibt allerdings bestimmte Ausnahmefälle, in denen der Mieter auf die Anzeigepflicht nicht verwiesen werden darf. Dies ist immer dann der Fall, wenn der Vermieter den Mangel kennt oder erkennen muß. Eine Mängelanzeige kann auch dann entfallen, wenn der Vermieter den Mangel selbst gar nicht abstellen kann. Dann wäre die Anzeigepflicht des Mieters eine nutzlose Forderung, die als unsinnig anzusehen ist.

Weitere Stichwörter:
Fehler der Mietsache, Höhe der Mietminderung, Instandhaltung, Instandsetzung, Mietminderung, Mietzinsminderung, Schönheitsreparatur

Aufrechnung

Nach Maßgabe von § 387 ff. BGB kann der Mieter gegen Mietzinsforderungen des Vermieters mit eigenen Geldforderungen aufrechnen. Dabei spielt es im Prinzip keine Rolle, woher die Gegenforderung rührt. Beispielsweise aus einer überhöhten Mietzinszahlung, aus einem Schadensersatzanspruch wegen eines Mangels der Mietsache, aus einer unerlaubten Handlung oder aus einem sonstigen Grund.

Nach Maßgabe von § 273 BGB kann der Mieter auch die Zahlung des Mietzinses verweigern und ein Zurückbehaltungsrecht daran geltend machen. Dieses Zurückbehaltungsrecht besteht so lange, als der Mieter gegen den Vermieter einen fälligen Anspruch hat. Dieses Recht endet, wenn der Vermieter diesen Anspruch erfüllt.

In diesem Zusammenhang muß der Mieter allerdings § 552a BGB berücksichtigen. Danach muß die geplante Aufrechnung bzw. die beabsichtigte Zurückbehaltung bei Wohnraummietverhältnissen einen Monat vor Fälligkeit des Mietzinses schriftlich angezeigt werden. § 552a BGB beschränkt damit den in Formularverträgen häufig vereinbarten Ausschluß der Aufrechnung und des Zurückbehaltungsrechtes für die Ansprüche des § 538 BGB. Die Anwendung von § 552a BGB kann vertraglich nicht ausgeschlossen werden; ein Beispiel aus der Rechtsprechung: LG Lüneburg, ZMR 99, 175.

Weitere Stichwörter:
Allgemeine Geschäftsbedingungen, Fehler der Mietsache, Mietminderung, Mietpreisüberhöhung, Rückforderung

Aufzug

Ist in einem Mietshaus ein Aufzug (Fahrstuhl) vorhanden, so gilt dieser ohne besondere Vereinbarung als mitvermietet. Damit hat der Mieter, oder seine Angehörigen oder Besucher, einen grundsätzlichen Anspruch auf die uneingeschränkte Benutzung des Aufzuges, also auch zur Nachtzeit. Die Benutzung kann jedoch durch eine Hausordnung, die Bestandteil des Mietvertrages geworden sein muß, eingeschränkt und näher geregelt werden. Der Vermieter ist bei vorhandenem Aufzug verpflichtet, den gefahrlosen Betrieb des Aufzugs zu gewährleisten. Ist der Aufzug wegen Mängel der Fahrstuhlanlage wiederholt längere Zeit außer Betrieb, so kann der Mieter möglicherweise den Mietzins entsprechend mindern. Der Vermieter ist verpflichtet, den Aufzug instand zu halten.

Die Betriebskosten für den Aufzug sind in der Regel mit der Zahlung des vereinbarten Mietzinses abgegolten. Die Betriebskosten sind somit aus den Mieteinnahmen des Vermieters zu bestreiten. Möglich ist aber auch, daß zwischen Mieter und Vermieter vereinbart ist, daß die Betriebskosten des Aufzuges als Nebenkosten vom Mieter zusätzlich entrichtet werden müssen. Dann trägt der Mieter anteilig die Kosten.

Weitere Stichwörter:
Betriebskosten, Mietzinsminderung

Auskunftspflicht (Selbstauskunft)

Immer wieder stellt sich die Frage, ob der Mieter den Vermieter anlügen darf. Hat der Mieter vor Vertragsschluß Auskunftspflichten nachzukommen? Häufig wird man feststellen, daß der Vermieter sich vor Abschluß des Mietvertrages über die wirtschaftlichen Verhältnisse des Mieters erkundigen möchte. Für den Wohnungssuchenden ist dabei von Interesse, ob er die Fragen des Vermieters ohne rechtliche Folgen wahrheitswidrig beantworten darf. Grundsätzlich bleibt festzustellen, daß der Vermieter einen abgeschlossenen Mietvertrag wegen arglistiger Täuschung anfechten kann, wenn der Mieter in einer von ihm erklärten Selbstauskunft unrichtige Angaben über seinen Familienstand (ledig/verheiratet) gemacht hat.

Rechtlich zulässige Fragen des Vermieters müssen wahrheitsgemäß beantwortet werden. Sagt der Mieter die Unwahrheit, hat der Vermieter eventuell die Möglichkeit, sich von dem abgeschlossenen Mietvertrag ohne Kündigung durch Anfechtung zu lösen. Umstritten ist in diesem Zusammenhang eigentlich nur das Problem, welche Fragen rechtlich zulässig sind und welche nicht.

Sicherlich zulässig sind Fragen nach dem derzeitigen Arbeitgeber des Wohnungssuchenden und ob ein wohnungsuchendes Paar verheiratet ist oder nicht.

Weitere Stichwörter:
Eheähnliche Lebensgemeinschaft, Ehegatten, Mietvertrag

Ausstattungsmerkmale

Möchte ein Vermieter eine Mieterhöhung eines frei finanzierten Wohnraums durchsetzen, so wird er häufig auf einen Mietspiegel zurückgreifen können. Bei dessen Anwendung wird eine Wohnung einer von drei Gruppen zugeteilt. Ein Gruppenmerkmal sind die sogenannten „Ausstattungsmerkmale".

Unter einer „einfachen Ausstattung" versteht man: Wohnungen ohne Zentralheizung, ohne Teppich/Parkett-Fußböden, ohne Doppelfenster, Küche/Bad (Dusche) ohne Fliesen. In Wohnungen mit „einfacher Ausstattung" sind die Versorgungs- und Elektroleitungen überwiegend auf Putz. Weitere Kriterien kommen hinzu: schlechter Zuschnitt der Wohnung und Toilette außerhalb der Wohnung.

Wohnungen mit Bad (Dusche) oder Zentralheizung gehören zu Wohnungen mit „mittlerer Ausstattung". Weiter ist bei der mittleren Ausstattung anzunehmen, daß Dusche und/oder Küche gekachelt sind, Versorgungsleitungen überwiegend unter Putz liegen. Außerdem sollte eine solche Wohnung über Doppelfenster zumindest auf der Windseite verfügen und einen gut nutzbaren Zuschnitt haben.

Wohnungen mit Bad und Zentralheizung, Teppichboden oder Parkettfußboden werden unter das Merkmal „gute Ausstattung" eingeordnet. In der Regel sind die Versorgungsleitungen unter Putz und die Wohnung ist mit Doppelfenstern ausgestattet, sowie mit einem guten Zuschnitt versehen. Die Wohnungen mit „guter Ausstattung" entsprechen neuesten Ansprüchen des zeitgerechten Wohnens.

Anzumerken ist noch, daß eine überdurchschnittlich gut ausgestattete Altbauwohnung trotz fehlendem Bad oder nicht vorhandener Zentralheizung durchaus der mittleren Ausstattungsgruppe zugeordnet werden kann. Es ist auch denkbar, daß Wohnungen mit Bad aber sonst sehr einfacher Ausstattung als zur ersten Gruppe (einfache Ausstattung) gehörend angesehen werden können.

Weitere Stichwörter:
Miethöhe, Mietspiegel, Wohnlage

Auszug des Mieters

Im Zusammenhang mit der Beendigung eines Mietverhältnisses und mit dem Auszug des Mieters aus der Mietwohnung taucht immer wieder die Frage auf, in welchem Zustand der Mieter die von ihm angemieteten Räume zu verlassen hat. Allgemeine Meinung ist, daß der Mieter auf keinen Fall die Räume absolut neuwertig zurückzugeben hat, auch wenn er sie neu übernommen hat. Geringe Abnutzungsschäden müssen vom Vermieter hingenommen werden.

Folgendes Motto kann als Anhaltspunkt für die Klärung der Frage genommen werden: Die Wohnung soll sich in einem solchen Zustand befinden, daß der Vermieter sie ohne eigene Aufwendungen wieder vermieten kann. Im Falle eines Prozesses wird der Mieter nicht mit dem Argument gehört, er brauche bei der Beendigung des Mietverhältnisses keine Schönheitsreparaturen durchzuführen. Weiteres Argument: Seit seinem Einzug oder seit der letzten Renovierung sei die im vereinbarten Mietvertrag vorgesehene Frist („Fristenplan") noch nicht abgelaufen. Beide Einwendungen kann der Mieter nicht vorbringen, wenn der tatsächliche Zustand der Räume mangelhaft ist.

Kurz gesagt, kommt es nicht auf die Einhaltung der Fristen an, sondern auf den tatsächlichen Zustand der Räume. Dies ist in jedem Einzelfall gesondert zu prüfen. Außerdem kommt es auf die vertraglichen Vereinbarungen an. Welche Arbeiten der Mieter bei seinem Auszug im einzelnen durchführen muß, ergibt sich aus dem tatsächlichen Zustand der Räume und nicht aus der Tatsache, in welchem Zustand der Mieter bei Mietbeginn die Mieträume übernommen hat.

Dies kann zu dem Ergebnis führen, daß der Mieter einen Wohnraum in einem besseren Zustand bei Mietende zurückgeben muß, als er ihn bei Mietbeginn erhalten hat. Haben die Mietparteien bei Vertragsbeginn etwas anderes ausdrücklich vereinbart, kommt es auf die jeweilige Vereinbarung an: Ist vereinbart, daß der Mieter die Wohnung im gleichen Zustand zurückzugeben hat, in dem er sie erhalten hat, braucht er eine stark abgewohnte Wohnung auch nur im abgewohnten Zustand zurückzugeben, eine neue Wohnung (Erstbezug) in neuwertigem Zustand. Immer wieder kommt es zu Schwierigkeiten zwischen Mieter und Vermieter, wenn die Mietzeit nur von kurzer Dauer war und sich der Mieter bei seinem Auszug darauf beruft, er habe die Räume in der kurzen Zeit nicht abgewohnt. Zieht der Mieter kurzfristig oder vor Ablauf eines vereinbarten üblichen Fristenplanes aus, so kann sich ergeben, daß der Mieter sich quotenmäßig (prozentual) an den Kosten von Schönheitsreparaturen zu beteiligen hat.

Weitere Stichwörter:

Kaution, Nachmieter, Räumung, Schönheitsreparaturen, Umzugskosten

Bagatellschaden

In Mietverträgen wird nicht selten geregelt, daß der Mieter für kleine Instandsetzungen und zur Beseitigung von Bagatellschäden die Kosten zu tragen hat. Eine derartige formularmäßige Bagatellschadensklausel ist nur in einigen eng begrenzten Fällen wirksam. So hat das OLG Stuttgart entschieden, daß der Vermieter Bagatellreparaturen nur bis zu einer Größenordnung von etwa 100,00 DM pro Einzelfall auf den Mieter abwälzen kann und dies auch nur unter der Voraussetzung, daß insgesamt nicht höhere Kosten als 8 bis 10 % der Jahresmiete entstehen (OLG Stuttgart, WM 88, 149). Bagatellschadensklauseln, die keinen Begrenzungsbetrag vorsehen, sind unwirksam (OLG München, WM 89, 128).

Stellt sich erst nach Durchführung der Reparaturarbeiten heraus, daß die Behebung der Bagatellschäden die Wertgrenze überschreitet, so kann der Mieter den Mehrbetrag vom Vermieter zurückverlangen, wenn er die Kostenüberschreitung nicht voraussehen konnte. Ebenfalls ist es dem Vermieter nicht gestattet, die grundsätzlich zulässige Bagatellschadensklausel dadurch zu umgehen, daß er eine größere Reparaturrechnung in mehrere kleinere aufspaltet.

Desweiteren muß die Bagatellschadensklausel den Umfang der Gegenstände, die sie betrifft, zahlenmäßig bestimmen, damit der Mieter seine Kostentragungspflicht überschauen und kalkulieren kann. Schließlich darf die Klausel nur solche Teile der Mietwohnung betreffen, die dem direkten und häufigen Zugriff des Mieters ausgesetzt sind.

Hat der Mieter bereits danach in der Vergangenheit zuviel für Bagatellschäden an seinen Vermieter gezahlt, steht ihm insoweit unter bestimmten Voraussetzungen ein Rückforderungsrecht zu.

Weitere Stichwörter:
Anzeigepflicht, Instandsetzung, Kleinreparaturen, Mietminderung, Rohrverstopfung, Rückforderung

Bauherren-Modell

Es gibt Kapitalanleger, die finanzielle Investitionen aus steuerlichen Gründen in Immobilien vornehmen. Zu einem solchen Steuervorteil kann unter Umständen auch die Teilnahme an einem sogenannten „Bauherren-Modell" führen. Aus der Sicht des Mieters und des Vermieters ist dabei folgendes zu beachten: Der Eigentümer einer Wohnung, die im „Bauherren-Modell" erworben worden ist, ist aus steuerlichen Gründen gezwungen, nicht direkt an den Wohnungsnutzer (Mieter) zu vermieten, sondern er muß einen gewerblichen Zwischenvermieter/Zwischenmieter (Vermietungsgesellschaft) einschalten. Bei dem gewerblichen Zwischenmieter steht lediglich Gewinnerzielungsabsicht im Vordergrund und nicht die Absicht, die angemietete Wohnung selbst zu beziehen. Der Zwischenmieter (aus der Sicht des Vermieters) schließt mit dem „Endmieter" einen weiteren Mietvertrag. Aus der Sicht des „Endmieters" ist der Zwischenmieter für ihn der Zwischenvermieter. In der Regel kennt der Endmieter den eigentlichen Eigentümer der Wohnung gar nicht. Rechtlich gesehen handelt es sich bei dieser Konstruktion um ein Untermietverhältnis.

Wird, rechtlich gesehen, ein solches Untermietverhältnis angenommen, so läuft der „Endmieter" Gefahr, den allgemeinen Kündigungsschutz zu verlieren. Diesen Kündigungsschutz verliert er immer dann, wenn ihm bekannt ist, daß er Untermieter ist bzw. ein Zwischenmietverhältnis besteht.

Läßt der Zwischenvermieter/Zwischenmieter den Endmieter allerdings in dem Glauben, es handle sich um ein normales Mietverhältnis, so hat der Endmieter auch die Möglichkeit, sich auf die Kündigungsschutzvorschriften zu berufen. Probleme gibt es bei den Bauherren-Modellen aus mietrechtlicher Sicht immer dann, wenn der Zwischenmieter/Zwischenvermieter in Konkurs geht. Das Vierte Mietrechtsänderungsgesetz brachte dem Mieter im Fall einer gewerblichen Zwischenvermietung eine erhebliche Besserstellung als bisher und wie oben dargestellt. Hat ein Mieter den Vertrag nicht mit dem Eigentümer der Wohnung, sondern mit einem gewerblichen Zwischenvermieter abgeschlossen, und scheidet der Zwischenvermieter aus dem Mietverhältnis aus, so tritt der Eigentümer in die Rechte und Pflichten des Vertrages ein. Diese Regelung findet sich in § 549a BGB, dort heißt es:

„(1) Soll der Mieter nach dem Inhalt des Mietvertrages den gemieteten Wohnraum gewerblich einem Dritten weitervermieten, so tritt der Vermieter bei der Beendigung des Mietverhältnisses in die Rechte und Pflichten aus dem Mietverhältnis zwischen dem Mieter und dem Dritten ein. Schließt der Vermieter erneut einen Mietvertrag zum Zwecke der gewerblichen Weitervermietung ab, so tritt der Mieter anstelle des bisherigen Vertragspartners in die Rechte und Pflichten aus dem Mietverhältnis mit dem Dritten ein.

(2) Die §§ 572 bis 576 gelten entsprechend.

(3) Eine zum Nachteil des Dritten abweichende Vereinbarung ist unwirksam."

Diese Gesetzeslage zeigt, daß es gleichgültig ist, ob der Mieter von dem Vorhandensein eines Zwischenvermieters Kenntnis hat oder nicht. Nach wie vor handelt es sich um eine besondere Form des Untermietverhältnisses.

Weitere Stichwörter:

Allgemeine Geschäftsbedingungen, Kündigungsschutz, Untermietverhältnis, Vermietung und Verpachtung

Besitzrecht des Mieters

Die Rechte des Mieters sind aufgrund einer Entscheidung des Bundesverfassungsgerichts (NJW 1993, 2035–2037) verbessert worden. Das bisher vom Mietverhältnis abgeleitete Besitzrecht wird nunmehr dem Eigentumsrecht des Vermieters gleichgestellt. Der Leitsatz der Entscheidung lautet: „Das Besitzrecht des Mieters an der gemieteten Wohnung ist Eigentum im Sinne von Art. 14 Abs. 1 Satz 1 GG". Die Richter begründen ihre Entscheidung damit, daß die Wohnung für jeden Bürger der „Mittelpunkt seiner privaten Existenz" sei. Im Rahmen von Räumungsprozessen ist nun wohl davon auszugehen, daß die Rechte des Mieters bzw. die Rechte des Vermieters gleichrangig, was den Grundrechtsschutz betrifft, anzusehen sind. Andererseits folgt daraus nicht, daß im Konfliktsfall die Rechte des Mieters denen des Vermieters vorgehen.

Weitere Stichwörter:
Kündigungsschutz, Sozialklausel

Besucher

Der Vermieter einer Wohnung hat kein Recht gegenüber dem Mieter, ihm Vorschriften darüber zu machen, welche Besucher der Mieter empfangen darf oder nicht. Der Mieter hat das grundsätzliche Recht, in beliebiger Zahl und auch über eine beliebige Zeit hinweg, Besucher zu empfangen. Der Mieter hat in seiner angemieteten Wohnung das alleinige Hausrecht, das sich auch auf die Zugänge zur Wohnung erstreckt. Der Vermieter hat deshalb auch nicht die Möglichkeit, einem bestimmten Besucher ein Hausverbot zu erteilen oder einem bestimmten Besucher des Mieters den Zutritt zur Mietwohnung (Haus) zu verweigern.

Ein allgemeines Besuchsverbot ist immer als unzulässig anzusehen, selbst wenn es im Mietvertrag schriftlich vereinbart worden ist. Selbstverständlich braucht der Vermieter eine mißbräuchliche Benutzung seiner Wohnung nicht zu dulden: z. B: gewerbliche Nutzung der Wohnung durch eine Prostituierte, oder wenn die Wohnung als Versammlungsort für Treffen einer verbotenen politischen Gruppierung benutzt wird.

Selbst wenn der Vermieter sittliche und moralische Bedenken hat, sind Herrenbesuche bei alleinstehenden Damen, oder umgekehrt, auch bis spät in die Nacht hinein zulässig. Einwände der anderen Hausbewohner sind ebenfalls unerheblich.

Allerdings kann der Vermieter aus schwerwiegenden Gründen einem Besucher den Zutritt in das Haus verbieten: immer dann, wenn der bestimmte Besucher regelmäßig erheblichen Streit zwischen den Parteien verursacht. Hält sich der Mieter nicht an das Hausverbot für einen bestimmten Besucher und empfängt er ihn trotzdem, so ist darin jedoch noch kein Kündigungsgrund zu sehen, wenn durch den Empfang des Besuchers, dem der Vermieter das Haus verboten hat, der Hausfrieden nicht gestört wird.

Weitere Stichwörter:
Abmahnung, Hausfriedensbruch, Hausordnung

Betriebsbedarf

Der Vermieter von Wohnraum braucht keine natürliche Person zu sein, sondern kann auch eine GmbH oder eine KG sein. Ist also auf Vermieterseite eine Gesellschaft, so kann diese bei einem berechtigten Interesse an der Beendigung des Mietverhältnisses keinen „Eigenbedarf" gem. § 564b BGB geltend machen.

Dies schließt jedoch nicht aus, daß Gesellschaften als Vermieter zur Kündigung berechtigt sind. Diese Vermieter können dann statt Eigenbedarf „Betriebsbedarf" geltend machen. Der Kündigungsgrund „Betriebsbedarf" wird jedoch dem Vermieter nur in ganz engen Grenzen eingeräumt. Der Kündigungsgrund „Betriebsbedarf" ist nur dann gegeben, wenn die zu kündigende Wohnung an einen Betriebsangehörigen vermietet werden soll und die Vermietung an den Betriebsangehörigen aus betriebsbedingten und wirtschaftlichen Gründen unbedingt notwendig erscheint.

Ein Kündigungsinteresse ist jedoch dann nicht gegeben, wenn die zu räumende Wohnung nur zur Erweiterung des Betriebes dienen soll.

Es soll hier allerdings nicht verschwiegen werden, daß es Stimmen in der Rechtsprechung und der Literatur gibt, die sagen, daß die Absicht, nicht zweckgebundenen Wohnraum an Betriebsangehörige des Vermieters zu überlassen, kein ausreichendes Kündigungsinteresse darstellt. Es wird eine Aushöhlung des allgemeinen Kündigungsschutzes befürchtet.

Selbstverständlich wird dem Vermieter allerdings Betriebsbedarf zuzubilligen sein, wenn der Betriebsinhaber eine Werkwohnung kündigen möchte.

Weitere Stichwörter:
Eigenbedarf, Funktionsgebundene Werkwohnung, Kündigungsschutz

Betriebskosten

In den letzten Jahren mußte immer wieder festgestellt werden, daß die Betriebskosten erheblich schneller gestiegen sind als die Mieten. Aus diesem Grunde werden die Betriebskosten auch als „zweite Miete" bezeichnet. Immer wieder wird von den Mietvertragsparteien die Höhe der Betriebskosten unterschätzt. Zu den Betriebskosten einer Wohnung zählen beispielsweise folgende Belastungen:

Grundsteuer, Kosten für Wasser und Entwässerung, Heizung, Warmwasser, Aufzug, Straßenreinigung, Müllabfuhr, Schornsteinreinigung (Immissionsmessungen), Hausreinigung, Gartenpflege, Beleuchtung, Sach- und Haftpflichtversicherungen, Hausmeister, maschinelle Wascheinrichtung und Gemeinschaftsantennen. Die Betriebs- oder Nebenkosten muß grundsätzlich der Vermieter bezahlen, sie gehören zu den Kosten der Wohnung. Es besteht jedoch für den Vermieter die Möglichkeit, diese Betriebskosten oder nur Teile davon auf den Mieter umzulegen. Eine gesetzliche Regelung gibt es nicht. Der Vermieter kann deshalb nur die Betriebs-

oder Nebenkosten vom Mieter verlangen, wenn eine entsprechende Vereinbarung im Mietvertrag getroffen worden ist.

Beim Abschluß einer solchen Vereinbarung, die in der Regel im Mustermietvertrag oder in einem Formularvertrag enthalten ist, sollen nicht nur die einzelnen Lasten und Kosten genau aufgeführt werden, sondern es ist auch zu vereinbaren, wie die Betriebskosten im einzelnen verteilt werden sollen. Es besteht die Möglichkeit, die Betriebskosten nach Köpfen, nach Prozentzahlen und nach Quadratmetern zu verteilen, oder nach tatsächlichem Verbrauch. Gesetzlich ist es zulässig, daß der Vermieter für die im laufenden Mietjahr anfallenden Betriebskosten eine angemessene monatliche Vorauszahlung vom Mieter verlangt. Diese Abschlagszahlungen auf die tatsächliche zu erwartenden Betriebskosten müssen dann zusätzlich zum Kaltmietzins vom Mieter bezahlt werden. Dabei ist es sinnvoll, einen Termin zu vereinbaren, bis wann der Vermieter über die Betriebskosten des laufenden Mietjahres abrechnen muß. In der Abrechnung sind dann auch die angemessenen Vorauszahlungen entsprechend zu berücksichtigen, ein eventuelles Guthaben ist dem Mieter zurückzubezahlen. Sind die Vorauszahlungen zu gering gewesen, muß der Mieter nachzahlen.

Bei der Abrechnung der Kosten der Heizung und der Warmwasserversorgung aus zentralen Anlagen ist die Verordnung über die Heizkostenabrechnung zu berücksichtigen (HeizkostenVO).

Der Vermieter hat auch die Möglichkeit, Erhöhungen der Betriebskosten durch schriftliche Erklärung anzukündigen und anteilig auf die Mieter umzulegen. Auch dann, wenn die Betriebskosten bisher pauschaliert in der Miete enthalten waren (vgl. § 4 Miethöhegesetz [MHG]). Umlagefähig ist jedoch nur der zusätzliche Betrag. Das Erhöhungsverlangen für die Betriebskosten ist nur dann wirksam, wenn der Vermieter es begründet und erläutert.

Erhält der Mieter den Brief bis zum 15. eines Kalendermonats, schuldet er die höhere Umlage vom 1. des folgenden Monats an. Kommt das Erhöhungsverlangen nach dem 15. beim Mieter an, so hat der Mieter die erhöhten Betriebskosten erst ab dem übernächsten Ersten zu bezahlen. Es besteht auch die Möglichkeit, durch Vereinbarung im Mietvertrag auszuschließen, daß Betriebskosten auf den Mieter umgelegt werden. In gewissen Ausnahmefällen ist auch eine rückwirkende Erhöhung der Betriebskosten möglich.

Hinsichtlich der Regelung der Betriebskosten bei Mietwohnungen gibt es Sonderregelungen in den neuen Bundesländern, die bis zum 1. 7. 1995 gültig waren. Ab diesem Zeitpunkt gelten die gleichen Regeln wie in den alten Bundesländern.

Für „Altverträge" kann aber die „Zwischenregelung" noch bedeutsam sein:

Es gilt uneingeschränkt die selbe Regelung wie in den alten Bundesländern für Neubauten, die erst nach dem 2. 10. 1990 fertiggestellt wurden.

Gebäude, die vor dem 3. 10. 1990 errichtet wurden, werden als Altbauten bezeichnet und bei Mietverträgen, die solche Altbauten betreffen, ist eine getrennte Umlage der Betriebskosten durch eine besondere Verordnung ab 1. 10. 1991 zugelassen. Diese Verordnung regelt u. a., daß ab 1. 10. 1991 bei Altbauten die unter diesem Stichwort genannten Betriebskosten auf die Mieter umgelegt werden können. Als Verteilerschlüssel wird im Regelfall die Wohnfläche herangezogen, es sei denn, daß Mieter und Vermieter etwas anderes vereinbart haben. Waren in den bisherigen Mietverträgen für Altbauten die Betriebskosten gesondert ausgewiesen, so wird die jetzt zu zahlende Miete um diesen Betrag reduziert. Gab es keine besondere Betriebskostenausweisung, so ermäßigt sich nach der o. g. Verordnung die Miete um DM 0,40 im Falle der Heizkostenumlage und um DM 0,12 im Falle der Warmwasserkostenumlage pro m² Wohnfläche. Die Obergrenze liegt jedoch bei 50 % der am 2. 10. 1990 zulässigen Miete. Weiter muß die Miete um die Betriebskosten reduziert werden, wenn diese nicht gesondert ausgewiesen waren, um 10 % der übrigen Betriebskosten, ohne Heizung und Warmwasser.

Dabei ist weiter zu beachten, daß die Kosten der Heizung und Warmwasserversorgung höchstens bis zu DM 3,00 pro m^2 monatlich umlagefähig sind bzw. nur bis zu einer Höchstgrenze von DM 2,60 pro m^2, wenn nur die Heizkosten umgelegt werden. Weiter ist interessant bei dieser Regelung, daß die Betriebskosten, die noch aus der Zeit vor dem 1. 10. 1991 stammen, nur wie bisher umlagefähig sind. Die Regelung gilt seit 1. 10. 1991.

Angesichts der komplizierten Regelung empfiehlt es sich, falls ein Vermieter Betriebskosten fordert oder Betriebskosten vom Mieter fordern will, diese fachlich prüfen zu lassen.

Weitere Stichwörter:
Heizkostenverordnung, Kaltmiete, Nettomiete, Schadenspauschale, Verbrauchserfassung, Verwaltergebühren

Betriebskostenumlageverordnung

Für Wohnraum, der sich auf dem Gebiet der neuen Bundesländer befindet, kann der Vermieter Betriebskosten nach den Vorschriften dieser Verordnung durch schriftliche Erklärung anteilig auf den Mieter umlegen. Die Betriebskostenumlageverordnung stammt vom 17. 6. 1991 und gilt nur in den neuen Bundesländern. Sie dient dazu, klare Verhältnisse zu schaffen. Die Betriebskostenumlageverordnung geht deshalb rechtsgeschäftlichen Bestimmungen in Mietverträgen vor, selbst wenn diese vor Inkrafttreten zwischen Mieter und Vermieter individuell vereinbart worden sind. Der Mieter kann sich also nicht mehr darauf berufen, er habe bisher gar keine Betriebskosten bezahlt oder wesentlich weniger; was nach altem „DDR-Recht" durchaus möglich war.

Die Anwendbarkeit dieser Verordnung ist leider als ziemlich kompliziert anzusehen. Nach dieser Verordnung und den ergänzenden Vorschriften des Miethöhegesetzes gelten künftig für die Betriebskosten bei Altwohnraum, also bei Wohnungen, die vor dem 3. 10. 1990 errichtet wurden auf dem Gebiet der ehemaligen DDR, folgende Regelungen:

In der Hauptsache ist diese Verordnung anwendbar für Wohnraum, der am 2. 10. 1990 zu den damals geltenden Mietpreisvorschriften der DDR vermietet war. Auf die Eigentumsverhältnisse kommt es nicht an. West- oder Osteigentümer, kommunale und freie Wohnungsunternehmen sind an die Verordnung gebunden.

Allerdings dürfen nur die Betriebskosten, die nach dem 1. 10. 1991 entstanden sind, auf die Mieter umgelegt werden (vgl. § 11 Abs. 1 Betriebskostenumlageverordnung). Bei den Heizungs- und Warmwasserkosten gibt es Beschränkungen. Sie dürfen bis zu einem Betrag von 3,00 DM je qm Wohnfläche monatlich umgelegt werden. Dieser Betrag vermindert sich auf 2,60 DM, wenn nur die Heizkosten umgelegt werden. Bisher vereinbarte Betriebskosten sind anzurechnen, denn der Mieter soll nicht mit Betriebskosten doppelt belastet werden.

Grundsätzlich kann der jeweilige Vermieter mit allen Mietern einen angemessenen Umlegungsmaßstab vereinbaren. Allerdings muß dann der Umlegungsmaßstab einheitlich angewandt werden. Bei den Heiz- und Warmwasserkosten spielt wiederum die Heizkostenverordnung eine Rolle. Heiz- und Warmwasserkosten können nach Verbrauch abgerechnet werden.

Betriebskosten für neu geschaffene Wohnräume, also für Wohnräume ab dem 3. 10. 1990 in der ehemaligen DDR, werden nach Maßgabe des Miethöhegesetzes abgerechnet. Insbesondere ist hier § 4 MHG zu beachten. Die Betriebskostenumlageverordnung ist für neugeschaffenen Wohnraum nicht anwendbar, selbst wenn sich dieser auf dem Gebiet der ehemaligen DDR befindet.

Die für das ehemalige Gebiet der DDR geltende Betriebskostenumlageverordnung ist durch das Gesetz zur Überleitung preisgebundenen Wohnraums im Beitrittsgebiet in das allgemeine Miethöherecht (Mietenüberleitungsgesetz) vom 6. 6. 1995 geändert worden. Artikel 6 des nunmehr geltenden Miethöhegesetzes (Mietenüberleitungsgesetz) bestimmt, daß die Betriebskostenumlageverordnung vom 17. 6. 1991 in der Fassung vom 27. 7. 1992 außer Kraft getreten ist und zwar mit Wirkung vom 1. 7. 1995 an. Das bedeutet, daß die Betriebskosten nunmehr nach dem Miethöhegesetz abzurechnen sind. Für die Betriebskosten im Beitrittsgebiet, die die zurückliegenden Zeiträume betreffen, muß die Betriebskostenumlageverordnung jedoch entsprechend beachtet werden. Die noch zu erstellenden Betriebskostenabrechnungen werden dadurch noch komplizierter und schwieriger. Zumal für verschiedene Zeiträume verschiedene gesetzliche Grundlagen gelten, die aber inhaltlich in etwa gleich sind.

Weitere Stichwörter:

Betriebskosten, Heizkostenverordnung, Kostenmiete, Nettomiete, Vorauszahlungen

Beweismittel

Wird ein Rechtsstreit geführt, so ist es unerläßlich, die eigenen Behauptungen zu beweisen. Eine Beweisführung ist immer dann erforderlich, wenn die Gegenseite behauptet, die aufgeführten Tatsachen würden nicht stimmen, und sie deshalb bestreitet. Oft genügt dabei nicht die bloße Behauptung, eine Tatsache entspräche nicht der Wahrheit, sondern der Prozeßgegner muß seinerseits vortragen, was an der Behauptung falsch ist. Die gegnerische Partei muß dann vor Gericht ihre Gegendarstellung eingehend begründen. Daher ist es zur Vorbereitung eines Prozesses außerordentlich wichtig, das Beweismaterial rechtzeitig zu sichern. Hier besteht die Möglichkeit, Fotos zu machen und Belege zu sammeln. Außerdem können beispielsweise bei einer Wohnungsbesichtigung zur

Ermittlung von Schäden an den Wohnräumen Zeugen hinzugezogen werden. Die Würdigung der Beweise ist dann Sache des jeweiligen Gerichts.

Weitere Stichwörter:
Sachverständiger

Beweissicherungsverfahren
(„Selbständiges Beweisverfahren")

Nicht nur im Mietrecht ist es immer wieder erforderlich, daß vorhandene Beweise gesichert werden, insbesondere wenn Fehler (Mängel) der Mietsache vorhanden sind, die umgehend behoben werden müssen (Rohrverstopfung, Wasserrohrbruch). Um die eingetretenen Schäden beweisfähig erfassen zu können, empfiehlt sich in der Regel die Einleitung eines Beweissicherungsverfahrens.

Auf Gesuch einer Partei (Antragsteller) kann die Einnahme des Augenscheins und die Vernehmung von Zeugen und Sachverständigen zur Sicherung des Beweises von einem Gericht angeordnet werden. Der Antrag bei Gericht ist nur zulässig, wenn der Antragsgegner zustimmt oder zu befürchten ist, daß das Beweismittel verlorengeht oder seine Benutzung erschwert wird, oder wenn der gegenwärtige Zustand einer Sache festgestellt werden soll und der Antragsteller ein rechtliches Interesse an dieser Feststellung hat (vgl. § 485 ZPO).

Die Einzelheiten des förmlichen Beweissicherungsverfahrens sind in der Zivilprozeßordnung (ZPO) in § 485 f. geregelt. Der Antrag auf Sicherung des Beweises kann zur Vorbereitung der Hauptsache gestellt werden. Ein Prozeß über die Hauptsache muß noch nicht anhängig sein.

Möglicherweise wird ein Antrag auf Beweissicherung beim zuständigen Amtsgericht im Rahmen von Mietprozessen zu stellen sein. In Fällen dringender Gefahr kann das Gesuch bei dem Gericht eingereicht werden, in dessen Bezirk sich die zu vernehmenden Personen (Zeugen) aufhalten oder in dem sich der in Augenschein zu nehmende Gegenstand befindet. Wird zwischen den Parteien noch kein Rechtsstreit geführt, ist also die Hauptsache noch nicht anhängig gemacht, so ist stets das Amtsgericht am Orte des Beweismittels sachlich und örtlich zuständig (vgl. § 486 Abs. 3 ZPO).

Seit dem 1. 4. 1991 (Novelle der Zivilprozeßordnung) ist die amtliche Überschrift in der Zivilprozeßordnung „Sicherung des Beweises" durch die Bezeichnung „Selbständiges Beweisverfahren" ersetzt worden. Die §§ 485 bis 487 ZPO sind ohne wesentliche sachliche Änderungen neu und zwar mehr detailliert gefaßt worden.

Insbesondere hat jetzt der Antragsteller die Möglichkeit, ein selbständiges Beweisverfahren (früher Beweissicherungsverfahren) in die Wege zu leiten, wenn er Gefahr läuft, daß ein Beweismittel verlorengeht oder seine Benutzung später erschwert wird.

Weitere Stichwörter:

Beweismittel, Fehler der Mietsache, Sachverständiger

Breitbandanschluß

Dieser Begriff findet sich in § 7 der Betriebskostenumlageverordnung, die nur für das Gebiet der ehemaligen DDR gilt:

„Die Kosten des Betriebs der für einem Breitbandkabelnetz verbundenen privaten Teilanlage dürfen nach dem Verhältnis der Wohnflächen umgelegt werden. Die laufenden monatlichen Grundgebühren für Breitbandanschlüsse dürfen jedoch nur zu gleichen Teilen auf die angeschlossenen Wohnungen umgelegt werden."

Synonym wird in der Rechtsprechung und Literatur der Begriff „Breitbandanschluß" auch verwendet für Kabelanschluß und Kabelfernsehen. Hierbei entstehen vielfältige

Probleme. Es wird hierzu auf das Stichwort „Kabelfernsehen" verwiesen.

Weitere Stichwörter:
Betriebskosten, Kabelfernsehen, Modernisierung, Parabolantenne, Vorauszahlungen

DDR (Neue Bundesländer)

Grundsätzlich bleibt festzuhalten, daß seit dem 3. 10. 1990 auch in den neuen Bundesländern einschließlich Ostberlin das Mietrecht der „alten" Bundesrepublik gilt. Die abgeschlossenen Mietverträge bleiben nach wie vor gültig. Neue Mietverträge müssen nicht abgeschlossen werden.

Allerdings gibt es für die jeweilige Übergangszeit zahlreiche Sonderregelungen, die jeweils zu den einzelnen Stichworten gesondert angesprochen werden.

Beispielsweise haben Mieter, deren Mietvertrag vor dem 3. 10. 1990 abgeschlossen worden sind, einen verstärkten Kündigungsschutz. Bei der Bestimmung des Mietpreises, insbesondere der Frage, ob die Miete erhöht werden kann, kommt es darauf an, ob die Mietverträge nach dem 2. 10. 1990 errichtet worden sind oder nicht. Bei Neubauten nach dem 2. 10. 1990 gelten uneingeschränkt die selben Regelungen wie in den alten Bundesländern nach dem Miethöhegesetz. Bei Altwohnungen, die vor dem 3. 10. 1990 errichtet wurden, richtet sich die Anhebung der Miete nach besonderen Verordnungen. Insbesondere kann ab dem 1. 10. 1991 neben der Erhöhung der Grundmiete die Umlage von Betriebs- und Heizkosten zulässig sein. In der Zwischenzeit sind aber die mietrechtlichen Vorschriften soweit angepaßt worden, so daß zwischen den alten und neuen Bundesländern praktisch nicht mehr zu differenzieren ist.

Weitere Stichwörter:
Angemessene wirtschaftliche Verwertung, Betriebskosten, Vorwort

Doppelvermietung

Nach Maßgabe von § 535 BGB hat jeder Vertragsmieter einen Erfüllungsanspruch gegen den Vermieter, wenn ein und dieselbe Wohnung zweimal vermietet wurde, so lange die Wohnung noch frei und nicht belegt ist. Beide Mietverhältnisse stehen gleichrangig nebeneinander. Beide Mietverträge sind in einem Fall der Doppelvermietung wirksam. Überläßt der Vermieter das Mietobjekt dann einem Vertragspartner, so verliert der andere Mieter, der an sich auch einen Erfüllungsanspruch hätte, diesen Anspruch. Ganz überwiegend wird die Gültigkeit zweier obligatorischer Rechtsgeschäfte bezüglich desselben Erfüllungsgegenstandes angenommen. In einem solchen Fall ist der Vermieter in seiner Entscheidung frei, wem er die Wohnung überlassen will. Der Vermieter haftet jedoch dem leer ausgehenden Vertragspartner nach § 541 BGB auf Schadensersatz. Eine ähnliche Streitlage kann sich ergeben, wenn der gekündigte Mieter nicht räumt und deshalb der Mietvertrag mit dem Nachmieter nicht erfüllt werden kann (vgl. BGH NJW 1983, 446–448).

Weitere Stichwörter:

Besitzrecht des Mieters, Ersatzansprüche des Mieters, Mietrecht, Mietvertrag, Vermietung und Verpachtung

Dringender Eigenbedarf

Ein Vermieter konnte Wohnraum wegen Eigenbedarfs bis zum 31. 12. 1992 nach Maßgabe des Art. 232 EGBGB (Recht der Schuldverhältnisse) nur kündigen (§ 2 Abs. 3), wenn ein besonderer Härtefall vorlag. Bis zum genannten Datum hatten die Mieter in den neuen Bundesländern einen besonderen Kündigungsschutz. Nach dem 1. 1. 1993 kann sich der Vermieter im Rahmen einer Wohnungskündigung auf die berechtigten Interessen im Sinne des § 564b Abs. 2 Nr. 2 Satz 1 BGB (Eigenbedarf) berufen, ohne daß eine besondere Härte vorliegen muß; dieser Kündigungsgrund wird als „Dringender Eigenbedarf" bezeichnet.

Die Kündigungsmöglichkeit wegen „dringendem Eigenbedarf" im Beitrittsgebiet ist nunmehr in Artikel 232 § 2 EGBGB geregelt. Seit dem 1. 1. 1996 kann auch ein Mietverhältnis nach § 564b Abs. 4 Satz 1 BGB in den Fällen des

Satzes 2 Nr. 1 oder 2 gekündigt werden, wenn dem Vermieter die Fortsetzung des Mietverhältnisses wegen seines Wohn- oder Instandsetzungsbedarfs oder sonstiger Interessen nicht mehr zugemutet werden kann. Sollte ein Wohnungsmietvertrag im Beitrittsgebiet gekündigt werden und die Kündigung auf den „dringenden Eigenbedarf" gestützt werden, möchte ich empfehlen, vorher professionellen Rechtsrat einzuholen. Zumal der Artikel 232 § 2 EGBGB weitere Fristen und Ausnahmeregelungen beinhaltet, die kaum noch in kurzer und knapper Form dem juristischen Laien vermittelbar sind.

Weitere Stichwörter:

Eigenbedarf, Kündigungsfristen, Kündigungsschreiben, Kündigungsschutz, Unabdingbare Mieterrechte

Durchführung von Schönheitsreparaturen

Die Instandsetzungsarbeiten (Schönheitsreparaturen), die zur Beseitigung eines verschlechterten Aussehens der Mietwohnung erforderlich sind, soweit die Veränderung durch einen normalen, vertragsmäßigen Gebrauch eingetreten ist, hat der Mieter nur dann zu tragen, wenn dies vertraglich vereinbart ist. Es taucht dann immmer wieder das Problem auf, ob der Mieter nun auch tatsächlich verpflichtet ist, die Schönheitsreparaturen selbst durchzuführen, durchführen zu lassen (Fachhandwerker) oder nur zu bezahlen. Meistens ist vertraglich vereinbart worden, daß bei lang laufenden Mietzeiten auch die Schönheitsreparaturen während der Mietzeit, solange der Mieter also noch in der Wohnung wohnt, durchzuführen sind, und nicht erst bei oder nach Beendigung des Mietverhältnisses.

Je nach vereinbarter Vertragsklausel ist dann der Mieter verpflichtet, die Arbeiten selbst vorzunehmen oder vornehmen zu lassen. Es empfiehlt sich daher, um Zweifel in Vertragstexten und deren Auslegung zu vermeiden, im Mietvertrag eindeutig klarzustellen, daß der Mieter verpflichtet ist, Schönheitsreparaturen durchzuführen und nicht nur, sie zu tragen. Es empfiehlt sich weiter, in einem Mietvertrag ausdrücklich zu vereinbaren, daß der Mieter die Schönheitsreparaturen auch während der Mietzeit durchführen lassen muß.

Hat der Vermieter mit dem Mieter eine entsprechende Regelung in seinem Mietvertrag getroffen, dann muß der Mieter die Schönheitsreparaturen immer dann vornehmen, wenn die Abnutzungen der Räume einen derartigen Grad erreicht haben, der die Annahme ohne weiteres rechtfertigt, der Zustand der Wohnung sei nicht mehr als vertragsgemäß anzusehen. Ab wann ein solcher Grad der Abnutzung anzunehmen ist, hängt im wesentlichen von den tatsächlichen Verhältnissen ab und davon, wie pfleglich der Mieter die Wohnung im Laufe der Mietzeit behandelt hat.

In der Rechtsprechung ist in den letzten Jahren ein Fristenplan entwickelt worden, der als Anhaltspunkt dienen kann. Danach sind Wohnküchen alle zwei Jahre instand zu setzen, Kochküchen, Eßküchen, Kochnischen, Bäder und Duschräume alle drei Jahre, sowie Wohn- und Schlafräume alle vier bis sechs Jahre und sonstige Nebenräume etwa alle sieben Jahre. Der Fristenplan ist lediglich eine Art Richtlinie. Die Zeitabstände, in denen Schönheitsreparaturen durchzuführen sind, können durchaus kürzer sein, wenn z. B. die Wohnung stark abgenutzt wird. Ursachen für eine starke Abnutzung können kinderreiche Familien sein oder einfach mangelnde Pflege der Wohnräume.

Es wäre eine unzulässige Rechtsausübung des Vermieters, wenn er Schönheitsreparaturen nur wegen des Fristablaufes (Fristenplan) verlangen würde, obwohl die Räume vom Mieter pfleglich behandelt worden und noch in einem einwandfreien Zustand sind.

Hat der Mieter die tatsächliche Durchführung von Schönheitsreparaturen vertraglich übernommen, so kann der Vermieter selbstverständlich verlangen, daß diese Arbeiten ordnungsgemäß und fachgerecht („lege artis") ausgeführt werden. Dem Mieter steht es frei, die Arbeiten durch Bekannte, Freunde oder in Eigenarbeit zu erledigen. Er kann auch einen Fachmann (Handwerker) mit der Durchführung der Arbeiten beauftragen. Der Mieter ist jedenfalls verpflichtet, die Arbeiten, wenn er sie selbst durchführt, fachmännisch zu erbringen. Laienhafte Arbeiten („Pfusch") kann der Vermieter jederzeit ablehnen.

Der Mieter kann, sofern er die Arbeiten übernommen hat, die Arbeiten nach seinem Geschmack ausführen lassen. Hierbei hat der Mieter jedoch gewisse Grenzen des Geschmackes zu beachten. Unzulässig ist es, wenn der Mieter beim Anstrich der Wände Farbe verwendet, die nicht mehr oder nur mit sehr großem Aufwand zu beseitigen ist. Möglicherweise kann das Aufbringen schwer entfernbarer Materialien dazu führen, daß begrifflich die Mietsache beschädigt worden ist. Eventuell hat der Vermieter dann Schadensersatzansprüche.

Bei der Durchführung der Schönheitsreparaturen sind auch wieder die Sonderregelungen in den neuen Bundesländern zu beachten.

Enthält ein Mietvertrag, der vor dem 3. 10. 1990 abgeschlossen wurde, eine ausdrückliche Regelung über die Durchführung der laufenden Schönheitsreparaturen, so bleibt diese unverändert gültig. Wesentlich komplizierter wird die Rechtslage, wenn ein „alter Mietvertrag" zu diesem Punkt keine Regelung trifft.

Da seit dem 3. 10. 1990 grundsätzlich für laufende Mietverträge das Mietrecht der „alten Bundesrepublik" gilt, bedeutet dies, daß ab diesem Zeitpunkt der Vermieter verpflichtet ist, die laufenden Schönheitsreparaturen für die Mietwohnung durchzuführen.

Weitere Stichwörter:

Auszug des Mieters, Beweissicherungsverfahren, Instandhaltung, Instandsetzung, Modernisierung, Schönheitsreparaturen, Unterlassung von Schönheitsreparaturen

Eheähnliche Lebensgemeinschaft

Unter einer eheähnlichen Lebensgemeinschaft (nichteheliche Lebensgemeinschaft/Onkel-Ehe), auch Konkubinat genannt, versteht man folgendes: zwei Personen, die nicht miteinander verheiratet sind, leben wie Eheleute zusammen. Haben beide Partner als Mieter den Mietvertrag unterzeichnet, so sind beide als Mieter anzusehen, und der Vertrag ist insgesamt für alle Beteiligten wirksam.

Umstritten ist jedoch die Frage, ob der Mieter berechtigt ist, eine Person des anderen Geschlechts gegen den Willen des Vermieters auf Dauer in die von ihm angemietete Wohnung aufzunehmen und zu beherbergen. Regelmäßig wird dann die weitere Person, die in die Wohnung aufgenommen wird, als Untermieter im Sinne von § 549 BGB anzusehen sein, mit der Folge, daß das Zusammenleben nichtverheirateter Personen möglicherweise vom Vermieter wegen unerlaubter Untervermietung untersagt werden kann. Auch kann durch die Aufnahme einer weiteren Person der Wohnraum übermäßig belegt werden. Daß Mieter eheähnlich zusammenleben wollen, stellt für sich allein gesehen keinen Grund dar, die Aufnahme abzulehnen.

Der Vermieter hat allerdings die weitere Möglichkeit, die Zustimmung zu einer Untervermietung von der Zahlung eines erhöhten, angemessenen Mietzinses abhängig zu machen. Der Vermieter ist also grundsätzlich verpflichtet, das Zusammenleben nichtverheirateter Personen zu dulden, mit sittlichen und moralischen Bedenken wird er nicht gehört. Eine unberechtigte Untervermietung kann einen Grund zur Kündigung des Mietverhältnisses darstellen. Es ist daher regelmäßig empfehlenswert, den Vermieter um seine Zustimmung zu bitten und möglicherweise den bestehenden Mietvertrag entsprechend abzuändern und die dritte Person in die mietvertragliche Vereinbarung aufzunehmen. Der Vermieter muß allerdings die Aufnahme der weiteren Person dann nicht dulden, wenn aufgrund des Zusammenlebens der Mieter erhebliche Belästigungen zu befürchten sind, oder wenn der in die Wohnung Aufgenommene durch sein Verhalten den Hausfrieden nachhaltig stört.

Weitere Stichwörter:

Besuch, Mieterkündigung bei verweigerter Untermieterlaubnis, Untermietverhältnis

Ehegatten

Die Parteien eines Mietverhältnisses bestimmen sich nach dem Wortlaut des Vertrages. Die Eigentums- oder Besitzverhältnisse am Mietobjekt spielen dabei nur eine unwesentliche Rolle. Der Vermieter braucht nicht Eigentümer des Mietobjektes (Bauherren-Modell) sein. Er muß nicht einmal Besitzer des Anwesens sein. Der Vermieter kann als Mitglied einer Eigentümergemeinschaft (Erbengemeinschaft) als alleiniger Vermieter auftreten, wenn er daran in irgendeiner Form beteiligt ist. Schließt nur einer der Ehegatten auf seiten der Mieter einen Mietvertrag ab, so wird nur der eine Ehegatte berechtigt und verpflichtet.

Dies gilt selbst dann, wenn der Mietvertrag für die Ehe-Wohnung abgeschlossen wird, also beide Ehegatten darin wohnen wollen. Sind jedoch beide Eheleute im Mietvertrag als Mietvertragsparteien bezeichnet (Vermieter/Mieter), unterschreibt aber nur einer der beiden Eheleute den Mietvertrag, so wird im Zweifel angenommen, daß der unterschreibende Ehegatte den anderen Ehegatten in berechtigter Weise vertreten hat.

Ist in einem Formularvertrag nur einer der Ehegatten als Mietpartei bezeichnet, unterschreiben jedoch beide Ehegatten den Mietvertrag, so wird im Zweifel von der Rechtsprechung angenommen, daß beide Ehegatten als Mieter anzusehen sind. Haben beide Ehegatten die Mietvereinbarung geschlossen, so muß der Vermieter, wenn er die Ehegatten, aus welchen Gründen auch immer, zwangsräumen will, ein Räumungsurteil gegen beide Ehegatten erwirken.

Weitere Stichwörter:
Bauherren-Modell, Ehescheidung, Mietvertrag

Ehescheidung

Ein weit verbreiteter Irrtum ist häufig dahingehend zu finden, daß Ehepartner im Rahmen eines Scheidungsverfahren meinen, durch die Entscheidung im Ehescheidungsverfahren würden auch die mietrechtlichen Verpflichtungen neu geregelt. Grundsätzlich gilt, daß die Ehescheidung nur die Ehe der Parteien beendet, jedoch nicht in das bestehende Mietverhältnis eingreift, auch wenn beide Ehegatten im Wohnraum-Mietvertrag als Mietparteien aufgeführt sind.

Nach der Ehescheidung bleiben beide Ehegatten Mietparteien. Zieht ein Ehepartner aus der gemeinsamen Ehewohnung aus, bleibt er trotzdem nach wie vor verpflichtet, die Miete zu bezahlen. Andererseits muß der Vermieter, will er das Mietverhältnis beenden, beiden Ehegatten kündigen. Will er die Miete erhöhen, so muß das Mieterhöhungsverlangen an beide Ehegatten gerichtet werden, auch wenn sie geschieden sind und nur noch einer in der Mietwohnung lebt.

Ist die Ehe aber zerrüttet, aus welchen Gründen auch immer, und wollen beide Parteien getrennt leben, können sie sich jedoch nicht einigen, wer aus der Wohnung ausziehen soll, so kann der Familienrichter des zuständigen Amtsgerichts gem. § 1361b BGB einem Ehegatten die Ehewohnung zur alleinigen Benutzung zuweisen.

Leben die Ehegatten getrennt oder will einer von ihnen getrennt leben, so kann ein Ehegatte verlangen, daß ihm der andere die Ehewohnung oder einen Teil zur alleinigen Benutzung überläßt, soweit dies notwendig ist, um eine schwere Härte zu vermeiden. Diese vorläufige Regelung gilt jedoch nur während der Zeit des Getrenntlebens. Der Familienrichter kann hier eine vorläufige Benutzungsregelung an der Wohnung treffen, er greift aber nicht in das bestehende Mietverhältnis ein. Können sich die Ehepartner jedoch für die Zeit **nach** der Ehescheidung nicht untereinander einigen, wer die Ehewohnung in Zukunft endgültig bewohnen soll, so hat hier der zuständige Scheidungsrichter (Familienrichter) jetzt die Möglichkeit, nach Maßgabe der sogenannten „Hausratsverordnung" (Verordnung über die Behandlung der Ehewohnung und des Hausrates, 6. Durchführungsverordnung zum Ehegesetz) auf Antrag die Rechtsverhältnisse an der Wohnung neu zu regeln. Der Richter hat dann nach billigem Ermessen zu entscheiden. Dabei hat er alle Umstände des Einzelfalles, insbesondere das Wohl der Kinder und die Erfordernisse des Gemeinschaftslebens, zu berücksichtigen.

Die richterliche Rechtsgestaltung kann so weit gehen, daß der Richter von Amts wegen das Mietverhältnis verändern kann. Damit ist der seltene Fall festzustellen, daß in einem gerichtlichen Verfahren der Richter in bestehende Rechtsverhältnisse mit unbeteiligten Dritten (Vermieter/Mieter) eingreifen kann. Bei einer Mietwohnung kann der Richter bestimmen, daß ein von beiden Ehegatten eingegangenes Mietverhältnis von einem Ehegatten nach der Ehescheidung allein fortgesetzt wird, oder daß ein Ehegatte anstelle des anderen in ein von diesem allein eingegangenes Mietverhältnis eintritt.

Der Richter kann den Ehegatten gegenüber Anordnungen treffen, die geeignet sind, die aus dem Mietverhältnis herrührenden Ansprüche des Vermieters zu sichern.

Besteht kein Mietverhältnis an der Ehewohnung, so kann der Richter zugunsten eines Ehegatten ein Mietverhältnis an der Wohnung begründen. Hierbei setzt der Richter den Mietzins fest. Ist dieser neu zu bilden, so soll der Richter vorher die Preisbehörde hören (vgl. § 5 Hausratsverordnung). In der Regel wird die ortsübliche Vergleichsmiete herangezogen.

Ähnliche Gestaltungsmöglichkeiten des Richters bestehen, wenn die Ehegatten in einer Eigentumswohnung wohnen, an der beide Miteigentum haben. Der in der Eigentumswohnung verbleibende Ehegatte muß dann dem anderen Ehegatten eine Nutzungsentschädigung ab dem Zeitpunkt des Auszugs bezahlen. Gehört nur einem Ehegatten die Wohnung und wird die Ehewohnung dem Nichteigentümer zugewiesen, was auch möglich ist, so kann der Richter ein neues Mietverhältnis zwischen beiden Ehegatten begründen und die einzelnen Vertragsbedingungen festlegen.

Weitere Stichwörter:
Ehegatten, Mietaufhebungsvereinbarung, Nutzungsentschädigung

Eigenbedarf

Ein Vermieter kann dem Mieter ausnahmsweise den Wohnraum kündigen und das Mietverhältnis beenden, wenn er die Wohnung für sich selbst benötigt. § 564b Abs. 2 Nr. 2 BGB hat folgenden Wortlaut:

„... als ein berechtigtes Interesse des Vermieters an der Beendigung des Mietverhältnisses ist es insbesondere anzusehen, wenn der Vermieter die Räume als Wohnung für sich, die zu seinem Hausstand gehörenden Personen oder seine Familienangehörigen benötigt ...".

Allgemein wird dieser Kündigungsgrund als „Eigenbedarf" bezeichnet. Der Vermieter ist berechtigt, sich auf Eigenbedarf zu berufen, wenn er dafür vernünftige, nachvollziehbare Gründe vorweisen kann. Kein Kündigungsgrund ist gegeben, wenn der Vermieter nur den Willen hat, in seinem Eigentum zu wohnen oder Familienangehörige dort wohnen zu lassen.

Wird in einem Kündigungsschreiben Eigenbedarf vorgebracht, ist das Gericht, falls es im Rahmen eines vom Vermieter angestrengten Räumungsprozesses angerufen wird, verpflichtet, alle Umstände dieses speziellen Einzelfalles umfassend zu würdigen. Das Gericht darf sich nicht bei der Prüfung nur auf die Tatsachen beschränken, die der Vermieter in seinem Kündigungsschreiben angegeben hat, sondern muß auch alle anderen Gründe, die sich aufzeigen, berücksichtigen.

Wird im Rahmen eines Räumungsprozesses festgestellt, daß die gekündigte Wohnung für die Person, für die sie freigemacht werden soll, vollkommen ungeeignet (Wohnung im 3. Stock, ohne Aufzug, für dauernd Gehbehinderten) ist, dann gibt es keine nachvollziehbaren, vernünftigen Gründe, warum der bisherige Mieter aus der jetzigen Wohnung ausziehen soll.

Grundsätzlich ist bei einer Kündigung wegen Eigenbedarfs zunächst einmal auf die Interessenlage des Vermieters abzustellen, was sich schon aus seinem Eigentumsrecht heraus begründet. Der Vermieter ist berechtigt, immer dann zu kündigen, wenn er oder seine Familienangehörigen mit konkreten und billigenswerten Gründen die vom Mieter innegehaltene Wohnung beanspruchen. Sollte sich jedoch herausstellen, daß die Eigenbedarfskündigung für den Mieter eine „besondere Härte" darstellt, so hat der Mieter die Möglichkeit, der Kündigung zu widersprechen.

Will nicht der Vermieter selbst in seine Wohnung einziehen, sondern ein „Familienangehöriger" des Vermieters, so zählen zu den Familienangehörigen – juristisch gesehen – die Eltern des Vermieters, seine Kinder und auch seine Geschwister. Familienangehörige in diesem Sinne sind wohl auch solche Personen, denen gegenüber der Vermieter rechtlich oder moralisch zu einer Unterhaltsgewährung oder sonstiger Fürsorge verpflichtet ist. Ungeklärt ist in diesem Zusammenhang z. B. die Frage, ob beispielsweise Nichten oder Neffen auch zu den „Familienangehörigen" im Sinne von § 564b BGB gehören.

Als Beispiel aus der Rechtsprechung ist die Entscheidung des OLG Oldenburg vom 16. 12. 1992 (NJW-RR 1993, 526) zu nennen: Nach Auffassung dieses Gerichts ist ein Schwager des Vermieters nicht als Familienangehöriger im Sinne von

§ 564b Abs. 2 Nr. 2 BGB anzusehen. Es liefe dem vom Gesetzgeber gewollten Mieterschutz zuwider, könnte der Vermieter die Kündigung ohne weiteres zugunsten von Personen geltend machen, die nur weitläufig mit ihm verwandt oder verschwägert sind. Geschwister des Vermieters wird man noch zu den Familienangehörigen rechnen können, nicht aber die mit den Geschwistern verheirateten Personen und nicht die Geschwister des Ehegatten des Vermieters. Ob anders zu entscheiden ist, wenn ein besonders enger Kontakt zu dem Vermieter besteht, aus dem sich dessen moralische Verpflichtung ergibt, dem Angehörigen Wohnraum zu gewähren, bleibt offen.

Bei einer Kündigung wegen Eigenbedarfs ergeben sich aus dem Einigungsvertrag (Verträge zur Einheit Deutschlands) in den neuen Bundesländern Sonderregelungen:

Eine Kündigung von Wohnraummietverhältnissen wegen Eigenbedarfs ist in den neuen Bundesländern nur für Mietverträge, die nach dem 2. 10. 1990 abgeschlossen worden sind, möglich. Ausgenommen von dieser Regelung sind bestehende Mietverträge, die nur geändert wurden.

Altverträge, die vor dem 3. 10. 1990 abgeschlossen worden sind, sind wegen Eigenbedarfs vorerst nicht zu kündigen. Der Eigentümer bzw. der Vermieter kann sich erst nach dem 31. 12. 1992 auf Eigenbedarf berufen. Auch dieser Grundsatz hat eine Ausnahme:

Stellt das Kündigungsverbot für den Vermieter eine nicht zu rechtfertigende Härte dar, so kann er sich doch auf Eigenbedarf berufen. Dies ist jedoch nur dann der Fall, wenn der Vermieter einen erheblich dringenderen Wohnungsbedarf hat als der Mieter.

Weitere Stichwörter:

Betriebsbedarf, Kündigungsfristen, Kündigungsschreiben, Kündigungsschutz, Unabdingbare Mieterrechte

Eilverfahren

Bekanntermaßen dauert es normalerweise eine längere Zeit, bis man einen Verhandlungstermin vor einem Gericht bekommt. Hier gibt die Zivilprozeßordnung die Möglichkeit, eine einstweilige Verfügung zu beantragen und zu erwirken. Dazu ist mindestens erforderlich, daß die ins Auge gefaßte Maßnahme „dringlich" ist. Weitere Voraussetzungen sind, daß ein Rechtsanspruch besteht und daß ohne die Eilmaßnahme dieser Rechtsanspruch nicht mehr durchgesetzt werden kann. Beispielsweise muß der Vermieter dringend Zugang zu seiner Mietwohnung bekommen, weil die Heizungsanlage defekt ist und repariert werden soll. Eine einstweilige Verfügung ist hier angebracht, wenn sich der Mieter weigert, den Heizungsmonteur in die Wohnung zu lassen. Dagegen kann der Vermieter den Mieter nicht per einstweiliger Verfügung aus dem Besitz der Wohnung setzen, dies ist gem. § 940a ZPO unzulässig.

Weitere Stichwörter:
Prozeßkosten, Streitwert

Einliegerwohnung

Unter einer Einliegerwohung versteht man juristisch gesehen die Räumlichkeiten, die zusätzlich in einem Einfamilienhaus zur Hauptwohnung als abgeschlossene Wohnräume nutzbar sind. Der Vermieter muß die andere im Haus befindliche Wohnung selbst bewohnen. Hat das Gebäude weitere Wohnungen, liegen in der Regel die Voraussetzungen für die Annahme einer Einliegerwohnung nicht vor.

Grundsätzlich kann der Vermieter dem Mieter der Einliegerwohnung dann kündigen, wenn er ein berechtigtes Interesse an der Beendigung des Mietverhältnisses gem. § 564b BGB hat. Bei Einliegerwohnungen gibt es allerdings Besonderheiten:

Der Vermieter hat ein Wahlrecht. Er kann die Kündigung auf ein berechtigtes Interesse (Eigenbedarf) stützen, das vom Vermieter nachgewiesen werden muß. Es müssen die entsprechenden Kündigungsfristen eingehalten werden.

Andererseits hat der Vermieter der Einliegerwohnung auch die Möglichkeit, das Mietverhältnis ohne Angabe von Gründen zu kündigen. Das Kündigungsschreiben muß unbedingt die Erklärung enthalten, daß die Kündigung nicht auf ein „berechtigtes Interesse" gestützt wird. Die gesetzliche Kündigungsfrist verlängert sich bei diesem Sonderfall um drei Monate. Der Vermieter kann beide Arten der Kündigung auch miteinander verknüpfen. Er kann sowohl aus berechtigtem Interesse kündigen, als auch das „Sonderkündigungsrecht" für Einliegerwohnungen ausüben. In einem solchen Fall gilt aber für den Vermieter, selbst wenn die Kündigung auf ein berechtigtes Interesse gestützt wird, die für Einliegerwohnungen geltende längere Kündigungsfrist (Sonderkündigungsrecht).

Der Mieter hat seinerseits die Möglichkeit, der Sonderkündigung für die Einliegerwohnung zu widersprechen, wenn „Härtegründe" für ihn vorliegen. Auch hier hat der Mieter die Möglichkeiten des Kündigungsschutzes.

Für die vereinfachte Kündigung bei Einliegerwohnungen gelten beachtenswerte Sonderregelungen in den neuen Bundesländern:

Die vereinfachte Kündigung von Einliegerwohnungen ist erst bei Mietverträgen möglich, die nach dem 2. 10. 1990 abgeschlossen worden sind. Kündigungen von Altverträgen, d. h. Verträge, die vor dem 3. 10. 1990 geschlossen wurden, sind in der vereinfachten Form erst ab dem 1. 1. 1993 möglich. Allerdings gibt es keine Regel ohne Ausnahme: Ist beispielsweise dem Vermieter die Fortsetzung des Mietvertrages unzumutbar, weil er einen Wohnungsinstandsetzungsbedarf hat, so kann auch hier das Mietverhältnis gekündigt werden, allerdings mit Angabe von Gründen. Weiter ist zu beachten, daß es entscheidend für die vereinfachte Kündigung darauf ankommt, daß das Haus am 3. 10. 1990 ein Zweifamilienhaus war. Keine Rolle spielt es, wenn das Haus früher einmal ein Einfamilienhaus war.

Weitere Stichwörter:
Kündigungsfristen, Kündigungsschutz

Einrichtung

Hat der Mieter seine Wohnung mit zusätzlichen Einrichtungen versehen, z. B. Fußbodenbelag, Lichtanlagen, Badutensilien, Öfen, Rolläden etc., so darf er diese Sachen gem. § 547a BGB beim Auszug wieder mitnehmen. Dieser Wegnahmeanspruch verjährt jedoch in sechs Monaten nach dem Auszug (BGH, WM 87, 261). Hat der Mieter von seinem Wegnahmerecht beim Auszug Gebrauch gemacht, ist er prinzipiell verpflichtet, auf seine eigenen Kosten den ursprünglichen Zustand wieder herzustellen, wenn im Vertrag nichts anderes geregelt ist.

Eine Wegnahmepflicht besteht jedoch dann nicht, wenn der Vermieter die baulichen Veränderungen zuvor genehmigt hatte, oder wenn die Wohnung durch die bauliche Veränderung erst in einen vertragsgemäßen Zustand gebracht worden ist (LG Mannheim, ZMR 69, 282).

Falls im umgekehrten Fall der Mieter seine festinstallierten Einrichtungen beim Auszug nicht mitnehmen möchte, kann er nur in Ausnahmefällen vom Vermieter eine entsprechende Entschädigung verlangen. Eine solche Entschädigungspflicht des Vermieters besteht lediglich dann, wenn dieser vom Mieter verlangt, daß die Einrichtungen in der Wohnung verbleiben sollen. Ebenfalls besteht eine Entschädigungspflicht, wenn dies vertraglich so geregelt ist.

Im übrigen kann der Mieter nur dann zu einer Entschädigung für die eingebauten Einrichtungen gelangen, wenn er mit

Einverständnis des Vermieters einen Nachmieter findet, der ihm eine entsprechende Ablösesumme (siehe Stichwörter „Abstandszahlung" und „Umzugskosten") bezahlt. Die Höhe der Entschädigung für verbliebene Einrichtungen richtet sich nach dem Zeitwert der Gegenstände, wobei ein Abzug der vom Mieter ersparten Kosten für die Wegnahme und die ordnungsmäßige Wiederherstellung der Mietsache nicht zulässig ist (BGH, WM 69, 183).

Weitere Stichwörter:

Abstandszahlung, Auszug des Mieters, Teppichboden, Umzugskosten, Umzugskostenpauschale

Einstellplatz

Die meisten Mieter einer Wohnung legen großen Wert darauf, daß sie zusätzlich zur Wohnung auch eine Garage oder einen Einstellplatz für das familieneigene Fahrzeug anmieten können. Wird ein gesonderter Mietvertrag über den zur Wohnung gehörenden Einstellplatz abgeschlossen, so kann das Mietverhältnis über den Einstellplatz nicht mit einer Teilkündigung beendet werden, da ein räumlicher Zusammenhang mit den Wohnräumen besteht, selbst wenn zwei Vertragsurkunden vorhanden sind.

Wenn andere Mitbewohner nicht gestört werden, kann der Mieter durchaus auf dem ihm zugewiesenen Stellplatz zwei Pkws hintereinander abstellen. Der Mieter hat diese Möglichkeit allerdings nicht, wenn die getroffene Vereinbarung etwas anderes aussagt. Es dürfen jedoch von der anderen Art der Nutzung keine Störungen ausgehen.

Wird dem Mieter des Einstellplatzes eine Zeitlang die Nutzbarkeit entzogen, so kann er den Mietzins entsprechend mindern.

Weitere Stichwörter:

Garagen, Mietminderung, Teilkündigung

Einstweilige Verfügung

In eiligen Streitfällen, die dringend einer vorläufigen Regelung bedürfen, können sowohl Vermieter als auch Mieter beim zuständigen Amtsgericht den Erlaß einer einstweiligen Verfügung beantragen (z. B. Absperren von Licht und Wasser durch den Vermieter, Gefährdung des Vermieterpfandrechts durch den Mieter, Ausfall der Heizung wegen Defekt). Grundsätzlich können durch derartige einstweilige Verfügungen keine Maßnahmen angeordnet werden, die zu einer endgültigen Befriedigung des Antragstellers führen. Daher wird das Gericht immer nur eine vorläufige Regelung treffen; die endgültige Entscheidung fällt erst in dem jeweiligen Hauptverfahren, das sich an das einstweilige Verfügungsverfahren anschließt.

Die Räumung von Wohnraum darf durch einstweilige Verfügung nur im Fall sog. verbotener Eigenmacht (§ 940a ZPO) erfolgen. Ein solcher Fall liegt dann vor, wenn die betreffenden Räumlichkeiten dem Berechtigten eigenmächtig und gegen dessen Willen entzogen worden sind (z. B. Hausbesetzung, Mietertausch).

Weitere Stichwörter:
Hausfriedensbruch, Hausrecht, Lärmbelästigung, Nachmieter

Einzugsermächtigung

Dieser Begriff stammt aus dem Bankrecht und man versteht darunter folgendes:

Der Schuldner (z. B. Mieter) räumt dem Gläubiger (z. B. Vermieter) schriftlich die Ermächtigung (vgl. § 185 BGB) ein, die zu leistende Zahlung mittels Lastschrift bei der Schuldnerbank (Zahlstelle) einzuziehen. Dabei versteht man unter Lastschrift die Befugnis der Bank, die generell vom Schuldner angewiesen wurde, zu Lasten seines Girokontos vom Gläubiger eingehende Lastschriften einzulösen. Was sich sehr schwierig anhört, ist im Grunde genommen ganz einfach:

Der Mieter kann beispielsweise dem Vermieter die Ermächtigung erteilen, den Mietzins und andere Geldforderungen (z. B. Betriebskostennachzahlungen), die ihren Grund im Mietverhältnis haben, durch seine Bank oder Sparkasse vom Konto des Mieters einziehen zu lassen. Dadurch wird der Zahlungsverkehr aus der Sicht des Vermieters vereinfacht und der Mieter muß nicht jeden Monat daran denken, daß er die Miete rechtzeitig bezahlen muß, wenn er keinen Dauerauftrag bei seiner Bank einrichten will.

Eine Verpflichtung des Mieters, eine solche Ermächtigung zu erteilen, besteht allerdings nicht, es sei denn, der Mieter hat sich dazu vertraglich im Mietvertrag verpflichtet. Dabei muß der Mieter jedoch darauf achten, daß die Einzugsermächtigung jederzeit widerruflich ausgestaltet ist. Stellt nämlich der Schuldner fest, daß der Gläubiger einen anderen Betrag von seinem Konto „abgebucht" hat, so kann der Schuldner innerhalb von 6 Wochen nach Abbuchung diesem Vorgang widersprechen; die ausführende Bank muß den abgebuchten Betrag stornieren und wieder gutschreiben.

Weitere Stichwörter:

Kaltmiete, Kostenmiete, Mündlicher Mietvertrag, Wohngeld

Entscheidung (Urteil)

Wer einen Zivilprozeß führt, möchte natürlich diesen möglichst gewinnen. Treffen die Parteien keine außergerichtliche Vereinbarung oder keinen gerichtlichen Vergleich, so muß das angerufene Gericht eine Entscheidung, in der Regel Urteil (oder Beschluß) genannt, fällen. Mit der getroffenen Entscheidung ist dann eine Instanz beendet. Ist eine Partei mit dem Urteil nicht zufrieden, so hat sie die Möglichkeit, die zweite Instanz anzurufen. Allerdings muß der Beschwerdewert den Betrag von DM 1500,00 übersteigen. Ist der im Prozeß Unterliegende nicht mit mehr als DM 1500,00 (§ 511a ZPO) beschwert, so ist das erstinstanzliche Urteil als rechtskräftig anzusehen und kann nicht mehr angefochten werden. In Mietprozessen ist sehr häufig gem. § 29a ZPO das Amtsgericht ausschließlich zuständig, in dessen Bezirk sich der Wohnraum befindet. Nächsthöhere Instanz ist für Rechtsmittel dann das Landgericht.

Die Neufassung der Zivilprozeßordnung, gültig seit 1. 4. 1991 hat auch in Mietangelegenheiten die Möglichkeit geschaffen, daß gegen erstinstanzliche Urteile Berufung auch dann eingelegt werden kann, wenn das entscheidende Amtsgericht in einer Rechtsfrage von einer Entscheidung eines Oberlandesgerichts oder des Bundesgerichtshofs abgewichen ist und die getroffene Entscheidung auf dieser Abweichung beruht (vgl. § 511a Abs. 2 ZPO).

Die Novelle der Zivilprozeßordnung hat auch den Amtsgerichten gem. § 495 ff. ZPO bei Streitwerten bis DM 1200,00 die Möglichkeit gegeben, vereinfachte Entscheidungen zu treffen.

Der Richter erhält gem. § 495a ZPO „freie Hand" (Verfahrensliberalisierung) und hat die Möglichkeit einer Arbeitserleichterung. Er muß in einem Urteil, das Streitwerte bis DM 1200,00 betrifft, keinen Tatbestand und Entscheidungsgründe mehr angeben. Es kann auf den wesentlichen Inhalt des Gerichtsprotokolls Bezug genommen werden.

Weitere Stichwörter:

Eilverfahren, Prozeßkosten, Prozeßkostenhilfe, Rechtsanwalt, Rechtsentscheid, Streitwert

Erhöhung der Kostenmiete

Wer in einer Sozialwohnung oder in preisgebundenem Wohnraum wohnt, muß ebenfalls damit rechnen, daß der Vermieter die Miete erhöht. Wann der Vermieter die Miete erhöhen darf oder sie senken muß (vgl. Mietsenkung), ist gesetzlich genau geregelt. Da der Vermieter an die Kostenmiete gebunden ist, kann er die Miete nicht nach Belieben erhöhen, auch nicht mit dem Argument, die Lebenshaltungskosten seien allgemein gestiegen. Gesetzlich zugelassene Mieterhöhungsfälle sind

a) höhere Kapitalkosten,
b) gestiegene Bewirtschaftungskosten und
c) höhere Gesamtkosten nach Modernisierung.

Hat der Vermieter eine wirksame Mieterhöhungserklärung abgegeben, so kann er aus den vorgenannten Gründen die vereinbarte Miete einseitig erhöhen. Liegt keine wirksame Mieterhöhungserklärung vor, so kann der Mieter weiterhin die bisher vereinbarte Miete bezahlen, ohne Rechtsnachteile zu erleiden.

Der Vermieter muß, will er die Miete erhöhen, dies dem Mieter schriftlich mitteilen. Außerdem muß er in seinem Schreiben einen bestimmten Betrag in DM nennen, um den sich die monatliche Miete erhöhen soll. Außerdem muß der Grund der Erhöhung bekanntgegeben und im Detail nachvollziehbar erläutert werden. Fehlt dem Erhöhungsschreiben eine entsprechende Erläuterung, so bleibt das Mieterhöhungsverlangen unwirksam. Dies gilt auch dann, wenn die Erläuterung später in einem Prozeß nachgereicht wird.

Der Mieter muß eindeutig in die Lage versetzt werden, zu erkennen, warum die Miete erhöht werden soll. Der Mieter muß feststellen können, ob die Erhöhung vom Vermieter zu vertreten ist oder nicht. Ist nämlich die Mieterhöhung aufgrund eines Verhaltens des Vermieters von ihm zu vertreten, dann ist sie unzulässig.

Außerdem muß der Vermieter entsprechende Belege dem Erhöhungsschreiben beifügen, entweder eine Kopie der Wirtschaftlichkeitsberechnung oder einen Auszug aus der Wirtschaftlichkeitsberechnung, aus dem die Höhe der laufenden Aufwendungen erkennbar wird. Ausreichend ist auch die Beifügung einer Abschrift des Bescheides, aus dem hervorgeht, daß die Bewilligungsstelle die erhöhte Miete genehmigt hat. In diesem Zusammenhang ist jedoch wichtig und zu beachten, daß alle Mieterhöhungen auch ohne Genehmigung der Bewilligungsstelle zulässig sind, sofern die anderen Voraussetzungen auch gegeben sind.

Voraussetzung für die erhöhte Bezahlungspflicht ist also eine wirksame Mieterhöhungserklärung. Geht dem Mieter eine wirksame Mieterhöhungserklärung bis zum 15. eines Monats zu, so ist der Mieter verpflichtet, die erhöhte Miete vom 1. des auf die Erklärung folgenden Monats an zu bezahlen.

Möglich ist auch, daß im Mietvertrag eine sogenannte „Gleitklausel" enthalten ist. Danach kann der Vermieter eine erhöhte Kostenmiete von dem Tag an verlangen, an dem die Mieterhöhung zulässig ist. Das hat zur Folge, daß der Mieter die erhöhte Miete auch rückwirkend vom Tage ihrer erstmaligen zulässigen Geltendmachung an bezahlen muß; allerdings ist dieser Betrag auf den Jahreshöchstbetrag (zwölffache Monatsmiete) für das jeweils vergangene Kalenderjahr begrenzt.

Selbstverständlich gelten für Sozialwohnungen in den neuen Bundesländern auch Übergangsregelungen und neue Regelungen:
In den neuen Bundesländern gelten die Vorschriften für Sozialwohnungen nur für neu geschaffene Wohnungen, d. h., für Wohnungen, für die öffentliche Mittel erstmals nach dem 2. 10. 1990 bewilligt worden sind.

Weitere Stichwörter:

Kapitalkosten, Kostenmiete, Mietsenkung, Sozialmiete

Ersatzansprüche des Mieters

Der Vermieter ist gegenüber dem Mieter schadensersatzpflichtig, wenn die vom Mieter bezogene Wohnung bei Abschluß des Mietvertrages Mängel aufweist. Ebenso kann der Mieter Schadensersatz geltend machen, wenn sich nach Abschluß des Mietvertrages und während des Laufes der Mietzeit herausstellt, daß die Wohnung mangelbehaftet ist und diese Mängel der Vermieter zu vertreten hat.

Ist der Vermieter vom Mieter aufgefordert worden, die aufgetretenen Mängel zu beseitigen, und kommt der Vermieter dieser Aufforderung nicht nach, ist er also mit der Mängelbeseitigung im Verzug, so kann der Mieter Schadensersatz verlangen oder die Miete mindern. Insoweit wird auf § 538 BGB verwiesen. Außerdem kann der Mieter, wenn der Vermieter im Verzug mit der Mangelbeseitigung ist, den Mangel selbst beseitigen oder beseitigen lassen und Ersatz der erforderlichen Aufwendungen vom Vermieter verlangen.

Schadensersatzansprüche des Mieters können allerdings vertraglich grundsätzlich ausgeschlossen werden. Die Vereinbarung darf jedoch nicht gegen § 11 Nr. 7 des AGB-Gesetzes oder gegen allgemeine Rechtsgrundsätze verstoßen. Zulässig ist nach dem AGB-Gesetz der Haftungsausschluß für nicht vorsätzliche oder grob fahrlässige Schäden an Sachen des Mieters. Im Rahmen eines Prozesses hat der Mieter, der gerne Schadensersatz haben möchte, alle Voraussetzungen für das Vorliegen von Schadensersatzansprüchen zu beweisen.

Wenn der Vermieter seine vertraglichen Pflichten verletzt und der Mangel in seinem Gefahrenbereich liegt, so muß der Vermieter beweisen, daß er die Mangelbeseitigung versucht hat und ihn kein Vorwurf am Nichtgelingen trifft. Die Höhe des Schadensersatzes kann jedoch aufgrund eines Mitverschuldens des Mieters gem. §§ 254, 545 BGB begrenzt sein.

Weitere Stichwörter:

Anzeigepflicht, Beweissicherungsverfahren, Fehler der Mietsache, Mietminderung

Ersatzansprüche des Vermieters

Nicht nur der Mieter hat unter bestimmten Voraussetzungen Ersatzansprüche gegen den Vermieter, sondern der Vermieter kann auch gegen den Mieter Schadensersatzansprüche geltend machen: z. B. wenn der Mieter schuldhaft die Wohnung bzw. dem Vermieter gehörende Einrichtungen beschädigt (Beispiel: Zimmerbrandstiftung in betrunkenem Zustand wegen angedrohter Kündigung).

Werden dem Vermieter gehörende Einrichtungen und Gegenstände aufgrund der verursachten Beschädigung erneuert, muß in der Regel bei der Höhe des Schadensersatzanspruches ein Abzug aus dem Gesichtpunkt „neu für alt" berücksichtigt werden. Wird eine gebrauchte Sache durch eine neue ersetzt oder durch den Einbau von Neuteilen repariert, kann dies zu einer Werterhöhung führen. Werterhöhungen gehen dann zu Lasten des Geschädigten. Der Geschädigte soll nicht besser gestellt werden als vorher.

Lassen sich beim Mieter wesentliche Vertragsverletzungen, die er schuldhaft verursacht hat, feststellen oder wird die Wohnung vom Mieter in erheblichem Maße vernachlässigt, so hat der Vermieter gem. § 554a BGB die Möglichkeit, eine fristlose Kündigung aus wichtigem Grunde auszusprechen: Ein Mietverhältnis über Räume kann ohne Einhaltung einer Kündigungsfrist gekündigt werden, wenn ein Vertragsteil schuldhaft in solchem Maße seine Verpflichtungen verletzt, insbesondere den Hausfrieden so nachhaltig stört, daß dem anderen Teil die Fortsetzung des Mietverhältnisses nicht zugemutet werden kann. Eine entgegenstehende Vereinbarung ist unwirksam.

Ein wichtiger Grund ist insbesondere dann gegeben, wenn das Vertrauensverhältnis zwischen Vermieter und Mieter endgültig zerstört ist.

Weitere Stichwörter:
Anzeigepflicht, Ersatzansprüche des Mieters, Fehler der Mietsache, Fristlose Kündigung, Hausfriedensbruch, Hausordnung, Verjährung von Schadensersatzansprüchen

Ersatzmieterklausel

Der Mieter wird von der Entrichtung des Mietzinses nicht dadurch befreit, daß er durch einen in seiner Person liegenden Grund an der Ausübung des ihm zustehenden Gebrauchsrechts gehindert wird. Der Mieter muß also nach wie vor die Miete bezahlen (vgl. § 552 BGB), selbst wenn der Mieter das Mietverhältnis schon vor Ende der vertraglich festgelegten Mietdauer (Zeitmietvertrag) oder vor dem Ablauf der für ihn maßgebenden Kündigungsfrist beenden will.

Er muß den Mietzins weiterhin bezahlen. Er kann dann von der weiteren Entrichtung des Mietzinses befreit werden, wenn im abgeschlossenen Mietvertrag eine „Nachmieterklausel" enthalten ist. Durch eine solche Ersatzmieterklausel verpflichtet sich der Vermieter, mit einem Nachmieter, der ihm vom Mieter benannt wird und der für den Vermieter nach dem Inhalt der Klausel auch zumutbar ist, einen Mietvertrag abzuschließen. Der Vermieter darf den vom Mieter ausgesuchten und präsentierten Ersatzmieter nur dann ablehnen, wenn in dessen Person oder wirtschaftlichen Verhältnissen wichtige Ablehnungsgründe vorliegen, z. B. eine negative Schufa-Auskunft.

Die Einzelheiten richten sich jeweils nach der vereinbarten Ersatzmieterklausel.

Die Einzelfallgerechtigkeit gebietet es auch, daß Ablehnungsgründe des Vermieters mit den Belangen des Mieters nach den Gesichtspunkten von Treu und Glauben abzuwägen sind (vgl. OLG Hamm, NJW 1983, 1564).

Ist zwischen den Parteien keine Ersatzmieterklausel vereinbart worden, wird die Situation für den Mieter schwierig: Der

Vermieter ist nämlich grundsätzlich nicht verpflichtet, den Mieter **vorzeitig** aus dem Mietvertrag zu entlassen, selbst wenn der Mieter dem Vermieter einen geeigneten Ersatzmieter vorschlägt. Dies gilt selbst dann, wenn der Mieter drei oder fünf oder noch mehr Nachmieter auflistet. Ohne entsprechende mietvertragliche Vereinbarung hat der Mieter keine Chance gegen den Vermieter.

Ganz ausnahmsweise muß der Vermieter den Mieter **vorzeitig** aus dem Mietvertrag entlassen, wenn das berechtigte Interesse des Mieters an der Aufhebung dasjenige des Vermieters am Bestand des Vertrages ganz erheblich überragt. Als solche Ausnahmegründe kommen in Betracht: Schwere Erkrankung des Mieters, beruflich bedingter Ortswechsel, Versetzung eines Beamten, wesentliche Vergrößerung der Familie des Mieters usw.

Insbesondere wenn die restliche Mietzeit eines Zeitmietvertrages nur noch relativ (im Verhältnis zur Gesamtlaufzeit gesehen) kurz ist, braucht der Vermieter in der Regel einen Ersatzmieter nicht zu akzeptieren. Wenn der Mieter jedoch vorzeitig auszieht, wird er dadurch nicht von der Mietzinsverpflichtung befreit. Allerdings kann der Vermieter die Wohnung, die nunmehr leer steht, weitervermieten. Falls er dabei nur einen geringeren Mietzins als bisher erzielt, kann er den Differenzbetrag vom ausgezogenen Mieter bis zum Ende der Mietzeit verlangen. Ein Vermieter wird in aller Regel gut beraten sein, die leerstehende Wohnung so rasch wie möglich weiter zu vermieten, um eventuell größere Schäden zu vermeiden.

Weitere Stichwörter:
Abstandszahlung, Kündigungsfristen, Nachmieter, Zeitmietvertrag

Ersatzwohnraum

Wird einem Mieter von Wohnraum das Mietverhältnis aus berechtigten Gründen (z. B. Eigenbedarf) gekündigt, so kann sich der Mieter in der Regel auf den gesetzlichen Kündigungsschutz berufen. Nach § 556a BGB (Sozialklausel) liegt für den Mieter oder für seine Familie eine Härte in jedem Falle vor, wenn angemessener Ersatzwohnraum zu zumutbaren Bedingungen nicht beschafft werden kann.

Es stellt sich dann immer wieder in Räumungsprozessen die Frage, was unter „angemessenem Ersatzwohnraum" zu verstehen ist. Jedenfalls sind die persönlichen und wirtschaftlichen Verhältnisse des Mieters zu prüfen. Der angemessene Ersatzwohnraum ist jedoch nicht identisch mit dem Wohnwert der bisherigen vom Mieter innegehaltenen Wohnung. Vielmehr ist es dem Mieter durchaus zuzumuten, daß er gewisse Verschlechterungen der Wohnqualität hinzunehmen hat. Die Ersatzwohnung, die der Mieter eventuell zu beziehen hat, um nicht gegen seine Ersatzraumbeschaffungspflicht zu verstoßen, hat hinsichtlich der Lage, der Größe und der Ausstattung nur bestimmten Anforderungen zu genügen, wobei die bisherigen Lebensgewohnheiten der Mieter in gewissem Umfang zu berücksichtigen sind. Dabei kann davon ausgegangen werden, daß jedem Erwachsenen und jeweils zwei Kindern (bis zum 18. Lebensjahr bei gleichem Geschlecht, bis zum 8. Lebensjahr bei unterschiedlichem Geschlecht) je ein Wohn- oder Schlafraum zur Verfügung stehen muß.

Auf eine Obdachlosenunterkunft brauchen sich die Mieter nicht verweisen zu lassen. Mindestens eine gewisse menschenwürdige Unterbringung aller zum Haushalt gehörenden Familienmitglieder muß gewährleistet sein.

Eine Härte im Sinne der Sozialklausel liegt für den Mieter dann nicht vor, wenn angemessener Ersatzwohnraum zwar vorhanden ist, dieser jedoch von dem Mieter nicht angenommen wird: Lehnt er den Ersatzwohnraum aus Kostengründen ab, so wird zu prüfen sein, ob der Mieter nicht Ansprüche auf Wohngeld hat.

Weitere Stichwörter:

Kündigungsschutz, Obdachlosenunterbringung, Räumungsfrist, Wiedereinweisung, Wohngeld

Fahrräder (Fahrzeuge)

Meistens enthalten die umfangreichen mietvertraglichen Vereinbarungen zwischen einem Mieter und einem Vermieter keine Regelungen über das Abstellen von Fahrzeugen aller Art seitens des Mieters. Fahrräder muß jedoch der Mieter in seinem Keller oder in einem dafür vorgesehenen, gemeinschaftlichen Abstellraum (Fahrradkeller) unterbringen, wenn im Mietvertrag nichts Besonderes geregelt ist. Die Wohnung ist kein Abstellraum in diesem Sinne.

Mopeds und andere benzingetriebene Kleinfahrzeuge dürfen in keinem Fall in der Wohnung oder im Keller abgestellt werden, es sei denn, es ist gesichert, daß in den Abstellräumen oder Kellerräumen keine leicht brennbaren Stoffe lagern und keine nahegelegene Feuerstelle vorhanden ist.

Aus den genannten Gründen braucht der Vermieter das Abstellen von Fahrrädern im Flur, in Kellergängen oder in gemeinschaftlich benutzten Räumen (Waschküche, Heizungskeller) oder auf Dauer im Hof nicht zu dulden.

Verletzt der Mieter beharrlich die oben näher beschriebenen Verpflichtungen, so hat der Vermieter die Möglichkeit, die Vertragsverletzungen abzumahnen und, falls das auch nicht hilft, gegen den Mieter eine entsprechende Klage auf Unterlassung gem. § 550 BGB einzureichen.

Weitere Stichwörter:
Hausordnung, Lärmbelästigung

Familieneinkommen

Die Feststellung der Höhe des Familieneinkommens ist wesentlicher Bestandteil der Wohngeldberechnung. Das Verfahren zur Bestimmung des Familieneinkommens im Rahmen des Wohngeldgesetzes läßt sich wie folgt darstellen:

Zuerst werden für jedes Familienmitglied alle im nächsten Jahr sicher zu erwartenden Einnahmen zusammengezählt. Es kommen im Prinzip alle Einnahmen, die im Laufe eines Jahres möglicherweise erzielt werden können, in Betracht. Zu diesen Einnahmen gehören u. a. Lohn, Gehalt, Weihnachtsgeld, Urlaubsgeld, Tantiemen, Witwengeld, Waisenrente, Arbeitslosengeld und Arbeitslosenhilfe. Auch Naturalleistungen werden berücksichtigt.

Völlig unberücksichtigt bleibt, ob für die genannten Einkünfte, die nur beispielhaft aufgeführt sind, Steuern bezahlt werden müssen. Es gibt einige Einkunftsarten, die nicht zum Familieneinkommen im Sinne des Wohngeldgesetzes gerechnet werden: so die gesetzlich vorgesehenen Zuschüsse zur Krankenversicherung oder Kapitalabfindungen aus der gesetzlichen Renten- und Unfallversicherung.

Von diesem ermittelten Einkommen – für jedes Familienmitglied einzeln berechnet – können nun Arbeitnehmer eine steuerliche Werbungskostenpauschale in Höhe von 2000 DM pauschal in Abzug bringen. Sind die Werbungskosten im konkreten Einzelfall höher, müssen Belege vorgelegt werden, damit ein höherer Abzug geltend gemacht werden kann. Nach Abzug der Werbungskostenpauschale wird bei der Berechnung des Familieneinkommens zusätzlich ein allgemeiner Freibetrag in Abzug gebracht.

Dieser allgemeine Freibetrag soll Belastungen aus Sozialversicherungsbeiträgen und Steuern, die regelmäßig auf Einkommen bezahlt werden müssen, ausgleichen.

Nach dem Wohngeldgesetz gibt es vier unterschiedliche Klassen von Pauschalen, die als allgemeine Freibeträge zur Anrechnung kommen. Die Grundpauschale in Höhe von 6 % können Antragsberechtigte, die weder Steuern noch Kranken- noch Rentenversicherung bezahlen, geltend machen, zum Beispiel Bezieher von Arbeitslosengeld oder -hilfe.

Bezahlt ein Arbeitnehmer Steuern, Kranken- und Rentenversicherung, so kann er von seinem Einkommen pauschal 12,5 % abziehen. Dies betrifft regelmäßig den Personenkreis der Studenten und Rentner, die im allgemeinen krankenversicherungspflichtig sind.

Beamte können in der sog. Belastungsstufe 2 beispielsweise einen Pauschalabzug von 20 % als allgemeinen Freibetrag geltend machen. Beamte müssen Steuern und Beiträge zur Krankenversicherung bezahlen, jedoch keine Beiträge zur Rentenversicherung. Den höchsten Abzug können die Angehörigen der Belastungsstufe 3 vornehmen. Es handelt sich hierbei um Antragsberechtigte, die sowohl Steuern als auch Sozialversicherungsbeiträge abführen. Dieser maximale Abzugsposten kommt allen Arbeitnehmern außer den Beamten zugute, weil sie die höchsten Belastungen bzw. Abgaben zu tragen haben. Weitere Besonderheiten gibt es dann noch bei Alleinerziehenden und älteren Familienmitgliedern.

Wird auf die vorbezeichnete Weise das maßgebliche Familieneinkommen ermittelt, so muß weiter berechnet werden, welche Miete die Familie bezahlt.

Grundsätzlich zählt zum Mietzins alles, was der Mieter für seine Wohnung aufwenden muß, außer Heiz- und Warmwasserkosten. Die anderen Nebenkosten werden in der Regel zur Miete hinzugezählt, selbst dann, wenn die Nebenkosten, wie etwa die Müllabfuhr, direkt an Gemeinden oder Kreise abgeführt werden müssen.

Beim Wohngeld ist weiterhin zu bedenken, daß nicht jede Miete in voller Höhe als verlorener Zuschuß von der öffentlichen Hand subventioniert wird. Es gibt Höchstbeträge, für die nur Wohngeld beansprucht werden kann. Die Festlegung der Höchstbeträge ist wiederum vom Alter und der Ausstattung der Wohnung sowie vom örtlichen Mietpreisniveau (Vergleichsmietensystem) abhängig. Sind die tatsächlich zu bezahlenden Mietzinsen und Teile der Betriebskosten höher als der Höchstbetrag nach der Wohngeld-Tabelle, so wird dieser Mieter so eingestuft, als würde er nur den Höchstbetrag an Miete, wie er in der Tabelle vorgesehen ist, bezahlen. Liegt allerdings die tatsächliche Mietzinszahlung nach vorstehender Berechnung unter dem Tabellen-Höchstbetrag, so richtet sich die Höhe des Wohngeldes nur nach den tatsächlichen Belastungen bzw. Zahlungen.

Wichtig ist noch der Hinweis, daß das Wohngeld immer nur für ein Jahr bewilligt wird. Es muß jährlich ein neuer Antrag gestellt werden.

In den neuen Bundesländern gelten für die Bewilligung von Wohngeld Sonderregelungen:

In den neuen Bundesländern gibt es ein sog. vereinfachtes Wohngeldverfahren in dem Zeitraum vom 1. 10. 1991 bis einschließlich 31. 1. 1993. D. h., daß Wohngeld wie in den alten Bundesländern bezahlt wird, jedoch abhängig von der Größe und dem Einkommen der Familie sowie den zu berücksichtigenden Wohnkosten. Einkommen und Wohnkosten werden jedoch einfacher berechnet.

Es empfiehlt sich für Mieter in den neuen Bundesländern, daß sie sich jeweils bei den zuständigen Behörden entsprechend erkundigen, ob sie einen Anspruch auf Wohngeld haben oder nicht. Der Anspruch wird wohl erst dann gegeben sein, wenn eine Miete oder die Betriebs- und Heizkosten nach dem 1. 1. 1991 erhöht worden sind. Weiter ist noch darauf hinzuweisen, daß in einem laufenden Bewilligungszeitraum der Wohngeldberechtigte einen Antrag auf Erhöhung des Wohngeldes stellen kann, wenn sich die Heizungsart ändert oder die für den Energiekostenzuschlag maßgebliche Wohnfläche um mehr als 15 % steigt. Dies ist insbesondere dann der Fall, wenn der Vermieter die Wohnfläche neu berechnet.

Weitere Stichwörter:

Betriebskosten, Ersatzwohnraum, Mieterhöhung, Mietpreisüberhöhung, Ortsübliche Vergleichsmiete, Wohngeld

Fehlbelegung

Wer heute in einer preisgebundenen Wohnung (Sozialwohnung) lebt, mußte bei Einzug in die Wohnung einen Wohnberechtigungsschein vorweisen können. Es kommt jedoch immer wieder vor, daß Mieter von Sozialwohnungen aufgrund von Einkommenssteigerungen heute keinen Wohnberechtigungsschein mehr enthalten würden. Rechtlich gesehen halten sich solche Mieter unberechtigt in der Sozialwohnung auf.

In einigen Bundesländern sind deshalb Regelungen eingeführt worden, die von solchen Mietern, die ihre Wohnberechtigung nachträglich verloren haben, eine Fehlbelegungsabgabe verlangen. Es fällt unter die alleinige Kompetenz der einzelnen Bundesländer, zu bestimmen, in welcher Gemeinde die Fehlbelegungsabgabe erhoben wird. Derzeit sind davon u. a. die Städte Berlin, Bremen, Bremerhaven, sowie zahlreiche Städte und Gemeinden in Bayern und Nordrhein-Westfalen betroffen.

Doch nicht jede Überschreitung der Einkommensgrenzen, die Voraussetzung für die Erteilung eines Wohnberechtigungsscheines waren, zieht Konsequenzen nach sich. Eine Fehlbelegungsabgabe muß meistens erst dann bezahlt werden, wenn der Mieter mit seinem Einkommen mehr als 20 % über der Einkommensgrenze für preisgebundenen Wohnraum liegt. Dieser Mieter muß monatlich 0,50 DM pro qm Wohnfläche als Aufschlag bezahlen. Wird die Einkommensgrenze um mehr als 50 % überschritten, so muß der Mieter monatlich 2 DM je qm Wohnfläche Aufschlag bezahlen.

Es gibt hier diverse Sonderregelungen, da die Bundesländer das Recht haben, selbst zu bestimmen, wieviel Fehlbelegungsabgabe ab welcher Einkommenshöhe bezahlt werden muß. Jeder Einzelfall ist also gesondert zu prüfen.

Die Fehlbelegungsabgabe kann in Extremfällen dazu führen, daß der Mieter für seine Sozialwohnung mehr Miete bezahlen muß als für vergleichbaren, frei finanzierten Wohnraum in derselben Gemeinde. Um dieses unbillige Ergebnis zu vermeiden, sieht der Gesetzggeber vor, daß die Abgabe der Höhe nach auf die ortsüblichen Vergleichsmieten beschränkt werden kann. Auch hier kann die jeweils zuständige Landesregierung einen Höchstbetrag festlegen.

Weitere Stichwörter:
Erhöhung der Kostenmiete, Kostenmiete, Ortsübliche Vergleichsmiete, Sozialmiete, Wohnberechtigungsschein

Fehler der Mietsache

Nach den Vorschriften des Bürgerlichen Gesetzbuches (BGB) ist der Vermieter verpflichtet, dem Mieter die Wohnung in einem ordnungsgemäßen und fehlerfreien Zustand zu überlassen und während der Dauer der Mietzeit so zu erhalten. Treten im Laufe der Mietzeit Mängel oder Fehler an der Mietwohnung auf, muß der Mieter den Vermieter darüber unverzüglich informieren und auf Fehlerbeseitigung beharren.

Unabhängig davon kann der Mieter auch seine Rechte aus § 537 BGB geltend machen und die für diesen in Betracht kommenden Zeitraum anfallende Miete kürzen (mindern), wobei die Kürzung des Mietzinses in außergewöhnlichen Einzelfällen sogar auf Null gehen kann. § 537 BGB (Haftung für Sachmängel) setzt voraus, daß die vermietete Sache zur Zeit der Überlassung an den Mieter mit einem Fehler behaftet ist oder war.

Ein solcher Fehler liegt rechtlich gesehen immer dann vor, wenn der Ist-Zustand der Mietsache von dem Soll-Zustand negativ abweicht. „Ist-Zustand" ist dabei der tatsächlich vorgefundene Zustand der Wohnung; „Soll-Zustand" ist der Zustand, in dem sich die Wohnung nach Maßgabe des vereinbarten Mietvertrages und nach Maßgabe des Gesetzes befinden sollte.

Das Vorliegen eines Fehlers einer Mietsache ist immer dann anzunehmen, wenn die Mietsache so beschaffen ist, daß der Mieter die Sache oder die Wohnung nicht so nutzen kann, wie er will oder wie er normalerweise nach dem geschlossenen Vertrag und nach den gesetzlichen Regeln erwarten darf.

Als typische Fehler einer Mietsache werden angesehen: Stockflecken an den Wänden und Decken infolge Pilzbefall durch hohe Luftfeuchtigkeit; nicht wirtschaftlich arbeitende oder ungenügende Beheizung; überdimensionierte Lüftungsanlage (Zugerscheinungen); Ausfall des Aufzuges (Fahrstuhl) für Räume in oberen Stockwerken.

Wird ein Fehler der Mietsache festgestellt, so kann der Mieter den Mietzins mindern. Ebenso können äußere Einwirkungen als Fehler der gemieteten Wohnung angesehen werden, etwa vom Vermieter nicht beachtete Schallschutzvorschriften oder eine Großbaustelle in unmittelbarer Nähe einer für den Erholungsurlaub angemieteten Ferienwohnung. Bei der Durchsetzung der Rechte gem. § 537 BGB kommt es nicht darauf an, ob den Vermieter ein Verschulden an dem Fehler trifft oder nicht. Ein Minderungsrecht ist immer dann gegeben, wenn feststeht, daß ein Mangel vorliegt und daß der Mangel nicht vom Mieter selbst verschuldet wurde.

Weitere Stichwörter:

Anzeigepflicht, Aufzug (Fahrstuhl), Heizkostenverordnung, Höhe der Mietminderung, Informationspflicht, Instandhaltung, Instandsetzung, Lärmbelästigungen, Mietzinsminderung, Mindesttemperatur, Musik

Ferienwohnung

Aufgrund des sog. Wohnungsbau-Erleichterungsgesetzes können Ferienwohnungen unter bestimmten Umständen dauerhaft als Mietwohnungen vermietet werden. Diese für die Schaffung von weiterem Wohnraum prinzipiell sinnvolle gesetzgeberische Maßnahme hat allerdings für die betroffenen Mieter den Nachteil, daß auf solche Mietverträge die

Kündigungsschutzvorschriften nicht anwendbar sind. So kann ein unbefristeter Mietvertrag über eine Ferienwohnung ohne entsprechende Kündigungsgründe beendet werden. Ein derartig vermieterfreundliches Kündigungsrecht besteht allerdings nur dann, wenn sich das Ferienhaus bzw. die Ferienwohnung in einem sog. Ferienhausgebiet befindet, die Wohnung nach dem 1. 6. 1990 und vor dem 1. 6. 1995 vermietet worden ist und der Vermieter bei Abschluß des Mietvertrages darauf hingewiesen hat, daß der Mieter eine Ferienwohnung bzw. ein Ferienhaus anmietet und Mieterschutzrechte damit ausscheiden.

Weitere Stichwörter:

Kündigungsschutz, Kündigungssperrfrist, Räumungsfrist, Vollstreckungsschutz

Fernwärme

Fernwärme galt früher als äußerst günstige Energieversorgung, da sie zunächst ausschließlich als Abfallprodukt großer Energieversorgungsunternehmen anfiel. Die Situation hat sich mittlerweile geändert und so wird sog. Fernwärme heutzutage hauptsächlich von zentralen Großheizanlagen erzeugt und geliefert. Wann von Fernwärme gesprochen werden kann, ist im Gesetz nicht konkret bestimmt.

Der BGH hat in einer Entscheidung den Begriff „Fernwärme" dahingehend definiert, daß im Gegensatz zu einer privat betriebenen Heizanlage von Fernwärme dann gesprochen werden kann, wenn der jeweilige Lieferant durch die von ihm betriebene Heizzentrale Gebäude oder ganze Stadtteile über ein eigenes Versorgungsnetz und über Anschlüsse an die Kundenanlage mit Wärme versorgt (BGH, WM 86, 214). Es handelt sich damit nicht um Fernwärme, vielmehr um eine private Heizungsanlage, wenn die Wärme in einer Heizanlage produziert wird, die integrierter Bestandteil des Wohngebäudes ist.

Die Unterscheidung zwischen Fernwärme und Zentralheizung war bis zum 1. 3. 1989 von entscheidender Bedeutung, da zum einen die Fernwärme bis dahin nicht nach der Heizkostenverordnung, sondern nach der AVB-Fernwärmeverordnung abgerechnet wurde, die ausschließlich die Kosten nach Verbrauch verteilt und einen verbrauchsunabhängigen Kostenteil nicht kennt. Zum anderen unterscheidet sich der Fernwärmepreis grundsätzlich von anderen Energierechnungen, da dieser eine Kalkulationsgröße darstellt, die sich aus dem sog. Grund-, dem Arbeits- und dem Verrechnungspreis sowie den Kosten für die Hausanlage zusammensetzt.

Seit dem 1. 3. 1989 hat sich die Situation dahingehend verändert, daß nunmehr auch die Fernwärme nach der Heizkostenverordnung abzurechnen ist. Desweiteren kann nach diesem Stichtage immer dann ein kalkulierter Wärmepreis berechnet werden, wenn die Wärmelieferung durch einen gewerblichen Dritten erfolgt und dies vertraglich vereinbart ist.

Die Fernwärmemessung erfolgte bis zum 1. 3. 1989 durch sog. Wassermengenzähler. Nunmehr darf der Verbrauch nur noch mit sog. Heizkostenverteilern erfaßt werden. Allerdings dürfen alte Wassermengenzähler, die bis zum 30. 9. 1989 installiert worden sind, auch heute noch zur Ermittlung der Fernwärme benutzt werden.

Hat sich der Vermieter laut Mietvertrag für die Beheizung der Wohnung verpflichtet, so muß er nach der Heizkostenverordnung abrechnen. Schließt der Mieter allerdings direkt mit dem Fernwärmewerk den Vertrag zur Lieferung von Fernwärme ab, so geht nur er eine vertragliche Bindung (Kaufvertrag) mit dem Wärmelieferanten ein. Dies hat bei Störungen in der Fernwärmeversorgung die negative Konsequenz, daß sich der Mieter direkt an den Lieferanten wenden muß und im Regelfall hierfür nicht den Vermieter verantwortlich machen kann, also auch keine Miete wegen mangelhafter Beheizung mindern kann.

Weitere Stichwörter:
Betriebskosten, Heizkostenabrechnung, Heizkostenverordnung

Feuchte Wände

Feuchte Wände und Schimmelflecken an den Decken in Wohnungen sind immer als Fehler der Mietsache anzusehen. Diese Fehler beeinträchtigen das Wohlbefinden der Bewohner und sind möglicherweise auch als gesundheitsschädlich anzusehen. Feuchtigkeitsschäden berechtigen den Mieter in aller Regel zu einer Mietminderung.

Es kommt allerdings auf die Ursachen der Feuchtigkeitsschäden an. Ist die Feuchtigkeit auf Schäden am Haus oder auf Baumängel (ungenügende Isolierung) zurückzuführen, so kann der Mieter immer mindern.

Wird die Feuchtigkeit durch falsches Heiz- oder Lüftungsverhalten des Mieters verursacht, so ist die Mietkürzung ausgeschlossen. Der Mieter hat den Mangel selbst verursacht und hat damit kein Recht, den Mietzins zu mindern.

Die Abgrenzung, ob ein Schaden am Haus vorliegt, ein Baumangel als Ursache für die eindringende Feuchtigkeit anzusehen ist oder ein falsches Verhalten des Mieters vorliegt, ist nicht immer leicht durchzuführen. Kommt die Feuchtigkeit von außen, etwa durch einen versteckten Wasserrohrbruch oder durch ein undichtes Dach, so liegt ein Baumangel vor.

Leider sind die Einzelfälle nicht immer so klar: Es kann auch sein, daß die Feuchtigkeit von „innen" kommt, und zwar durch Kondenswasserbildung an den Wänden. Die Feuchtigkeitsschäden durch Kondenswasserbildung können sowohl auf Bauschäden beruhen oder durch falsches Heiz- und Lüftungsverhalten des Mieters verursacht werden.

Hier kommt es regelmäßig zwischen Mieter und Vermieter zu erheblichen Streitigkeiten über die zu beantwortende Frage, wer für die Feuchtigkeitsschäden verantwortlich ist. Häufig kommen beide Ursachen zusammen: Einerseits ist die Wärmeisolierung des Hauses nicht ausreichend, andererseits setzt der Mieter durch falsches Heizverhalten die Ursache. Die Feststellung, wer schließlich für den Fehler der Mietsache verantwortlich ist, ist in diesen Fällen außerordentlich schwierig zu treffen und wird oft ohne Sachverständigengutachten im Rahmen eines Prozesses nicht möglich sein.

Wenn trotz richtiger Beheizung und Lüftung die Wohnung feucht wird, so gehen die Gerichte in der Regel davon aus, daß die Wohnung einen Baumangel hat und der Vermieter dafür sorgen muß, daß die Feuchtigkeitsschäden aufgrund von Kondenswasserbildung unverzüglich abgestellt werden.

Die Verteilung der Beweislast ist in solchen Prozessen außerordentlich wichtig: Grundsätzlich ist es Sache des Mieters nachzuweisen, daß der Mangel, weswegen er den Mietzins mindert, auf Feuchtigkeit in der Wohnung zurückzuführen ist. Hält der Vermieter die Mietminderung für unberechtigt, so muß er beweisen, daß kein Baumangel, sondern unzureichendes Lüften oder Beheizen die Ursache für die Feuchtigkeit ist.

Es hat sich in der Rechtsprechung die Ansicht durchgesetzt, es sei dem Mieter nicht zuzumuten, Beweise über Dinge zu führen, die ausschließlich im Gefahrenbereich des Vermieters liegen. Baumängel etwa liegen außerhalb des Risikobereichs des Mieters.

Der Vermieter läuft also Gefahr, wenn sich nicht mit Sicherheit feststellen läßt, ob die Schäden auf Baumängel oder auf das Verhalten des Mieters zurückzuführen sind, den Prozeß im Falle einer Mietminderung zu verlieren. Der Vermieter trägt die Beweislast und muß daher den entsprechenden Nachweis für seine Behauptungen führen. Der Mieter gewinnt den Prozeß, wenn festgestellt wird, daß die vorgenommene Mietminderung gerechtfertigt ist.

Weitere Stichwörter:
Anzeigepflicht, Beweismittel, Beweissicherungsverfahren, Fehler der Mietsache, Höhe der Mietminderung, Mietzinsminderung, Prozeßkosten, Sachverständiger, Streitwert

Formularvertrag

Meistens verwenden Vermieter und Mieter für die Begründung eines Mietverhältnisses über Wohnraum aus Vereinfachungsgründen einen sogenannten „Formularvertrag". Dabei ist zu beachten, daß die verschiedenen im Rechtsverkehr verwendeten Formularverträge inhaltlich erheblich voneinander abweichen können. Es passiert immer wieder, daß die in Formularverträgen verwendeten Klauseln gegen zwingende gesetzliche Vorschriften des Bürgerlichen Gesetzbuches verstoßen oder mit dem Gesetz zur Regelung des Rechts der allgemeinen Geschäftsbedingungen nicht in Einklang zu bringen sind. Die letztgenannten Normen sind mit ihren gesamten Bestimmungen gerade auf Formularverträge anzuwenden, die häufig von örtlichen Verlagen verlegt, gedruckt und herausgegeben werden.

Das Gesetz über die allgemeinen Geschäftsbedingungen versucht den Rechtsunkundigen zu schützen. Normalerweise kann der Rechtsunkundige nicht erkennen, in welchem Umfang die ausgewogene gesetzliche Rechtslage durch einen Formularvertrag zugunsten oder zuungunsten des Mieters oder Vermieters umgestaltet wird. Teilweise werden in den Formularverträgen gesetzliche Vorschriften im Wortlaut wiedergegeben, andere Vorschriften weichen bewußt vom Wortlaut des Gesetzes ab.

Häufige Änderungen in Formularverträgen sind bei der Bestimmung der Fälligkeit des Mietzinses („spätestens am dritten Werktags eines Monats"), bei der Verpflichtung zur

Durchführung von Schönheitsreparaturen und bei der Regelung der Rückgabe der Wohnung nach Beendigung des Mietverhältnisses festzustellen.

Nach den Vorschriften des BGB ist der Mietzins jeweils am Ende eines Monats gem. § 551 BGB zu bezahlen. Ebenfalls nach den Vorschriften des BGB sind die Schönheitsreparaturen vom Vermieter auszuführen, und der Mieter darf die Wohnung in einem solchen Zustand zurückgeben, der einer normalen Abnutzung entspricht.

Bekanntermaßen ist jedoch nach den allgemein im Umlauf befindlichen Formularverträgen der Mietzins spätestens am dritten Werktag eines Monats fällig und die Schönheitsreparaturen werden in fast allen Fällen dem Mieter auferlegt; es gibt kaum noch Mietverträge, die den Vermieter mit den Schönheitsreparaturen belasten. Außerdem hat in nahezu allen neu begründeten Mietverhältnissen der Mieter bei Beendigung des Mietverhältnisses und vor Rückgabe der Wohnung die Mietwohnung vollständig und umfassend zu renovieren.

Vorsicht ist bei den Formularverträgen geboten, wenn es um die Regelung der Nebenkosten (Betriebskosten) geht. Werden in der Nebenkostenregelung im Formularvertrag mehrdeutige Begriffe verwendet, so geht in der Regel die Mehrdeutigkeit zu Lasten des Formularverwenders. Unter den Begriff der Wasserkosten fallen beispielsweise nur die Kosten der Wasserversorgung, jedoch nicht die Kosten der Entwässerung (Abwasserbeseitigung). Diese sind meistens erheblich höher. Von den Vertragsparteien, die einen Formularvertrag verwenden wollen, ist daher darauf zu achten, daß beide das gleiche meinen und daß zwischen den Parteien Klarheit herrscht, was gewollt ist. Der Vermieter setzt sich der Gefahr aus, wenn eine Bestimmung unklar ist, daß die gesamte

Bestimmung in dem Formularvertrag als unwirksam angesehen wird. An deren Stelle tritt dann die gesetzliche Regelung.

Weitere Stichwörter:
Allgemeine Geschäftsbedingungen, Mustermietvertrag

Fristlose Kündigung

Bezahlt ein Mieter den vereinbarten Mietzins nicht, so hat der Vermieter die Möglichkeit, den Mietvertrag zu beenden, weil der Mieter seinen Vertrag nicht erfüllt. Der Mieter hat dann möglicherweise keinen Anspruch auf Einräumung einer Kündigungsfrist, sondern muß sofort ausziehen bzw. räumen. Eine solche Kündigung wird als „fristlose Kündigung" bezeichnet.

Wann eine fristlose Kündigung ausgesprochen werden kann, ist im Bürgerlichen Gesetzbuch (BGB) geregelt. Eine fristlose Kündigung ist nur dann wirksam, wenn sie schriftlich erfolgt. Im Gegensatz zur ordentlichen Kündigung ist es jedoch nicht erforderlich, dem Mieter im Kündigungsschreiben die Gründe für die Kündigung mitzuteilen.

Spätestens im Räumungsprozeß muß allerdings die Begründung, warum fristlos gekündigt wurde, nachgeholt werden.

Der Vermieter kann also das Mietverhältnis fristlos kündigen, wenn der Mieter seinen Verpflichtungen aus dem Mietvertrag nicht nachkommt und diese erheblich verletzt. Dabei muß die Verletzung der Vertragspflichten so stark sein, daß es dem Vermieter nicht mehr zuzumuten ist, den Mieter weiter in der Wohnung zu behalten. Außerdem muß dadurch das Vertrauen zwischen beiden Parteien nachhaltig gestört sein. Meistens befürchten die Vermieter für die Zukunft, daß der abgeschlossene Vertrag vom Mieter nicht eingehalten wird. Ein Grund zur fristlosen Kündigung ist immer dann gegeben, wenn der Mieter zwei Monate lang seinen Mietzins nicht bezahlt hat.

Des weiteren kann fristlos gekündigt werden, wenn der Mieter den Hausfrieden schwer stört, als Verursacher von Streitigkeiten in Betracht kommt. Außerdem kann der Vermieter fristlos kündigen, wenn der Mieter unerlaubt die ganze Wohnung oder ein Zimmer an einen Dritten weitervermietet (Untermiete), obwohl der Vermieter zuvor den Mieter abgemahnt hat, er solle die unerlaubte Untervermietung unterlassen.

Weitere Stichwörter:

Abmahnung, Hausordnung, Kehrwoche, Kündigungsfristen, Kündigungsschreiben, Lärmbelästigungen, Mietzins, Musik, Straßenreinigung, Untermietverhältnis

Fristlose Mieterkündigung

Nicht nur der Vermieter hat die Möglichkeit, ein Mietverhältnis durch fristlose Kündigung sofort zu beenden, sondern auch der Mieter hat unter gewissen Umständen die Möglichkeit, das Mietverhältnis fristlos zu kündigen. Fristlos bedeutet in diesem Zusammenhang, daß der Mieter sich nicht an Kündigungsfristen halten muß.

Der Mieter kann ebenfalls bei einem befristeten Mietvertrag aufgrund einer fristlosen Kündigung vor Ablauf der Mietzeit ausziehen und die von ihm innegehaltene Wohnung räumen. Allerdings müssen Gründe für eine fristlose Kündigung vorhanden sein. Eine schuldhafte und schwere Pflichtverletzung des Mietvertrages durch ein Verhalten des Vermieters stellt einen gesetzlichen Kündigungsgrund dar. Als Beispiel seien hier etwa nachhaltige Störungen des Hausfriedens durch den Vermieter genannt. Ein Grund zur fristlosen Kündigung durch den Mieter ist auch in der Weigerung des Vermieters zu sehen, gegenüber störenden sonstigen Mitbewohnern in zumutbarer Weise einzuschreiten.

Ein weiterer gesetzlicher Kündigungsgrund ist gegeben, wenn der Vermieter dem Mieter den vertragsgemäßen

Gebrauch der Mietsache nicht gewährt. Von einer Nichtgewährung des vertragsgemäßen Gebrauchs einer Mietsache spricht man unter anderem dann, wenn der Vermieter den Mieter am Einzug in die Mieträume hindert. Oder es stellt sich heraus, daß die Räume anderweitig zwischenvermietet sind. Auch dürfen die Mieträume in keinem gesundheitsgefährdenden Zustand sein: Auch dies berechtigt zur vorzeitigen und fristlosen Kündigung.

Selbst wenn der Mieter Kenntnis vom gesundheitsgefährdenden Zustand bei Anmietung hat, kann der Mieter fristlos kündigen, wenn der Vermieter keine Anstalten macht, den bisherigen Zustand, der sich etwa durch Schwammbefall ergibt, abzuändern und zu beseitigen.

Besondere Formvorschriften für eine fristlose Mieterkündigung bestehen nicht; sie muß lediglich schriftlich erfolgen. Empfehlenswert ist jedoch die Angabe von Kündigungsgründen in dem Kündigungsschreiben, um wenigstens über ein Beweismittel zu verfügen.

Kündigt der Mieter fristlos, so muß er alsbald den Wohnraum räumen. Zieht der Mieter aus dem gekündigten Wohnraum jedoch nicht aus, so muß er die Vorschrift des § 568 BGB beachten. Danach müssen die Mietvertragsparteien innerhalb von zwei Wochen erklären, ob das Mietverhältnis fortgesetzt werden soll oder nicht. Wird § 568 BGB von beiden Parteien nicht beachtet, so läuft der Mieter Gefahr, daß seine fristlose Kündigung praktisch wieder unwirksam wird. Es ist nämlich dann davon auszugehen, daß der Mietvertrag auf unbestimmte Zeit verlängert worden ist.

Weitere Stichwörter:

Anzeigepflicht, Beweismittel, Ersatzansprüche des Mieters, Fehler der Mietsache, Kündigung durch den Mieter, Mietvertrag, Nachmieter, Untermietverhältnis

Funktionsgebundene Werkwohnung

Neben den Werkdienstwohnungen (vgl. § 565e BGB) und Werkmietwohnungen (vgl. § 565b BGB), die als Voraussetzung ein bestehendes Dienst- oder Arbeitsverhältnis neben dem Mietvertrag haben, gibt es auch sog. funktionsgebundene Werkwohnungen. Als Beispiel wird die „Hausmeisterwohnung" genannt.

Bei funktionsgebundenen Werkwohnungen beträgt die Kündigungsfrist einen Monat. Eine Kündigung muß bis zum dritten Werktag eines Monats ausgesprochen werden und beendet dann zum Ende des gleichen Monats das Mietverhältnis. Von einer funktionsgebundenen Werkwohnung kann allerdings nur dann gesprochen werden, wenn das Arbeitsverhältnis seiner Art nach die Überlassung des Wohnraums in unmittelbarer Nähe zur Stätte der Dienstleistung erforderlich macht.

Soll die funktionsgebundene Werkwohnung mit der verkürzten Kündigungsfrist gekündigt werden, ist als weitere Voraussetzung zu beachten, daß die Werkwohnung für einen anderen Arbeitnehmer vorgesehen ist, weil die besondere Art seiner Beschäftigung eine Unterbringung in der Nähe seines Arbeitsplatzes notwendig macht.

Der Mieter einer funktionsgebundenen Werkwohnung hat kein Widerspruchsrecht gem. § 565d Abs. 3 BGB. Kündigt der Arbeitnehmer das Arbeitsverhältnis selbst, kann er sich, wenn er gleichzeitig auch Mieter ist, nicht auf den Schutz der Sozialklausel berufen. Der Mieter kann sich auch nicht auf den Schutz der Sozialklausel berufen, wenn der Mieter als Arbeitnehmer dem Arbeitgeber einen gesetzlich begründeten Anlaß zur Auflösung des Arbeitsverhältnisses gegeben hat.

Ein gesetzlich begründeter Anlaß zur Auflösung ist in jedem Falle dann seitens des Arbeitnehmers bzw. des Arbeitgebers gegeben, wenn ein wichtiger Grund zur fristlosen Kündigung vorliegt. Auch erhebliche Pflichtverletzungen des Arbeitsvertrages, z. B. Arbeitsverweigerung, reichen aus, damit der Mieter sich nicht auf die Sozialklausel berufen kann.

Der deutsche Bundestag hat mit Zustimmung des Bundesrates im Rahmen des Vierten Mietrechtsänderungsgesetzes gewisse Einschränkungen der Mieterrechte vorgenommen. Der Gesetzgeber drückt dies wie folgt aus (§ 564c Abs. 2 BGB und § 565c S. 1 Nr. 1 BGB):

„... (2) Der Mieter kann **keine** Fortsetzung des Mietverhältnisses nach Abs. 1 oder nach § 556b BGB verlangen, wenn ... 2. der Vermieter nach Ablauf der Mietzeit ... c) Räume, die mit Rücksicht auf das Bestehen eines Dienstverhältnisses vermietet worden sind, an einen anderen zur Dienstleistung Verpflichteten vermieten will und 3.) der Vermieter dem Mieter diese Absicht bei Vertragsschluß schriftlich mitgeteilt hat ..."

Diese nicht ganz einfache Regelung hat den gesetzgeberischen Zweck, den Werkswohnungsbau zu intensivieren. Der gewerblichen Wirtschaft soll ein Anreiz gegeben werden, Werkswohnungen zu bauen und zu vermieten. Deswegen können jetzt, neben der bestehenden alten Regelungen, auch Mietverhältnisse über Werkswohnungen befristet werden.

Weitere Stichwörter:

Betriebsbedarf, Härteklausel, Kündigungsschutz, Sozialklausel

Garagen

Garagen sind juristisch gesehen als „Geschäftsräume" anzusehen. Ein Mietvertrag über eine Garage (Geschäftsraummietvertrag) kann somit zum Schluß eines jeden Kalendervierteljahres ohne Angabe von Gründen gekündigt werden, wenn der Mietzins nach Monaten oder längeren Zeitabständen berechnet wird. Allerdings kann in einem Garagenmietvertrag eine verlängerte Kündigungsfrist vereinbart werden.

Häufig kommt es jedoch vor, daß Garagen zusammen mit Wohnräumen vermietet werden und somit ein räumlicher und wirtschaftlicher Zusammenhang besteht. Dann ist eine Teilkündigung der Garage nicht zulässig. Ist eine Zeitlang die Benutzbarkeit der Garage nicht gewährleistet, so hat der Mieter die Möglichkeit, den Mietzins entsprechend zu mindern. Die gleichen Grundsätze sind auch bei der Überlassung von Einstellplätzen anzuwenden. Meistens wird neben dem Wohnraummietzins eine zusätzliche Vergütung für die Überlassung einer Garage oder eines Einstellplatzes verlangt.

Weitere Stichwörter:
Einstellplatz, Mietminderung, Teilkündigung

Garten

Die Benutzung eines Gartens ist grundsätzlich nur dann gestattet, wenn dies ausdrücklich im Mietvertrag vereinbart worden ist (LG Aachen, DWW 1991, 22). Dies gilt nicht für Gärten, die zu einem Einfamilienhaus gehören, es sei denn, daß der Mietvertrag ausnahmsweise eine andere Regelung vorsieht. Ist dem Mieter die Mitbenutzung des Hausgartens gestattet, so soll dies vom Vermieter jederzeit widerrufen werden können (LG Aachen, DWW 1991, 22; a. M. AG Solingen, WM 80, 112, das nach jahrelanger Benutzung des Gartens durch den Mieter eine stillschweigende Erweiterung des Mietvertrages annimmt).

Hat der Mieter vertraglich die Gartenpflege übernommen, umfaßt dies lediglich „einfache Pflegetätigkeiten" wie Rasenmähen, Heckenschneiden (LG Siegen, WM 1991, 85).

Ansonsten trifft grundsätzlich den Vermieter die Pflicht, die Außenanlagen zu pflegen. Diesen trifft auch die Verkehrssicherungspflicht, wonach er dafür zu sorgen hat, daß keiner seiner Mieter durch herabfallende Äste zu Schaden kommt. Diese Pflicht kann allerdings mietvertraglich auf den Mieter abgewälzt werden. Weitere Regelungsmöglichkeiten und Fallkonstellationen:

Ist es den Mietern eines Mehrfamilienhauses vertraglich gestattet, den Hausgarten **gemeinsam** zu benutzen, so darf einer von ihnen nicht einen Teil abzäunen und für sich alleine nutzen. Ist mietvertraglich geregelt, daß der Mieter die Gartenpflegekosten trägt, so handelt es sich insofern um Betriebskosten, die nur bis zur Höhe der tatsächlich angefallenen und nachgewiesenen Beträge anteilig zu zahlen sind (AG Husum, WM 76, 60). Ist vertraglich nichts mit dem Vermieter vereinbart, so steht beispielsweise der Ernteertrag von Obstbäumen und Sträuchern grundsätzlich dem Vermieter zu. Ist im Mietvertrag der Garten ausdrücklich mitvermietet, darf der Vermieter den Garten nicht alleine kündigen, sondern nur zusammen mit der Wohnung (LG Hannover, WM 82, 82).

Weitere Stichwörter:

Betriebskosten, Grundstück, Teilkündigung, Verkehrssicherungspflicht

Gebühren

Im Rahmen eines Zivilprozesses, insbesondere auch eines Mietprozesses fallen für die Bemühungen des Gerichts und der Rechtsanwälte Gebühren an. Wie hoch diese Gebühren jeweils sind, ergibt sich aus den entsprechenden Gerichtskostentabellen und aus den Rechtsanwaltsgebührentabellen (Grundlage: Gerichtskostengesetz, Bundesrechtsanwaltsgebührenordnung, BRAGO). Üblicherweise erhält ein Rechtsanwalt für eine Instanz zwei volle Gebühren. Hat eine Beweisaufnahme stattgefunden, ist also ein Zeuge vernommen oder ein Sachverständigengutachten eingeholt worden, so erhält der Anwalt nach der BRAGO eine weitere volle Gebühr.

In den nächsten Instanz entstehen diese Gebührensätze erneut. Der Anwalt kann eine um 30 % höhere Gebühr berechnen, im Vergleich zur ersten Instanz, wo er nur eine volle Gebühr verlangen kann, es sei denn, es ist zwischen Mandant und Rechtsanwalt schriftlich ein höheres Honorar vereinbart. Zur Rechnung des Anwalts kommt noch eine Auslagenpauschale in Höhe von 15 % der berechneten Netto-Gebühren hinzu, jedoch höchstens 40 DM. Außerdem müssen noch 16 % Mehrwertsteuer (Umsatzsteuer) hinzugerechnet werden.

Weitere Stichwörter:

Prozeßkosten, Prozeßkostenhilfe, Rechtsanwalt, Sachverständiger, Streitwert

Geschäftsraummiete

Unter Geschäftsräumen versteht man üblicherweise solche Räume, die zu anderen als zu Wohnzwecken bestimmt sind. Hierzu gehören Ladengeschäfte, Lagerräume, Büros, Garagen und Fabrikationsräume. Für Geschäftsräume gelten die allgemeinen Vorschriften des Mietrechts. Allerdings ist bei der Vermietung von Geschäftsräumen zu beachten, daß der gesetzliche Kündigungsschutz nicht gilt. Eine ordentliche Kündigung ist grundsätzlich zum Ablauf der Kündigungsfrist zulässig, ohne daß dafür der Vermieter ein berechtigtes Interesse vorbringen muß (vgl. §§ 564 und 564a BGB).

Die Kündigung eines Geschäftsraumes muß nicht schriftlich erfolgen, sie ist auch formlos wirksam. Im Gegensatz dazu muß die Beendigung eines Mietverhältnisses über Wohnraum schriftlich erfolgen. Die Kündigungsfrist für einen Geschäftsraum beträgt gem. § 565 Abs. 1a BGB drei Monate zum Ablauf eines Kalendervierteljahres. Häufig wird jedoch bei Geschäftsraummietverhältnissen in dem Mietvertrag eine längere Kündigungsfrist vereinbart.

Bei Geschäftsraummietverträgen, die in den neuen Bundesländern gelten, sind wiederum Sonderregelungen zu beachten: Für Geschäftsraummietverträge, die erstmals vor dem 3. 10. 1990 abgeschlossen worden sind, gibt es einen begrenzten Kündigungsschutz. Der Mieter von Geschäftsräumen kann einer Kündigung, die vor dem 31. 12. 1992 ausgesprochen wurde, widersprechen und verlangen, daß der Vermieter das Mietverhältnis fortsetzt. Unabdingbare Voraussetzung dafür ist allerdings, daß die Kündigung die wirtschaftliche Lebensgrundlage des Mieters erheblich gefährdet. Der Widerspruch ist unwirksam bzw. greift nicht durch, wenn der Vermieter zur fristlosen Kündigung berechtigt ist, der Mieter sich weigert, einer angemessenen Mieterhöhung zuzustimmen oder der Mieter sich weigert, in eine Umlage der Betriebskosten einzuwilligen und letztlich kann die Kündigung auch dann ausgesprochen werden bzw. kann Widerspruch erhoben werden, wenn dem Vermieter die Fortsetzung des Mietverhältnisses nicht zugemutet werden kann.

Bei der Berechnung der Kündigungsfristen für Geschäftsraummieten gilt generell, daß die Kündigungsfrist sich um 3 Monate verlängert, wenn die Kündigung vor dem 1. 1. 1994 ausgesprochen wurde. Bis zu diesem Zeitpunkt kann der Vermieter also nur mit einer Frist von 6 Monaten zum Ablauf eines Kalendervierteljahres kündigen.

Weitere Stichwörter:

Formularvertrag, Mischmietverhältnis, Vermietergemeinschaft, Zweckentfremdung

Grundbuch

Wie und von wem das Grundbuch geführt wird und welche Vorgänge darin eingetragen werden, ist in allen Einzelheiten in der Grundbuchordnung (GBO) dargestellt. Grundsätzlich kann jeder, der ein berechtigtes Interesse darlegt, Einsicht in das Grundbuch nehmen. Insoweit sind auch Mieter bzw. Mietinteressenten berechtigt, da die Rechtsprechung auch ihnen ein solches berechtigtes Interesse zubilligt (OLG Hamm, WM 86, 348). Aus dem Grundbuch ergibt sich der sog. dingliche Rechtszustand eines jeden Grundstücks. D. h., es wird ersichtlich, wer Eigentümer ist und welche Belastungen auf dem Grundstück ruhen. Sollte es im zeitlichen Zusammenhang des Hausverkaufs zu einer Kündigung des Mietverhältnisses kommen, sollte der Mieter darauf achten, von wem die Kündigung ausgesprochen wird. Ist z. B. der Käufer des Hauses noch nicht im Grundbuch eingetragen, so ist er nicht zur Kündigung eines bestehenden Mietverhältnisses berechtigt und damit die Kündigung unwirksam.

Weitere Stichwörter:
Eigenbedarf, Grundbucheintragung, Grundstück, Kündigungsschreiben, Kündigungssperrfrist, Mietvertrag, Verkauf

Grundbucheintragung

Jede rechtsgeschäftliche Rechtsänderung an Grundstücksrechten bedarf zu ihrer Wirksamkeit der Eintragung im Grundbuch. Das Grundbuch ist als amtliche Aufzeichnung aller Grundstücke eines bestimmten Bezirks und der an diesen Grundstücken bestehenden Rechtsverhältnisse anzusehen.

Nach Maßgabe von § 12 GBO kann Einsicht in das Grundbuch von jedermann genommen werden, der ein berechtigtes Interesse an der Einsicht darlegt. Es ist allgemein anerkannt, daß ein Mieter ein berechtigtes Interesse an der Einsichtnahme in das Grundbuch hat, wenn er das Grundbuch für ein Wohnhaus oder für eine Wohnung einsehen möchte, die der Mieter evtl. in Zukunft anmieten möchte.

Die Einsicht in das Grundbuch kann vor allem bei einem Hausverkauf bzw. bei einer Veräußerung der Mietwohnung durch den Vermieter für den Mieter von Interesse sein. Weiter kann aus dem Grundbuch ersehen werden, ob eine Zwangsversteigerung des Grundstücks angeordnet ist, oder es läßt sich die Frage klären, ob die Wohnung in einem Sanierungsgebiet liegt oder nicht.

Wird ein Grundstück veräußert und möchte der neue Eigentümer des Grundstücks bzw. des Wohnhauses oder der Mietwohnung den übernommenen Mietvertrag kündigen („Kauf bricht nicht Miete"), so kann der neue Vermieter die Kündigung frühestens erst dann aussprechen, wenn er als neuer Eigentümer im Grundbuch auch tatsächlich eingetragen ist. Findet infolge der Veräußerung des Grundstücks bzw. der Eigentumswohnung ein Vermieterwechsel statt, so ist der Erwerber aus eigenem Recht nach § 571 BGB zur Kündigung der Mietverträge jedenfalls aufgrund solcher Umstände berechtigt, die nach dem Eigentumsübergang (Grundbucheintragung) eingetreten sind.

Weitere Stichwörter:

Eigenbedarf, Grundstück, Mietvertrag, Nachmieter, Umwandlung, Verkauf

Grundmietenverordnung

Die Wiedervereinigung der Bundesrepublik Deutschland und der DDR haben auch auf dem Gebiet des Mietrechts, insbesondere auf dem Gebiet des Mietpreisrechts erhebliche Änderungen und Ausnahmeregelungen gebracht. Der Bundesrat hat am 10. 7. 1992 einstimmig die Erhöhungen der Grundmieten in den neuen Bundesländern gebilligt. Sie läßt Erhöhungen der Grundmieten für preisgebundenen Wohnraum zwischen 0,75 DM und 2,40 DM pro Quadratmeter Wohnfläche zum 1. 1. 1993 und um weitere 0,60 DM zum 1. 1. 1994 zu. Die Zweite Grundmietenverordnung knüpft an die Mietzinsbeträge an, die sich im Beitrittsgebiet nach der Ersten Grundmietenverordnung vom 17. 6. 1991 ergeben.

Bei der Grundmiete handelt es sich um den Nettomietzins, d. h., der Mietzins, der für die reine Gebrauchsüberlassung anfällt. Es handelt sich um den reinen Mietzins ohne Betriebskosten oder sonstige Zuschläge. Das frühere Recht der DDR kannte solche Grundmieten nicht. In aller Regel beinhaltete der vereinbarte Mietzins einen größeren Teil der Betriebskosten. Es wurde eine sog. Bruttomiete bezahlt.

Seit 1. 10. 1991 war der Vermieter in den neuen Bundesländern berechtigt, den Mietzins in eine Grundmiete zuzüglich Betriebskosten umzuwandeln. Die Einzelheiten ergeben sich aus der Betriebskostenumlageverordnung. Gleichzeitig war eine Erhöhung der Grundmieten durch die Erste Grundmietenverordnung vom 17. 6. 1991 zugelassen worden. Die Verordnung gilt nur für Wohnraum, dessen höchstzulässiger Mietzins sich in den neuen Bundesländern am 2. 10. 1990 aus den bis dahin geltenden Rechtsvorschriften der DDR ergab. Um Mieterhöhungen nach der Ersten Grundmietenverordnung durchsetzen zu können, war es erforderlich, etwaige bisher im Mietzins enthaltene Betriebskostenanteile herauszurechnen (vgl. § 18 Betriebskostenumlageverordnung). Auf diese Weise ist der bisherige Mietzins ohne Betriebskosten (Grundmiete) ermittelt worden. Diese bereinigte Grundmiete konnte dann nach der Ersten Grundmietenverordnung erhöht werden.

Nunmehr ist es auf der Grundlage der Zweiten Grundmietenverordnung vom 10. 7. 1992 möglich, weitere Mieterhöhungen vorzunehmen.

Eine allgemeine Mieterhöhung zum 1. 1. 1993 um einen Grundbetrag von 1,20 DM pro Quadratmeter Wohnfläche soll die Vermieter in die Lage versetzen, den vorhandenen Wohnungsbestand einigermaßen verlustfrei zu bewirtschaften (vgl. § 1 S. 1 der Zweiten Grundmietenverordnung). Bei Wohnungen, die am 2. 10. 1990 ohne Bad waren, verringert sich der Grundbetrag um 0,30 DM pro Quadratmeter und Monat und für solche Wohnungen, die ohne Innen-WC ausgestattet waren um weitere 0,15 DM pro Quadratmeter und Monat.

Für Einfamilienhäuser in Gemeinden über 20 000 Einwohner ist ein Zuschlag von 0,30 DM eingeplant. Die allgemeine Mieterhöhung umfaßt eine Spanne von somit 0,75 DM bis 1,50 DM. Innerhalb dieses Bereichs können sich die Zu- und Abschläge jeweils ganz oder teilweise aufheben. Je nach Beschaffenheit des Gebäudes ist ab 1. 1. 1993 nach der Zweiten Grundmietenverordnung (vgl. § 2) eine Erhöhung von 0,90 DM pro Quadratmeter möglich. Diese Beträge verringern sich wieder jeweils um 0,30 DM bei erheblichen Schäden am Dach, an den Fenstern und an den Außenwänden. Umstritten sein wird die Auslegung, was man unter erheblichen Schäden versteht. Schäden am Dach sind dann wohl als erheblich einzustufen, wenn nicht nur vereinzelt Ziegel abgelöst sind und die Dachkonstruktion, wie Dachrinnen oder Regenfallrohre überwiegend reparaturbedürftig sind. Hier wird es sicherlich problematische Grenzfälle geben.

Seit dem 1. 1. 1994 ist eine weitere von der Beschaffenheit des Gebäudes abhängige Erhöhung des Mietzinses um 0,60 DM pro Quadratmeter und Monat zulässig. Bei erheblichen Schäden an Hausfluren oder Treppenräumen bzw. an Installationen ist wiederum eine Verringerung um je 0,30 DM möglich. Die genannten Mieterhöhungen erfolgen nicht automatisch. Sie sind vom Vermieter gegenüber dem Mieter schriftlich zu erklären (vgl. § 11 Abs. 4 S. 1 MHG). Das Mieterhöhungsverlangen muß den bestimmten Mieterhöhungsbetrag angeben. Außerdem wird es sinnvoll sein, wenn der Vermieter dem Mieter erläutert, wie sich die konkrete Mietzinserhöhung nach welchen Vorschriften errechnet. Außerdem wird es sinnvoll sein, dem Mieter zu erläutern, wie sich Zu- oder Abschläge begründen. Der Vermieter kann von diesen Rechten Gebrauch machen, muß dies aber nicht.

Die einseitige Erklärung des Vermieters zur Erhöhung des Mietzinses bewirkt die Mieterhöhung nicht sofort, sondern erst zum 1. des auf die Erklärung folgenden übernächsten Monats (vgl. § 11 Abs. 5 MHG). Soll also die Erhöhung zum 1. 1. wirksam werden, muß die Mieterhöhungserklärung spätestens am 30. 11. des Vorjahres beim Mieter eingegangen sein.

Um in den neuen Bundesländern einen Anreiz zu schaffen, vorhandenen Wohnraum zu renovieren, gibt § 3 der Zweiten Grundmietenverordnung dem Vermieter und dem Mieter die Möglichkeit, freiwillig Mieterhöhungen zu vereinbaren. Allerdings dürfen diese Mieterhöhungen bestimmte Grenzen nicht überschreiten. Die Zweite Grundmietenverordnung trifft hierzu detaillierte Regelungen, auf die verwiesen wird.

Sogar Mieterhöhungen bei Garagen sind zulässig (vgl. § 4 der Zweiten Grundmietenverordnung). Auch sind Mieterhöhungen aufgrund von Modernisierungen möglich. Insoweit wird auf § 11 MHG verwiesen. Dies bestätigt auch nochmals § 5 Abs. 1 der Zweiten Grundmietenverordnung. Zu bedenken ist weiter, daß beim Abschluß neuer Mietverträge der höchstzulässige Mietzins nicht überschritten werden darf, mit der Folge, daß die Mietpreisbindung für den größten Teil des Wohnungsbestandes in den neuen Bundesländern fortbesteht.

Am 6. 6. 1995 wurde das sog. „Mietenüberleitungsgesetz" verkündet. Darin wird praktisch die bisher geltende Grundmietenverordnung in das MHG eingebaut und die § 11 bis 17 MHG neu eingeführt. Mit dem 1. 6. 1995 sind die bisher geltenden Erste und Zweite Grundmietenverordnungen außer Kraft getreten. Inhaltlich haben sich nur geringfügige Änderungen ergeben.

Weitere Stichwörter:

Erhöhung der Kostenmiete, Kaltmiete, Kappungsgrenze, Mieterhöhung, Mieterhöhung bei Modernisierung, Mietzins, Nettomiete, Vergleichsmiete bei Mieterhöhung

Grundsteuer

Grundsätzlich muß der Vermieter einer Wohnung oder eines Gebäudes gemäß § 546 BGB, also bei Wohnungen ohne Preisbindung, die auf der vermieteten Wohnung ruhenden oder durch die Vermietung verursachten öffentlichen und privaten Lasten tragen. Zu den „öffentlichen Lasten" gehört beispielsweise die Grundsteuer. Die Umlage der Grundsteuer auf den Mieter einer Wohnung ist aber nur bei ausdrücklicher Vereinbarung möglich (vgl. OLG Celle, WM 1983, 291). Ist im Mietvertrag nicht vereinbart, daß öffentliche Lasten vom Mieter zu tragen sind, muß der Vermieter die Grundsteuer selbst tragen. Es soll hier auch dem weit verbreiteten Irrtum entgegentreten, daß es ein Gewohnheitsrecht gibt, wonach der Mieter ohne vertragliche Regelung Nebenkosten zu übernehmen habe. Enthält nämlich der Mietvertrag keinerlei vertragliche Regelung bezüglich der Betriebs- oder Nebenkosten, so kann der Vermieter keinerlei weitere Kosten außer dem Mietzins verlangen.

Weitere Stichwörter:

Betriebskosten, Heizkostenverordnung, Kaltmiete, Nebenkosten, Nettomiete, Zwischenablesung

Grundstück

Ein Grundstück kann vom Vermieter an den Mieter unbebaut oder bebaut vermietet werden. Ein unbebautes Grundstück kann aufgrund eines Mietvertrages dem Mieter zur Errichtung eines Ziergartens (Schrebergarten), eines Spielplatzes oder eines Autoabstellplatzes o. ä. zur Verfügung gestellt werden. In einem solchen Fall gelten die üblichen Vorschriften des Mietrechts. Lediglich im Kündigungsfalle sind besondere Kündigungsfristen gem. § 565 BGB zu berücksichtigen. Wird allerdings ein Grundstück mit einem darauf befindlichen Gebäude vermietet, so ist der Mietvertrag dahingehend zu prüfen, welche Zweckbestimmungen die

Räume haben. Entweder sind die Grundsätze des Wohnraummietrechts oder die Grundsätze des Geschäftsraummietrechts anzuwenden.

Weitere Stichwörter:

Geschäftsraummiete, Kündigungsfristen, Mietvertrag

Härteklausel (Kündigungsschutz)

Der Mieter kann der Kündigung eines Mietverhältnisses über Wohnraum widersprechen und vom Vermieter die Fortsetzung des Mietverhältnisses verlangen, wenn die vertragsmäßige Beendigung des Mietverhältnisses für den Mieter oder seine Familie eine Härte bedeuten würde, die auch unter Würdigung der berechtigten Interessen des Vermieters nicht zu rechtfertigen ist. Eine Härte liegt ebenfalls vor, wenn angemessener Ersatzwohnraum zu zumutbaren Bedingungen nicht beschafft werden kann (vgl. § 556a Abs. 1 Satz 1 und 2 BGB, Sozialklausel).

Die zitierte Regelung des Bürgerlichen Gesetzbuches stellt keine Ausnahmeregelung dar, sondern ist das gleichwertige Gegenstück zur Befugnis des Vermieters, die Wohnung zu kündigen, wenn für ihn berechtigte Interessen vorliegen. Die Härteklausel wird erst dann angewandt, wenn feststeht, daß die vom Vermieter angegebenen Kündigungsgründe (Eigenbedarf, schuldhafte Vertragsverletzung, angemessene wirtschaftliche Verwertung) gegeben sind. Sind keine berechtigten Interessen vorhanden, ist die Kündigung schon aus diesem Grunde unwirksam, und eine Bezugnahme des Mieters auf die Härteklausel (Sozialklausel) im Rahmen des Kündigungsschutzes ist nicht erforderlich.

Der Mieter hat also das Recht, Widerspruch gegen die Kündigung zu erheben. Die Darlegung der Härtegründe muß stets mit konkreten Tatsachen erfolgen. Für den Mieter liegt eine nicht zu rechtfertigende Härte vor, wenn sich herausstellt, daß angemessener Ersatzwohnraum zu wirtschaftlich und persönlich zumutbaren Bedingungen auf dem Wohnungsmarkt nicht zu erhalten ist. Hat die Kündigung für den Mieter oder für seine Familienangehörigen die Folge, daß Kinder einen Schulwechsel zu ungünstigem Zeitpunkt (Schulabschluß, Abitur) vornehmen müssen oder ist die Ehefrau schon im fortgeschrittenen Stadium schwanger, so ist das Vorliegen eines Härtegrundes anzunehmen. Ebenso kann eine Schwerbehinderteneigenschaft oder hohes Alter des Mieters als Härtegrund angeführt werden.

Bei der durchzuführenden Interessenabwägung, ob das berechtigte Interesse des Vermieters die Interessen des Mieters überwiegt, ist das Interesse des Vermieters insbesondere dann höher zu bewerten, wenn Eigenbedarf geltend gemacht wird, und zwar auch für nahe Verwandte. Das Interesse des Vermieters ist gegenüber den geltend gemachten Härtegründen des Mieters auch als vorrangig einzustufen, wenn der Vermieter selbst unverschuldet in Schwierigkeiten geraten ist und seinerseits eine von ihm angemietete Wohnung räumen muß. Im Falle eines Räumungsprozesses und bei der Berufung auf die Härtegründe entscheidet im Zweifelsfall das Gericht, ob eine Härte tatsächlich vorliegt oder nicht.

Für den Kündigungsschutz gibt es auch in den neuen Bundesländern Sonderregelungen:

Bei Mietverträgen, die erstmals in den neuen Bundesländern vor dem 3. 10. 1990 abgeschlossen wurden, gibt es einen verbesserten Kündigungsschutz. Eine Kündigung, die in der Begründung auf Eigenbedarf gestützt wird, ist im Regelfall erst ab 1. 1. 1993 möglich. Bei Altverträgen, also Verträgen, die vor dem 3. 10. 1990 abgeschlossen worden sind, ist eine Kündigung mit dem Hinweis bzw. mit der Begründung auf eine bessere wirtschaftliche Verwertung völlig ausgeschlossen.

Weitere Stichwörter:

Eigenbedarf, Kündigungsfristen, Kündigungsschreiben, Kündigungsschutz

Hausfriedensbruch

Wer in die Wohnung, in die Geschäftsräume oder in das befriedete Besitztum eines anderen oder in abgeschlossene Räume, welche zum öffentlichen Dienst oder Verkehr bestimmt sind, widerrechtlich eindringt oder wer, wenn er ohne Befugnis darin verweilt, auf die Aufforderung des

Berechtigten sich nicht entfernt, wird mit Freiheitsstrafe bis zu einem Jahr oder mit Geldstrafe bestraft. Sind die aufgeführten Voraussetzungen des § 123 StGB (Hausfriedensbruch) gegeben, so wird die begangene Tat auf Antrag verfolgt.

Wegen Hausfriedensbruch kann auch der Vermieter bestraft werden, wenn er – sogar im eigenen Haus – gegen den Willen des Mieters in dessen Wohnung eindringt. Auch wenn der Vermieter ohne Wissen des Mieters mit Hilfe eines Nachschlüssels die Mietwohnung betritt, geht man davon aus, daß hier der Straftatbestand des Hausfriedensbruchs vorliegt.

Hausfriedensbruch durch den Vermieter liegt allerdings nicht vor, wenn der Vermieter die Wohnung zur Gefahrenabwehr (Wasserrohrbruch bei Abwesenheit des Mieters) oder zur Ausübung des Besichtigungsrechts betreten muß. Eine Besichtigungsbefugnis durch den Vermieter ist allerdings immer vorher mit dem Mieter abzusprechen, denn in seiner Wohnung hat der Mieter das alleinige Hausrecht. Der Mieter kann deshalb dem Vermieter auch das Betreten seiner eigenen Wohnung grundsätzlich untersagen. Betritt der Vermieter trotzdem die Wohnung, so begeht er Hausfriedensbruch und wird verfolgt, wenn ein entsprechender Strafantrag gestellt wird.

Weitere Stichwörter:
Hausordnung, Hausrecht, Rohrverstopfung, Schlüssel

Hausmeister

Größere Wohnanlagen werden immer häufiger von Hausmeistern oder von Firmen betreut (Hausmeisterservice). Aufgabe des Hausmeisters ist es, sich um den Zustand (Instandhaltung/Instandsetzung) des Hauses, vor allem der Gemeinschaftsräume und der Gemeinschaftseinrichtungen zu kümmern. Er hat sich je nach Anstellungsvertrag auch um die Heizanlage und um die Funktionsfähigkeit der Wasserversorgung zu kümmern. Meist wird der Hausmeister auch mit der

Durchführung der Kehrwoche und des Schneeräumdienstes beauftragt.

Der Hausmeister ist in der Regel beim Vermieter angestellt. Er kann auch von der Wohnungseigentümergemeinschaft angestellt sein. Der Hausmeister ist jedoch aufgrund seiner Funktion nicht berechtigt, selbst Mietverträge abzuschließen, es sei denn, er ist ausdrücklich von einem bestimmten Vermieter dazu bevollmächtigt.

Je nach vertraglicher Vereinbarung zwischen Mieter und Vermieter können die Kosten, die der Hausmeister verursacht (Lohnkosten und Lohnnebenkosten), auf den Mieter umgelegt werden. Diese Kosten gehören zu den Betriebs- oder Nebenkosten einer Wohnung. Der Mieter hat dadurch den Vorteil, daß er sich etwa um die Kehrwoche nicht zu kümmern braucht. Diese Arbeiten nimmt ihm der Hausmeister ab. Im Rahmen der Betriebskostenabrechnung dürfen die Hausmeisterkosten den Betrag von DM 0,90 pro m^2/Monat nach einer Entscheidung des AG Köln (WM 1999, 235) nicht übersteigen. Sie sind sonst unwirtschaftlich. Der Mieter muß höhere Beträge also nicht bezahlen.

Weitere Stichwörter:

Betriebskosten, Hausordnung, Hausverwaltung, Kehrwoche, Mieterabwesenheit, Straßenreinigung

Hausordnung

Eine Hausordnung regelt im wesentlichen die Probleme, die sich aus dem Zusammenleben von verschiedenen Mietparteien in einem Haus ergeben können. Im Gegensatz hierzu wird im Mietvertrag nur geregelt, was die gegenseitigen Verpflichtungen des Vermieters und des Mieters betrifft.

Meistens ist eine Hausordnung, die das Verhalten der Mietparteien im allgemeinen untereinander ordnen will, als Anlage zu einem Mietvertrag beigefügt. Nach Maßgabe von § 21 des Wohnungseigentumsgesetzes (WEG) ist es bindend vorgeschrieben, daß für Eigentumswohnanlagen Hausordnungen aufgestellt werden.

Einer der wichtigsten Regelungspunkte der Hausordnung ist in der Normierung der Reinigung (Kehrwoche) der gemeinsam benutzten Räume und Flächen, wie Treppenhaus, Kellergang, Waschküche etc., zu sehen. Nur die Hausordnung kann als vereinbarte Grundlage für eine Kehrwochenregelung herangezogen werden. Gesetzliche Regelungen sind nicht vorhanden. Falls in dem Anwesen kein Hausmeister vorhanden ist, wird die Reinigungspflicht den verschiedenen Mietern in bestimmten Zeitfolgen (Kehrwochenplan) auferlegt.

Die in der Hausordnung aufgelegten Reinigungspflichten stellen eine Nebenverpflichtung des Mieters dar. Der Mieter ist daher dafür verantwortlich, daß gereinigt wird. Kann er seiner Reinigungspflicht (Kehrwoche) nicht nachkommen, weil er im Urlaub oder weil er erkrankt ist, muß er selbst dafür sorgen, daß ein anderer seine Nebenverpflichtungen übernimmt. Er kann auch einen professionellen Reinigungsservice damit beauftragen und muß für die Kosten entsprechend aufkommen.

Wird die Reinigungspflicht unterlassen, so kann der Vermieter den Mieter diesbezüglich abmahnen. Sollte der Mieter trotz Abmahnung seinen Reinigungsverpflichtungen nicht nachkommen, so ist der Vermieter befugt, die Reinigung von dritten Personen oder auch Reinigungsfirmen vornehmen zu lassen. Die entstehenden Kosten hat der Mieter zu tragen und dem Vermieter zu erstatten.

Weitere Stichwörter:

Hausmeister, Hausrecht, Lärmbelästigungen, Kehrwoche, Musik, Straßenreinigung

Hausrecht

Der Eigentümer einer Sache kann, soweit nicht das Gesetz oder Rechte Dritter entgegenstehen, mit seiner Sache nach Belieben verfahren und andere von jeder Einwirkung ausschließen (§ 903 BGB). Diese Vorschrift ist als die Rechtsgrundlage anzusehen, die dem Vermieter, der gleichzeitig Eigentümer ist, das Recht gibt, jeden, der nicht im Hause wohnt (es sei denn, es handelt sich um Besucher des Mieters), am Betreten des Grundstücks oder des Hauses zu hindern und den „Störer" sofort zum Verlassen aufzufordern.

Nach Maßgabe von § 1004 BGB kann der Eigentümer der Wohnung oder des Hauses auch ein entsprechendes Hausverbot aussprechen. Wer einem solchen Hausverbot zuwiderhandelt, begeht Hausfriedensbruch. Allerdings hat der Vermieter, der gleichzeitig Eigentümer ist, gegenüber dem Mieter kein spezielles Hausrecht; die mietvertraglichen Regelungen gehen vor. Der Mieter hat ein Recht zum Besitz.

Der Mieter ist berechtigt, das Haus zu betreten, um in seine Wohnung zu gelangen. Innerhalb der Wohnung hat der Mieter das alleinige Hausrecht und kann seinerseits Hausverbote aussprechen. Der Mieter hat damit auch die Möglichkeit, grundsätzlich dem Vermieter (Eigentümer) das Recht abzusprechen, seine eigene Wohnung zu besichtigen. Ganz auszuschließen ist das Besichtigungsrecht des Vermieters allerdings nicht.

Weitere Stichwörter:

Besucher, Hausfriedensbruch, Hausordnung

Haustiere

In den einschlägigen Mietgesetzen ist nichts über das Problem der Haustierhaltung in Mietwohnungen ausgesagt. Es ist also Sache der Parteien, diese Frage mietvertraglich zu regeln.

Häufig verbieten Vermieter die Haltung von Haustieren in Wohnräumen. Ein solches vom Vermieter ausgesprochenes Verbot verstößt nicht gegen die guten Sitten, auch nicht gegen die Grundsätze von Treu und Glauben. Mißlich ist allerdings die Situation, wenn sich die Parteien zu Mietbeginn keine Gedanken über die Haustierhaltung gemacht haben. Dies ist oft der Fall, wenn kein schriftlicher Mietvertrag vorliegt (mündlicher Mietvertrag). Nach der Rechtsprechung darf sich dann der Mieter ein Haustier halten, soweit im Einzelfall keine unzumutbaren Belästigungen oder Störungen durch das Haustier ausgehen oder entstehen. Dies ist im wesentlichen nur für Hunde und Katzen von Bedeutung. Im allgemeinen werden von den Vorschriften des Mietvertrages über die Haustierhaltung Kleintiere nicht erfaßt. Kleintiere sind etwa Stubenvögel, Aquarienfische, Goldhamster, Schildkröten etc.

Nicht zulässig ist allerdings z. B. eine komplette Vogelvoliere innerhalb einer Mietwohnung oder erhebliche Lärmbelästigung durch einen Papagei. Leider gibt es immer wieder Mieter, die sich auch exotische Tiere halten, wie Affen, Raubkatzen, Schlangen etc. Es handelt sich hierbei nicht um Haustiere, so daß die Tierhaltung innerhalb der Mietwohnung als verboten anzusehen ist.

Weitere Stichwörter:

Abmahnung, Lärmbelästigung, Mietvertrag, Mündlicher Mietvertrag

Hausverwaltung

Nicht zu verwechseln mit den Funktionen des Hausmeisters sind die Aufgaben der Hausverwaltung. In Wohnungseigentumsanlagen obliegt die Verwaltung des gemeinschaftlichen Eigentums in erster Linie den Wohnungseigentümern selbst. Die Wohnungseigentümerversammlung kann jedoch als Organ der Wohnungseigentümer beschließen, daß die Aufgaben der Verwaltung durch eine Hausverwaltungsgesellschaft oder durch einen Hausverwalter wahrgenommen werden.

Der Verwalter ist berechtigt und verpflichtet, die Beschlüsse der Wohnungseigentümer durchzuführen und für die Durchführung der Hausordnung zu sorgen. Weiter hat der Verwalter die für die ordnungsgemäße Instandhaltung und Instandsetzung des gemeinschaftlichen Eigentums erforderlichen

Maßnahmen zu treffen. Außerdem hat er die gemeinschaftlichen Gelder zu verwalten.

Die einzelnen Aufgaben und Befugnisse sind in § 27 WEG (Wohnungseigentumsgesetz) näher beschrieben.

Über die Bestellung und die Abberufung eines Verwalters beschließen die Wohnungseigentümer mit Stimmenmehrheit. Einstimmigkeit ist nicht erforderlich. Die Betriebskostenabrechnung, die der Vermieter dem Mieter gemäß den getroffenen Vereinbarungen vorlegt, basiert in größeren Wohnungseigentumsanlagen meist auf einer Verwalterabrechnung, der sogenannten Hausgeldabrechnung.

Aus mietrechtlicher Warte gesehen, hat der Mieter einen Vertrag mit dem Vermieter und im Grunde genommen nichts mit der Hausverwaltung zu tun. Jedenfalls bestehen keine vertraglichen Beziehungen. Allerdings hat sich der Eigentümer (Vermieter) an die Beschlüsse der Wohnungseigentümerversammlung zu halten. Hier kommt es immer wieder zu Reibungspunkten, wenn die Wohnung vermietet ist und die Beschlüsse der Eigentümer den Mieter direkt betreffen, wie etwa Abänderungen der Hausordnung oder Neueinteilung der Kehrwoche.

Weitere Stichwörter:

Betriebskosten, Hausmeister, Hausordnung, Straßenreinigung

Heizdauer

Ein angenehmes Raumklima herrscht in den meisten Wohnräumen, wenn eine Temperatur zwischen 20° und 22° C herrscht. In den letzten Jahren sind die Energiekosten allerdings außerordentlich gestiegen, so daß es sowohl im Interesse des Vermieters als auch des Mieters liegen dürfte, die Heizung in den Nachtstunden auf eine niedrigere Temperatur herunterzuschalten. Dies geschieht in der Regel bei modernen Heizungsanlagen vollautomatisch durch Zeitsteuerungen.

Trotzdem ergeben sich in Mehrfachfamilienhäusern immer wieder Konflikte darüber, in welchem Zeitraum die Tagtemperatur (20° C bis 22° C) bzw. der Nachtbetrieb (16° C bis 18° C) herrschen soll. Üblicherweise wird von den Gerichten im Falle eines Prozesses regelmäßig gefordert, daß der Tagesbetrieb der Heizung in der Zeit von 8.00 morgens bis 22.00 Uhr abends gewährleistet sein soll. Fest steht jedenfalls, daß die Heizung nicht vollständig abgestellt werden darf. Es muß auch nachts mindestens eine Raumtemperatur von 16° C bis 18° C gewährleistet sein.

Weitere Stichwörter:

Betriebskosten, Feuchte Wände, Hausmeister, Heizkostenverordnung, Mindesttemperatur, Verbrauchserfassung, Vorauszahlungen

Heizkostenabrechnung

Es besteht eine Pflicht des Vermieters, die vermietete Wohnung zu beheizen. Diese Pflicht ergibt sich regelmäßig aus dem geschlossenen Mietvertrag bzw. aus § 536 BGB. Sollte eine Wohnung nicht beheizbar sein, befindet sie sich nicht in einem „vertragsmäßigen Zustand", wie der Gesetzeswortlaut heißt. Aus der Heizkostenverordnung vom 1. 3. 1989 (siehe auch das nachfolgende Stichwort) ergibt sich die Pflicht des Vermieters, die Kosten der Wärme und für Warmwasser im Detail jährlich abzurechnen.

Gewisse Besonderheiten gibt es auf dem Gebiet der ehemaligen DDR: Während nach dem bisherigen Recht der DDR die Heizkosten teils im Mietzins gesondert ausgewiesen, teils ohne besondere Ausweisung im Mietzins inbegriffen waren, ist seit dem 1. 10. 1991 gestattet, die Heizkosten neben dem eigentlichen Mietzins gesondert umzulegen. Die näheren Einzelheiten, in welcher Höhe und in welchem Umfang die Heizkosten umgelegt werden dürfen, ergeben sich aus der Betriebskostenumlageverordnung.

Zu einer Heizkostenabrechnung nach Verbrauch sind die Mietvertragsparteien nach den Regelungen des Einigungsvertrages bei Räumen, die vor dem 1. 1. 1991 bezugsfertig geworden sind und in denen die nach der Heizkostenverordnung erforderliche Ausstattung zur Verbrauchserfassung nicht vorhanden ist, erst verpflichtet, wenn der Gebäudeeigentümer diese Ausstattung angebracht hat. Hierzu ist er jederzeit berechtigt und bis spätestens zum 31. 12. 1995 verpflichtet. Die für das Gebiet der ehemaligen DDR geltende Betriebskostenumlageverordnung ist durch das Mietenüberleitungsgesetz vom 6. 6. 1995 mit Wirkung ab 1. 7. 1995 außer Kraft getreten. Der Text der Betriebskostenumlageverordnung ist im wesentlichen in das neue MHG, insbesondere in die §§ 11–14 mit entsprechenden Übergangsregelungen übernommen worden.

Für Räume, die ab 1. 1. 1991 auf dem Gebiet der neuen Bundesländer bezugsfertig geworden sind, gilt die Heizkostenverordnung vom 1. 3. 1989 mit den im Einigungsvertrag festgelegten Maßstäben. Die Heizkostenverordnung gilt auch für preisgebundenen Wohnraum, öffentlich geförderte Wohnungen sowie für frei finanzierte Wohnungen. Der Vermieter muß einmal jährlich über die Betriebskosten, zu denen auch die Heizkosten und die Warmwasserkosten gehören, abrechnen und dem Mieter eine nachprüfbare und schlüssige Abrechnung zukommen lassen.

Weitere Stichwörter:

Betriebskosten, Betriebskostenumlageverordnung, Heizdauer, Heizkostenverordnung, Heizperiode, Mindesttemperatur, Verbrauchserfassung

Heizkostenverordnung

Die Heizkostenverordnung, die seit 1. 3. 1989 in Kraft ist, regelt im Detail die Abrechnung der Kosten für Wärme und Warmwasser, die beim Betrieb einer Wohnung (Betriebskosten) entstehen. Dabei ist es für die Heizkostenverordnung ohne Belang, ob es sich um frei vermieteten Wohnraum handelt oder ob der Wohnraum öffentlich gefördert ist. Die Heizkostenverordnung gilt auch beim sozialen Wohnungsbau.

Früher waren die sogenannten Pauschal- oder Bruttomieten, auch Raummiete genannt, der Regelfall. Doch seit Einführung der verbrauchsabhängigen Heizkostenabrechnung im Jahre 1984 hat die Heizkostenverordnung immer mehr an Bedeutung gewonnen. Die Pauschal- oder Bruttomieten treten immer mehr in den Hintergrund.

Die Anwendbarkeit der Heizkostenverordnung kann für Zweifamilienhäuser, bei denen der Vermieter eine Wohnung selbst bewohnt, vertraglich ausgeschlossen werden, ebenso für Wohnungen, die über ein eigenes Heizungssystem verfügen. Ansonsten ist die Verordnung zwingend vorgeschrieben. Zudem kommt die Heizkostenverordnung nicht zur Anwendung, wenn Einfamilienhäuser vermietet werden, die nur von einer Mietvertragspartei bewohnt werden. Die Heizkostenverordnung betrifft selbstverständlich auch Eigentumswohnungen oder vermietete Geschäftsräume.

Die Heizkostenverordnung schreibt strikt vor, daß ein Teil der Wärmekosten nach einem festen Maßstab (Grundkosten) auf den Mieter umgelegt wird und der andere Teil nach dem meßtechnisch erfaßten Verbrauch des jeweiligen Nutzers. Bei den fixen Wärmekosten spricht man von Festkostenanteil oder Grundkosten. Den anderen Teil nennt man Verbrauchskostenanteil.

Die Heizkosten werden dann, so die Verordnung, einmal jährlich erfaßt bzw. abgelesen und abgerechnet. Üblicherweise teilt der Eigentümer oder der Verwalter einer Eigentumswohnanlage den beauftragten Wärmemeßdienstunternehmen den jährlichen Verbrauch an Brennstoff mit. Auch zusätzliche Lieferungen während eines Jahres sind zu erfassen. Die Wärmemeßfirma liest dann in den jeweiligen Wohnungen die Erfassungsgeräte ab und erstellt auf der Basis der ermittelten Werte eine Abrechnung. Mit Hilfe dieser Abrechnungen sind dann die Betriebskostenvorauszahlungen vom Vermieter gegenüber dem Mieter abzurechnen.

Waren die Vorauszahlungen zu niedrig veranschlagt, so hat der Vermieter gegenüber dem Mieter ein Nachforderungsrecht. Sind die Vorauszahlungen zu hoch erfolgt, so hat der Mieter einen Anspruch auf Rückzahlung der überzahlten Beträge.

Der Zweck der Heizkostenverordnung ist darin zu sehen, daß aufgrund der anteiligen, verbrauchsabhängigen Heizkostenbemessung die Verbraucher möglichst energiesparend heizen sollen. Erreicht werden soll außerdem, die Heizkosten bzw. die Wärmekosten möglichst gerecht auf alle beteiligten Nutzer umzulegen. Das Ziel der Energieeinsparung soll auf möglichst angemessenem Weg erreicht werden.

Grundsätzlich bleibt festzuhalten, daß in den neuen Bundesländern die Heizkostenverordnung seit dem 1. 1. 1991 gilt. Allerdings sind Sonderregelungen zu beachten:

Verschiedene Zeitpunkte sind maßgebend. Wohnungen, die nach dem 1. 1. 1991 fertiggestellt worden sind und von einer zentralen Heizungsanlage aus beheizt werden, müssen mit Verbrauchserfassungsgeräten (Heizkostenverteiler) ausgestattet sein. Die Heizkostenabrechnung muß vom Verbrauch abhängig berechnet werden. Sonderregelungen gibt es nicht.

Weiter bleibt festzuhalten, daß Wohnungen, die vor dem 1. 1. 1991 bezugsfertig geworden sind (Altbauten), bis spätestens 31. 12. 1995 mit Geräten ausgestattet sein müssen, die die Heizkosten bzw. den Verbrauch entsprechend erfassen. Spätestens mit der Heizperiode 1996/97 müssen dann die Heizkosten für diese Wohnungen nach den Grundsätzen der Heizkostenverordnung abgerechnet werden.

Für Altbauten, die vor dem 1. 1. 1991 bezugsfertig geworden sind, wird bis zum 31. 12. 1995 wie bisher abgerechnet, d. h. es ändert sich für den Mieter und den Vermieter nichts. Heiz- und Warmwasserkosten können weder verbrauchsabhängig noch verbrauchsunabhängig abgerechnet werden. Sie bleiben Bestandteil der einheitlichen Miete.

Allerdings können ab 3. 10. 1991 aufgrund einer Verordnung der Bundesregierung die Heiz- und Warmwasserkosten gesondert zur Miete verlangt und abgerechnet werden. Aufgrund der komplizierten und verwirrenden Regelungen ist es hier sicherlich sinnvoll, wenn ein Vermieter oder Mieter Schwierigkeiten mit der Rechtslage hat, daß er sich hier professionellen Rat einholt.

Weitere Stichwörter:

Betriebskosten, Heizdauer, Heizperiode, Kaltmiete, Mieterhöhung bei Modernisierung, Mindesttemperatur, Modernisierung, Nettomiete, Rückforderung, Verbrauchserfassung, Vorauszahlungen

Heizperiode

Im deutschen Zivilrecht gilt die Vertragsfreiheit. Es kann also in einem Mietvertrag zwischen den Parteien beliebig vereinbart werden, in welcher Zeit geheizt werden soll. Es gibt jedoch auch mietvertragliche Vereinbarungen, in denen die Heizdauer nicht festgelegt ist.

Die Gerichte haben hier überwiegend entschieden, daß die übliche Heizperiode in dem Zeitraum vom 1. Oktober bis zum 30. April eines Jahres läuft. Es empfiehlt sich jedoch, da diese Zeit relativ knapp bemessen ist, die Heizperiode auf die Zeit vom 15. September bis zum 15. Mai zu verlängern. Dies haben die Erfahrungen der letzten Winter gezeigt.

Weitere Stichwörter:

Betriebskosten, Feuchte Wände, Hausmeister, Heizkostenverordnung, Heizdauer, Mindesttemperatur, Verbrauchserfassung, Vorauszahlungen

Höhe der Mietminderung

Sind die Voraussetzungen für die Minderung der vereinbarten Miete gegeben und ist die Beeinträchtigung der Mietsache nicht unerheblich, so hat der Mieter die Möglichkeit, den Mietzins zu mindern, d. h. zu kürzen. Ausgangspunkt für die

Berechnung des Umfangs der Mietminderung ist die Grundmiete. Es ist umstritten, was unter diesem Begriff zu verstehen ist. In der Regel wird als Berechnungsbasis die alleinige Kaltmiete anzusehen sein.

Die in Abzug zu bringende Mietminderung hängt ihrer Höhe nach vom jeweiligen Umfang der Beeinträchtigungen der Mietsache ab. Je stärker ein Mangel die Gebrauchsfähigkeit der Wohnung negativ beeinflußt, desto größer darf der Mietkürzungsbetrag sein. Bei der Berechnung der Höhe der Mietminderung ist in der Berechnung zu berücksichtigen, in welchem rechnerischen Verhältnis die jetzt durch den Mangel geschmälerte „Leistung" des Vermieters zur Höhe der Mietzahlung steht.

Häufig berechnen Gerichte den Wohnwert der Räume und setzen diesen Betrag in Abhängigkeit von der Größe und der normalen Nutzung im Verhältnis zum Mietzins. Beispielsweise beträgt der Wohnwert eines Wohnzimmers 28 %, der eines Arbeitszimmers 20 %, der des Schlafzimmers 12 %, der der Küche 10 %, der des Bades 10 %, der von Abstellräumen 7 %, der eines Gäste-WC 3 % und der eines Balkons 10 %. Aufgrund dieser Prozentzahlen, die nur als Anhaltspunkte dienen, wird dann der jeweilige Mietanteil zugrunde gelegt. Des weiteren muß noch die Minderungsquote, die zwischen 0 und 100 % liegen kann, entsprechend in die Berechnung eingestellt werden. Hat die Wohnung eine andere als die übliche Raumaufteilung, wird sie in anderer Art genutzt oder handelt es sich um eine kleine Wohnung, so können sich innerhalb der oben angegebenen Wohnwerte die einzelnen Prozentsätze verschieben und müssen individuell angepaßt werden. Wenn beispielsweise ein paar Tage lang die Wohnung ohne Warmwasserversorgung ist, so ist die Küchen- und Badbenutzung beeinträchtigt.

Allerdings dürfte diese Beeinträchtigung, die als Fehler der Mietsache zu qualifizieren ist, nicht die ganze Nutzungsmöglichkeit ausschließen, sondern nur teilweise, vielleicht zu 50 %. Das Kaltwasser kann nach wie vor benützt werden.

Außerdem sind bei der Berechnung der Höhe der Minderung auch die örtlichen Gegebenheiten einer Wohnung in eine Gesamtbewertung mit einzustellen. Der Ausfall der Warmwasserversorgung wirkt sich zwar unmittelbar nur in der Küche und im Bad aus, jedoch wird der Wohnwert der gesamten Wohnung durch den Mangel erheblich beeinträchtigt. Dies muß bei der Berechnung mit berücksichtigt werden.

Im Rahmen eines Prozesses muß dann der Mieter beweisen, daß die Wohnung mit Fehlern bzw. Mängeln behaftet ist oder war. Weiter muß der Mieter beweisen, daß er die Mängel rechtzeitig dem Vermieter mitgeteilt hat. Es empfiehlt sich aus Beweisgründen eine schriftliche Mängelrüge. Im Gegensatz dazu muß der Vermieter beweisen, daß der Mieter den Mangel selbst verschuldet hat. Sind beispielsweise Brandlöcher im Teppichboden, so wird der Mieter beweisen müssen, daß ihn keine Schuld an den Schäden trifft. Hat der Mieter den Fehler selbst schuldhaft verursacht, kann er die Miete nicht mindern.

Häufige Mietminderungsansprüche ergeben sich aus Lärmbelästigungen; außerdem sind feuchte Wände und Schimmelbildung sowie Probleme mit der Heizungsanlage ein Minderungsgrund. Auch hat der Mieter möglicherweise das Recht, den Mietzins zu mindern, wenn Umwelteinflüsse den Wohnwert der Mietsache und das Wohlbefinden der Mieter negativ beeinflussen; als Beispiel seien hier Umweltgifte genannt.

Weitere Stichwörter:

Anzeigepflicht, Fehler der Mietsache, Feuchte Wände, Kaltmiete, Lärmbelästigungen, Mietminderung, Mietzinsminderung, Mindesttemperatur

Informationspflicht bei Modernisierung

Bei dem Stichwort Modernisierung wird mitgeteilt, daß die Modernisierung einer Mietwohnung für alle Beteiligten eine durchaus positive Angelegenheit sein kann. Bevor jedoch mit den geplanten Modernisierungsmaßnahmen begonnen werden kann, muß der Vermieter den Mieter mindestens zwei Monate vor Beginn der Arbeiten über deren Art, Umfang, voraussichtliche Dauer und die zu erwartenden Mieterhöhungen schriftlich informieren. Wollen die Handwerker also am 1. September eines Jahres die Arbeiten aufnehmen, so muß der Informationsbrief spätestens am 30. Juni beim Mieter eingegangen sein. Um Streitigkeiten zu vermeiden, wird es ratsam sein, den Informationsbrief per Einschreiben gegen Rückschein zu versenden oder sich den Erhalt quittieren zu lassen. Wird die genannte Frist vom Vermieter nicht eingehalten, so hat dies nach Maßgabe des Vierten Mietrechtsänderungsgesetzes (jetzt: § 3 Abs. 4 MHG) folgende Konsequenz: „. . . Die Erklärung des Vermieters hat die Wirkung, daß von dem Beginn des auf die Erklärung folgenden übernächsten Monats an der erhöhte Mietzins an die Stelle des bisher zu entrichtenden Mietzinses tritt. Diese Frist verlängert sich um sechs Monate, wenn der Vermieter dem Mieter die zu erwartende Erhöhung des Mietzinses nicht nach § 541b Abs. 2 Satz 1 BGB mitgeteilt hat oder wenn die tatsächliche Mieterhöhung gegenüber dieser Mitteilung um mehr als zehn vom Hundert nach oben abweicht."

Diese neue Regelung, die seit dem 1. 9. 1993 in Kraft ist, soll den Vermieter künftig stärker als bisher darauf verpflichten, seinen Mietern zwei Monate vor Beginn der Baumaßnahmen deren Art, Umfang und voraussichtliche Dauer mitzuteilen.

Hat der Mieter von den zu erwartenden Modernisierungsmaßnahmen Kenntnis erlangt, hat er die rechtliche Möglichkeit, ein spezielles Kündigungsrecht wegen der Modernisierungsmaßnahmen auszuüben. Dem Mieter wird das Recht gewährt, schriftlich bis zum Ende des nächsten Monats, der auf den Termin der Mitteilung folgt, zum Ende des wiederum nächsten Monats das Mietverhältnis zu kündigen und damit zu beenden. Bis zum Ablauf des nunmehr beendeten Mietvertrages darf dann mit den Modernisierungsarbeiten nicht begonnen werden. Weiteres Beispiel: Der Vermieter informiert bis einschließlich 30. Juni eines Jahres den Mieter über die zu erwartenden Modernisierungsmaßnahmen. Dann hat der Mieter die Möglichkeit, bis spätestens zum 31. Juli (Eingang beim Vermieter) schriftlich zu kündigen; der Mieter ist dann verpflichtet, spätestens am 31. August auszuziehen. Diese Regelungen gelten allerdings nicht bei Bagatellfällen.

Bei Modernisierungsmaßnahmen der Wohnungen sind in den neuen Bundesländern besondere Regelungen zu berücksichtigen:

Die Kosten, die bei der Modernisierung von Wohnraum anfallen, können auf den Mieter als sogenannter Modernisierungszuschlag in Höhe von 11 % der Modernisierungskosten auf die Jahresmiete umgelegt werden. Dieser Zuschlag ist auch dann möglich, wenn die Modernisierung vor dem 3. 10. 1990 begonnen hat aber erst nachher beendet wurde.

Grundsätzlich ist die Anhebung der Miete nur für Neubauten möglich, allerdings bis zur Grenze der ortsüblichen Vergleichsmiete bei Modernisierungsmaßnahmen. Diese Regelung gilt für Wohnungen, die nach dem 2. 10. 1990 fertiggestellt worden sind oder für Räume, die wiederhergestellt wurden. Diese Räume müssen jedoch zuvor auf Dauer für Wohnzwecke nicht benutzbar gewesen sein oder diese Räume durften ursprünglich gar nicht zu Wohnzwecken dienen. Bei Altbauten, d. h. Wohnungen, die vor dem 3. 10. 1990 fertiggestellt waren, ist eine Mieterhöhung nur über den Modernisierungszuschlag möglich. Auch ist eine Mieterhöhung wegen Modernisierungsmaßnahmen bei Sozialwohnungen möglich, allerdings nur bei neu geschaffenen Wohnungen, für die öffentliche Mittel erstmals nach dem 3. 10. 1990 von der öffentlichen Hand bewilligt worden sind.

Weitere Stichwörter:
Kündigung durch Mieter, Mieterhöhung bei Modernisierung, Mieterkündigung bei Modernisierung, Modernisierung, Sonderkündigungsrecht

Instandhaltung

Es stellt eine Hauptpflicht des Vermieters dar, dem Mieter die Mietsache im gebrauchsfähigen und vertragsgemäßen Zustand zu übergeben und dafür zu sorgen, daß dieser Zustand bis zur Beendigung des Mietverhältnisses erhalten bleibt. Der Vermieter ist also verpflichtet, alles zu tun, um die Gebrauchsfähigkeit zu erhalten, also dafür zu sorgen, daß die Mietsache nicht infolge von Abnutzungen, Alterungen oder aus sonstigen Gründen in ihrem Gebrauchswert gemindert wird. Der Vermieter hat hier gem. § 536 BGB bestimmte Fürsorgepflichten übernommen. Er muß u. a. die vom Mieter mitbenutzten Hausteile in betriebssicherem und benutzbarem Zustand erhalten (Treppengeländer). Der Vermieter hat für einen gefahrlosen Zugang zu den Mieträumen einzustehen. Er hat also für eine intakte Beleuchtung des Treppenhauses zu sorgen oder muß schadhafte Treppenstufen (Stolperfallen) richten.

Um dieser Verpflichtung gerecht werden zu können, hat der Vermieter die Pflicht, den Zustand des Hauses in angemessenen Zeitabständen zu überwachen oder überwachen zu lassen oder zu überprüfen. Er ist verpflichtet, Gefahren beim Mietgebrauch zu verhindern.

Im Gegenzug dazu muß der Mieter seinerseits die objektiv notwendigen Erhaltungsmaßnahmen des Vermieters gem. § 541a BGB dulden, er muß auch geringfügige Belästigungen (kurzfristiges Abstellen des Wassers) entschädigungslos hinnehmen.

Weitere Stichwörter:
Anzeigepflicht, Aufzug, Instandsetzung, Mietvertrag

Instandsetzung

Im Gegensatz zur Instandhaltung versteht man unter Instandsetzung die Wiederherstellung der Mietsache in ihren gebrauchsfähigen und vertragsgemäßen Zustand. Es kann des öfteren festgestellt werden, daß der Vermieter in Formularmietverträgen die Kosten für „kleine Instandsetzungen" dem Mieter aufbürdet. Unter diesen kleinen Instandsetzungen werden regelmäßig die Kosten für die Behebung von geringfügigen Schäden an Installationen, Wasserleitungen, Kocheinrichtungen sowie Fenster- und Türverschlüssen verstanden. Es handelt sich um Bagatellschäden bis zu einer Höhe von ca. DM 100,00.

Ob in Formularverträgen, die häufig diesbezüglich Klauseln enthalten, solche Vereinbarungen über Instandsetzungspflichten wirksam getroffen werden können, ist umstritten. Bei Rechtsstreitigkeiten über solche Bagatellinstandsetzungen ist immer zu prüfen, ob die schriftlich vereinbarte Klausel gegen § 9 AGBG verstößt oder nicht. An dieser Stelle sollen zwei Beispiele angeführt werden, um die rechtliche Problematik zu verdeutlichen: In einer Entscheidung des Amtsgerichts Hannover heißt es, daß eine in einem Formularmietvertrag verwendete Klausel der obigen Art gem. § 9 AGBG unwirksam ist, wenn der Mieter Reparaturkosten ohne Kostenbegrenzung bezahlen muß. Durch eine solche unbeschränkte Klausel werden alle Risiken der einzelnen Reparaturen auf den Mieter abgewälzt. Dies ist jedoch mit der gesetzlichen Regelung des § 536 BGB nicht in Einklang zu bringen (AG Hannover, WM 86, 241). Anderes Beispiel:

Eine Formularklausel, wonach der Mieter verpflichtet sein soll, einmal jährlich eine Fachfirma mit der Wartung der Fenster zu beauftragen, verstößt gegen § 9 AGBG. Es ist unüblich, daß die Fenster in einem Mietshaus einmal jährlich durch eine Fachfirma überprüft werden (vgl. Amtsgericht Oldenburg, WM 86, 135).

Weitere Stichwörter:

Allgemeine Geschäftsbedingungen, Formularvertrag, Instandhaltung, Mietvertrag, Mustermietvertrag, Schadenspauschale, Unabdingbare Mieterrechte

Kabelfernsehen

In den vergangenen Jahren hat die Deutsche Bundespost in vielen Städten und Gemeinden ein Leitungsnetz für das Kabelfernsehen, das sog. Breitbandkabel, verlegt. Ist eine Wohnung an ein solches Netz angeschlossen, so hat diese Wohnung die Möglichkeit, eine sehr große Anzahl von Fernseh- und Hörfunkprogrammen zu empfangen. Auch hat der Besitzer einer Wohnung die Möglichkeit, Fernsehprogramme über Satellit mit Hilfe einer Parabol-Antenne zu empfangen.

Der Kabelanschluß eines Hauses wird entweder durch die Deutsche Bundespost selbst durchgeführt oder durch eine Kabelgesellschaft. Diese Kabelgesellschaften sind von der Deutschen Bundespost mit der Vermarktung und Durchführung der einzelnen Arbeiten beauftragt worden. Es handelt sich hier um private Kabelservicefirmen. Beim Anschluß einer Wohnung an das Kabelfernsehen entstehen Installationskosten im Haus und Postgebühren, die sich wiederum aufgliedern in einzelne Anschlußgebühren und Benutzungsgebühren. Diese Gebühren müssen zusätzlich zu der normalen Rundfunkgebühr, wie sie die Gebühreneinzugszentrale (GEZ) für alle Rundfunk- und Fernsehgeräte einzieht, bezahlt werden. Bietet eine private Kabelservicefirma den Anschluß an das Kabelnetz an, so muß in der Regel ein Komplettpreis für die Installation, die Postgebühren und die Betriebskosten bezahlt werden. Ebenso zusätzlich hierzu die normale Rundfunkgebühr.

Des weiteren ist in diesem Zusammenhang zu beachten, daß es mehrere Möglichkeiten gibt, das Kabelfernsehen zu installieren:

Eine Möglichkeit besteht darin, daß ein einzelner Mieter einer Wohnanlage den Anschluß selbst bei der Post beantragt. Dies ist grundsätzlich möglich. Der Mieter wird dann automatisch gegenüber der Post als Teilnehmer geführt und ist verantwortlich für das gesamte Grundstück bzw. haftet für die gesamten Kosten. Noch nicht völlig geklärt ist die Frage, wenn dieser Teilnehmer aus der Wohnanlage auszieht und „seinen Anschluß" abmeldet. Dies hat zur Folge, daß dann das gesamte Grundstück mit mehreren Wohnungen vom Kabel abgeklemmt wird und somit ein Kabelfernsehen nicht mehr möglich ist.

Eine weitere Möglichkeit besteht für Mieter, die gerne Kabelfernsehen wünschen, daß sie sich an eine private Kabelservicefirma wenden. Dies ist grundsätzlich möglich und hat den Vorteil, daß auch nur die eine Wohnung, die der Mieter innehat, an das Kabelfernsehen angeschlossen wird. Allerdings hat dann diese Kabelservicefirma das Monopol für das ganze Haus. Deshalb muß der Vermieter einer solchen Beauftragung zustimmen. Die privaten Gesellschaften verlangen in der Regel von den Vermietern bzw. Eigentümern der einzelnen Wohnungen Erlaubnis für die Zustimmung für eine Laufzeit von 10 bis 15 Jahren.

Als dritte Möglichkeit ist zu beachten, daß der Mieter einer Eigentumswohnung einen vertraglichen Anspruch auf Zustimmung zur Installation gegen seinen Vermieter hat. Da in der Regel der Vermieter jedoch nicht Alleineigentümer des Hauses ist sondern lediglich als Sondereigentümer der Wohnungen anzusehen ist, müssen die anderen Hauseigentümer dem Anschluß an das Kabelfernsehen zustimmen. Der Mieter muß, wenn das Kabelfernsehen verlegt wird, dann für alle Installationskosten, die auf seinen Wunsch hin entstanden sind, aufkommen. Weiter ist in diesem Zusammenhang fraglich, ob die anderen Hauseigentümer bzw. Wohnungseigentümer einstimmig dem Anschluß zustimmen müssen oder ob ein Mehrheitsbeschluß ausreichend ist. Dies ist noch nicht endgültig geklärt.

Als vierte Möglichkeit ist zu sehen, daß Mieter eine Teilnehmergemeinschaft gegenüber der Bundespost bilden und dann von der Bundespost als „ein Teilnehmer" geführt werden. Dies ändert an den oben dargestellten Grundsätzen nichts, jedoch haftet jedes Mitglied der Teilnehmergemeinschaft gesamtschuldnerisch und persönlich für die gesamten anfallenden Gebühren und Kosten.

Als fünfte Möglichkeit ist zu sehen, daß der Vermieter bzw. der Eigentümer einer Wohnung oder eines Hauses den Anschluß an das Breitbandkabel bei der Post beantragt. Der Vermieter bzw. der Eigentümer trägt dann das Gebührenrisiko und muß die Abrechnungen gegenüber seinen Mietern vornehmen.

Weiter stellt sich in diesem Zusammenhang die Frage, ob der Mieter einer Wohnung dulden muß, daß seine Wohnung an das Kabelfernsehen angeschlossen wird. Eine solche Duldungspflicht kann nur dann angenommen werden, wenn der Kabelanschluß als Modernisierung der Mietwohnung anzusehen ist. Ob der Anschluß an das Kabelfernsehen eine Modernisierung im mietrechtlichen Sinne darstellt ist heftig umstritten. Eine Modernisierung ist immer dann anzunehmen, wenn zuvor keine Gemeinschaftsantenne für den normalen Rundfunkempfang bzw. Fernsehempfang vorhanden war. Der Anschluß an das Kabelnetz stellt dann eine Verbesserung dar. Der Vermieter kann dann die Miete bzw. die Kosten für das Kabelfernsehen als Modernisierungskosten im Rahmen des MHG erhöhen. War im Anwesen bereits eine Gemeinschaftsantenne vorhanden, so ist es bei den diversen Gerichten umstritten, ob dies eine Modernisierung darstellt oder nicht. Teilweise wird gesagt, daß der Anschluß eine Verbesserung der Wohnqualität darstellt und andererseits wird mit den gleichen Argumenten eine Verbesserung verneint.

Grundsätzlich ist weiter zu sagen, wenn der Mieter mit einem Kabelanschluß nicht einverstanden ist, daß der Vermieter nicht automatisch die Miete erhöhen kann. Die Installationskosten für eine Hausverteileranlage können auch ohne Zustimmung des Mieters zu einer Mieterhöhung führen, wenn eine Modernisierung gegeben ist und der Gebrauchswert der Wohnung dadurch nachhaltig erhöht wird. Grundlage hierfür ist § 3 MHG. Das gleiche gilt für Sozialwohnungen.

Die Mieterhöhung ist jedoch auf 11 % der Baukosten für die Hausverkabelung, verteilt auf die angeschlossenen Wohnungen, pro Jahr aufzuteilen. Weiter müssen sämtliche weiteren Voraussetzungen des Miethöhegesetzes eingehalten werden, also auch eine rechtzeitige und vorherige ordnungsgemäße Ankündigung, daß eine Modernisierungsmaßnahme durchgeführt werden soll.

Die einmalige Anschlußgebühr der Bundespost kann jedoch ohne Zustimmung des Mieters von diesem nicht verlangt werden. In der Literatur hat sich die Meinung durchgesetzt, daß es sich hier um eine öffentliche Gebühr für die Benutzung einer Einrichtung des Breitbandkabelnetzes handelt, sodaß es keine Kosten der Baumaßnahmen sind, und nur diese sind umlegungsfähig.

Weitere Stichwörter:

Betriebskosten, Informationspflicht bei Modernisierung, Mieterhöhung bei Modernisierung, Modernisierung, Parabolantenne, Vorauszahlungen

Kaltmiete

Für die Überlassung einer Wohnung oder von Gegenständen (Mietwagen) wird als Gegenleistung Miete oder Mietzins bezahlt. Bei Wohnungsmiete wird inzwischen der Begriff „Miete" weiter differenziert.

Zusätzlich zur Miete sind in der Regel noch Heiz- und Betriebskosten zu bezahlen, meist als Abschlagszahlung im voraus. Es gibt immer wieder unterschiedliche Bezeichnungen der Miete (Grundmiete).

Unter „Brutto-Warmmiete (= Brutto-Inklusivmiete)" versteht man, daß in dem vereinbarten Mietzins die Heiz- und Betriebskosten mit enthalten sind und nicht gesondert ausgewiesen werden. Bei der „Brutto-Kaltmiete" sind alle Betriebskosten außer den Heizkosten im Mietzins enthalten. Sodann gibt es noch die sogenannte „Teil-Inklusivmiete", hierbei sind die Betriebskosten zum Teil im Mietzins enthalten und zu einem Teil wird separat über die Betriebskosten abgerechnet (z. B. Wassergeld). Bei der „Nettomiete" ist der Mietzins aufgegliedert in Betriebskosten und Miete. Im Betrag für den Mietzins sind keinerlei Betriebskosten enthalten. Es handelt sich um die eigentliche Gegenleistung in Geld, die für die Überlassung des Mietgegenstandes bezahlt werden muß.

Weitere Stichwörter:
Betriebskosten, Mietzins, Mietvertrag, Vorauszahlung

Kapitalkosten

Die Kapitalkosten gehören **nicht** zu den in der Anlage 3 zu § 27 der Zweiten Berechnungsverordnung genannten Betriebskosten. Erhöhungen der Kapitalkosten können jedoch nach Maßgabe von § 5 MHG unter bestimmten, nachstehend näher bezeichneten Voraussetzungen auf den Mieter umgelegt werden. Dazu gehören Zinserhöhungen für dinglich gesicherte Darlehen, wie Hypotheken und Grundschulden. Diese Darlehen müssen zweckgebunden für die Erstellung der Mietwohnung verwendet worden sein. Gleichgestellt sind die Kosten für die Wiederherstellung, für den Ausbau, die Erweiterung, den Kauf oder die Modernisierung einer Mietwohnung (vgl. § 5 Miethöhegesetz [MHG]). Im übrigen ist davon auszugehen, daß die Regelung nach dem MHG als kompliziert und unübersichtlich anzusehen ist.

Ist der Mietvertrag vor dem 1. Januar 1973 abgeschlossen worden, dann darf erhöht werden, wenn die aktuellen Zinskosten höher sind als an diesem Stichtag. Liegt der Vertragsabschluß nach dem 31. Dezember 1972, gilt als Vergleichsbasis zur Erhöhung immer der bei Vertragsabschluß geltende Zinssatz. Dabei ist auch zu berücksichtigen, daß, wenn die

Zinskosten später sinken, die Erhöhung der Betriebskosten bzw. Kapitalkosten gegenüber dem Mieter entsprechend zurückgenommen werden muß. Das gleiche gilt bei sinkenden Tilgungskosten des Darlehens.

Zu bedenken ist weiter, daß beim Kauf eines vermieteten Hauses oder einer vermieteten Wohnung die daraus resultierenden Kreditkosten der Erwerber nicht einfach auf den „alten" Mieter abwälzen darf. Vielmehr kann der neue Vermieter stets nur die Zinserhöhungen an den Mieter weitergeben, die auch der bisherige Vermieter umlegen konnte. Die Kapitalkosten können auf den Mieter dann nicht umgelegt werden, wenn die Ursache für die Erhöhung der Kapitalkosten im Verantwortungsbereich des Vermieters liegt, z. B. wenn der Vermieter mit seinen Darlehensraten in Verzug geraten ist.

Die Kapitalkosten können auch dann nicht auf den Mieter umgelegt werden, wenn der Vermieter auf Anfrage des Mieters über die Höhe des Darlehens keine Auskunft gibt. Sowohl bei Studenten- und Jugendwohnheimen als auch bei Ferienwohnungen und bei möbliertem Wohnraum gibt es keine Möglichkeit, Kapitalkosten auf den Mieter umzulegen.

Weitere Stichwörter:
Betriebskosten, Kostenmiete, Mieterhöhung, Mietsenkung, Nettomiete

Kappungsgrenze

Der Vermieter hat bei frei finanzierten Wohnungen, also nicht bei Sozialwohnungen, nach Maßgabe von § 2 MHG die Möglichkeit, die Grundmiete einseitig zu erhöhen, wenn ganz bestimmte Voraussetzungen gegeben sind. Zu diesen gesetzlichen Voraussetzungen gehört, daß die Miete seit einem Jahr unverändert war. Die Mieterhöhung ist nicht unbegrenzt möglich, sondern der Höhe nach beschränkt. Man spricht hier von der „Kappungsgrenze". Innerhalb eines Zeitraumes von drei Jahren darf die Miete um nicht mehr als 30 % gestiegen sein. Diese Kappungsgrenze gilt selbst dann, wenn im Einzelfall die ortsübliche Vergleichsmiete eine weit höhere Miete zuließe.

Der Vermieter hat jedoch die Möglichkeit, sein neuerliches Mieterhöhungsverlangen schon während des Drei-Jahre-Zeitraumes anzubringen. Der Vermieter kann direkt nach Ablauf des Drei-Jahre-Zeitraumes wiederum die Miete unter Beachtung der entsprechenden Kappungsgrenze erhöhen.

Auch der Mieter einer Sozialwohnung muß unter bestimmten Umständen mit einer Mieterhöhung rechnen. Dies ist jedoch für den Vermieter erst dann möglich, wenn die Sozialwohnung aus der „öffentlichen Bindung" herausgefallen ist, wenn also die dem Vermieter gewährten öffentlichen Zuschüsse und Mittel zur Finanzierung der Wohnung von ihm vorzeitig zurückbezahlt worden sind. Dann kann der Vermieter die Sozialmiete der ortsüblichen Vergleichsmiete nach den Regeln des Mieterhöhungsverfahrens für frei finanzierten Wohnraum anpassen. Jedoch hat auch hier der Vermieter die Kappungsgrenze von 30 % innerhalb eines Zeitraumes von drei Jahren zu beachten.

Das, was bisher gesagt wurde, gilt für Wohnraum, der **nach** dem 1. 1. 1981 fertiggestellt wurde. Zur Dämpfung des Mietanstiegs hat der Bundestag mit Zustimmung des Bundesrates seit dem 1. 9. 1993 die Kappungsgrenze für die Dauer von fünf Jahren auf 20 % gesenkt. § 2 Abs. 1 Nr. 3 MHG (vgl. Art. 1 Nr. 1 Viertes Mietrechtsänderungsgesetz) lautet nunmehr:

„. . . Der Vomhundertsatz beträgt bei Wohnraum, der **vor** dem 1. 1. 1981 fertiggestellt worden ist, 20 vom Hundert, wenn a) das Mieterhöhungsverlangen dem Mieter vor dem 1. 9. 1998 zugeht und b) der Mietzins, dessen Erhöhung verlangt wird, ohne Betriebskostenanteil monatlich mehr als 8,00 DM je Quadratmeter Wohnfläche beträgt. Ist der Mietzins geringer, so verbleibt es bei 30 vom Hundert; jedoch darf in diesem Fall der verlangte Mietzins ohne Betriebskostenanteil monatlich 9,60 DM je Quadratmeter Wohnfläche nicht übersteigen."

Die Senkung der Kappungsgrenze auf 20 % ist seit 1. 9. 1998 wieder hinfällig. Ab 1. 9. 1998 kann eine Mieterhöhung bis zu 30 %, wenn alle Voraussetzungen gegeben sind, verlangt werden.

Weitere Stichwörter:

Betriebskosten, Erhöhung der Kostenmiete, Miethöhe, Mieterhöhung, Mietspiegel, Ortsübliche Vergleichsmiete, Sozialmiete, Vergleichsmiete bei Mieterhöhung

Kaution

Kommt es zwischen einem Vermieter und einem Mieter zum Abschluß eines Mietvertrages, so kann der Vermieter eine Mietkaution, auch Mietsicherheit genannt, verlangen. Die Kaution dient dem Vermieter zur Sicherung seiner Ansprüche, wenn z. B. Mietrückstände aufgelaufen sind oder wenn der Vermieter Schadensersatzansprüche gegen den Mieter hat, wegen unterlassener Schönheitsreparaturen.

Die Höhe dieser Kaution ist gesetzlich begrenzt (§ 550b BGB) und zwar auf das Dreifache der Nettomiete ohne Betriebskosten. Maßgebend für die Höhe der Mietsicherheit ist der Nettomietzins bei Beginn des Mietverhältnisses.

In der Regel wird die Mietkaution durch Zahlung von Bargeld erbracht. Die Kaution kann jedoch auch in Form einer Bankbürgschaft oder mit Wertpapieren hinterlegt werden. Will der Mieter die Kaution in bar bezahlen, so hat der Mieter nach den genannten Vorschriften des Bürgerlichen Gesetzbuches die Möglichkeit, die Kaution in drei gleich hohen Monatsraten zu bezahlen. Die erste Rate ist dann mit Beginn des Mietverhältnisses zur Zahlung fällig. Der Vermieter ist verpflichtet, die an ihn bezahlte Kaution getrennt von seinem Vermögen aufzubewahren und zwar auf einem Mietsonderkonto bei einer Bank oder Sparkasse. Die Mietkaution muß zu den üblichen Sparzinsen verzinst werden. Die im Lauf der Zeit erwirtschafteten Erträge (Zinsen) aus dem Kautionskonto werden wiederum der Kaution zugeschlagen und erhöhen damit die Sicherheit für den Vermieter. Die Zinsen stehen also dem Mieter zu. Während des Mietverhältnisses kann der Mieter die Auszahlung der laufenden Zinsen und auch der Kaution nicht verlangen.

Wichtig ist in diesem Zusammenhang, daß die geleistete Mietkaution keine „Mietvorauszahlung" ist. Der Mieter ist nicht berechtigt, während der laufenden Mietzeit die an sich zu zahlende Miete oder etwa Betriebskostenvorauszahlungen mit der Kaution zu verrechnen oder Monate vor Beendigung des Mietverhältnisses grundlos die Mietzahlungen einzustellen mit der Begründung, der Vermieter solle die offenen Mieten mit der Kaution aufrechnen. Die Kaution kann erst nach Beendigung des Mietverhältnisses zurückverlangt werden. Die Rückzahlung der Kaution ist allerdings nicht sofort fällig, sondern der Vermieter hat die Möglichkeit, sich bei der Abrechnung Zeit zu lassen. Dem Vermieter muß nämlich eine angemessene Zeit (etwa sechs Monate) eingeräumt werden, um seine Ansprüche, die er eventuell noch gegen den Mieter hat, festzustellen und zu regulieren.

Weitere Stichwörter:

Auszug des Mieters, Durchführung von Schönheitsreparaturen, Ersatzansprüche des Vermieters, Kaltmiete, Nettomiete, Rückforderung, Verwirkung, Wohnungsübergabe

Kehrwoche

In vielen formularmäßig vom Vermieter vorformulierten Mietverträgen übernehmen die Mieter bei Abschluß des Mietvertrages die Verpflichtung, regelmäßig und in einem gewissen Turnus das Treppenhaus und die vor dem Hause befindliche Straße bzw. den Gehweg zu reinigen und im Winter den Schneeräumdienst auszuführen.

In Mehrfamilienhäusern wechseln sich nach Maßgabe der jeweils vereinbarten Hausordnung die Mieter mit ihren Reinigungspflichten (große und kleine Kehrwoche) ab. Die Einzelheiten, wie die Kehrwoche oder die Treppenhausreinigung durchzuführen ist, werden meistens detailliert in der Hausordnung geregelt. Solche Regelungen werden als zulässig angesehen. Verstöße gegen die Hausordnung können dazu führen, daß der Vermieter das Mietverhältnis gem. § 554a BGB fristlos aus wichtigem Grunde kündigen kann. Wiederholte Unterlassung der Durchführung der Treppenreinigung oder der Kehrwoche kann zu einem „wichtigen Kündigungsgrund" führen.

Weitere Stichwörter:

Fristlose Kündigung, Hausmeister, Hausordnung, Mieterabwesenheit, Straßenreinigung

Kleinreparaturen

Dieser Begriff meint einerseits die Instandhaltung und andererseits die Instandsetzung. Dabei versteht man unter Instandhaltung diejenigen Maßnahmen, die der Vorbeugung gegen Verschleiß, Verfall und Beschädigung einer noch gebrauchsfähigen Mietsache dienen. Die Instandsetzung bezieht sich demgegenüber auf bereits abgenutzte, verschlissene, nicht mehr gebrauchsfähige Teile der Mietsache und umfaßt alle Maßnahmen zur Wiederherstellung der Gebrauchsfähigkeit, also Reparaturen und Ersatzbeschaffungen. Diese Begriffsdefinitionen gelten im gesamten Bundesgebiet. Allerdings galt nach bisherigem Recht der DDR im Gebiet der neuen Bundesländer gem. § 101 Zivilgesetzbuch eine andere Regelung:

„Der Vermieter ist verpflichtet, dem Mieter die Wohnung in einem zum vertragsgemäßen Gebrauch geeigneten Zustand zu übergeben, der es ihm gestattet, sie sofort zu nutzen. Die Wohnung ist während der Mietzeit in diesem Zustand zu erhalten. Die dafür erforderlichen Instandhaltungsmaßnahmen hat der Vermieter durchführen zu lassen. Kann ein Mangel in der Wohnung, der die Nutzung beeinträchtigt, in angemessener Zeit nicht beseitigt werden, ist der Vermieter verpflichtet, durch vorläufige Maßnahmen die Auswirkungen des Mangels einzuschränken."

Das nunmehr im gesamten Gebiet der Bundesrepublik Deutschland geltende Bürgerliche Gesetzbuch kennt eine solche Regelung nicht. Nach der Grundsatzregelung in § 536 BGB muß der Vermieter die Wohnung dem Mieter in einem zum „vertragsmäßigen Gebrauch geeigneten Zustand" überlassen und während der Mietzeit in diesem Zustand erhalten. Kommt der Vermieter seiner soeben genannten Pflicht nicht nach, kann der Mieter den Mietzins mindern oder vom Vermieter Schadensersatz verlangen, wenn die Voraussetzungen der §§ 537, 538 BGB gegeben sind und § 539 BGB dem nicht entgegensteht.

Häufig finden wir jedoch in den schriftlichen Mietverträgen eine Klausel, nach der diese Instandsetzungspflichten und Instandhaltungspflichten vom Vermieter auf den Mieter übertragen werden, ebenso was die Schönheitsreparaturen betrifft. Der Bundesgerichtshof hat in seinem Urteil vom 7. 8. 1989 (NJW 1989, 2247) folgende Maßstäbe gesetzt:

Es ist zulässig, daß Kosten für Kleinreparaturen in Formularmietverträgen auf die Mieter übergewälzt werden. Mit § 9 AGBG ist eine solche Klausel aber nur dann vereinbar, wenn sie gegenständlich auf Teile der Mietsache beschränkt ist, die häufig dem Zugriff des Mieters ausgesetzt sind. Die auf den Mieter abwälzbaren Kleinreparaturen dürfen allenfalls Reparaturen mit einem Kostenaufwand bis etwa 100 DM umfassen. Daneben ist auch eine Höchstgrenze für den Fall festzulegen, daß zahlreiche Kleinreparaturen innerhalb eines bestimmten Zeitraumes anfallen. Die Obergrenze liegt in etwa bei 300 DM oder in einem bestimmten Prozentsatz der

Miete. Die Grenze dürfte etwa bei 4 % der Jahresmiete liegen.

Weitere Stichwörter:
Abnutzung, Bagatellschaden, Durchführung von Schönheitsreparaturen, Ersatzansprüche des Vermieters, Instandhaltung, Instandsetzung, Mietermodernisierung, Schönheitsreparatur, Teppichboden, Unterlassung von Schönheitsreparaturen

Kostenmiete

Der Vermieter von Sozialwohnungen, also von öffentlich geförderten somit preisgebundenen Wohnungen, darf die Miete nicht in beliebiger Höhe festsetzen, sondern er darf nicht mehr an Miete verlangen, als die „Kostenmiete" erlaubt: D. h., die Miete darf nicht höher sein als der Betrag, den der Vermieter zur Deckung seiner Kosten benötigt. Die Höhe der Kostenmiete und wie sie sich berechnet, wird durch das Wohnungsbindungsgesetz, die Neubaumietenverordnung und die Zweite Berechnungsverordnung gesetzlich genau vorgeschrieben. In diesen Vorschriften wird eingehend dargestellt, welche Kosten der Vermieter in die Einzelberechnung einstellen darf.

Grundlage für die Berechnung der Höhe der Kostenmiete ist eine sogenannte Wirtschaftlichkeitsberechnung. Sie ist die Basis für die Feststellung der Kosten, die der Vermieter pro qm Wohnfläche durchschnittlich auf den Mieter umlegen darf. Auf der Grundlage der Wirtschaftlichkeitsberechnung wird die Höhe der Miete bestimmt. In die Wirtschaftlichkeitsberechnung müssen folgende Faktoren eingestellt werden:

1. Grundstücks- und Gebäudebeschreibung;
2. Berechnung der Gesamtkosten;
3. Finanzierungsplan;
4. laufende Aufwendungen und Erträge.

Hierbei ist auch folgendes wichtig: Ist einmal eine Position in die Wirtschaftlichkeitsberechnung aufgenommen worden, so bleibt diese grundsätzlich unverändert; man spricht hier vom sogenannten Einfrierungsgrundsatz. Die Berechnung des Gesamtbetrages der jährlichen laufenden Aufwendungen ist außerordentlich kompliziert und würde den Rahmen dieses Buches sprengen. Ich möchte insoweit auf das zuständige Wohnungsamt verweisen.

In den neuen Bundesländern gelten für Sozialwohnungen folgende Sonderregelungen:
Die Vorschriften für Sozialwohnungen gelten nur für neu geschaffene Wohnungen, d. h. für Wohnungen, für die erstmals nach dem 2. 10. 1990 öffentliche Mittel bewilligt worden sind.

Weitere Stichwörter:

Erhöhung der Kostenmiete, Familieneinkommen, Fehlbelegung, Mietausfallwagnis, Sozialmiete, Wohnberechtigungsschein

Kündigung durch Mieter

Das Wohnraummietrecht versetzt den Mieter in die positive Lage, das Mietverhältnis jederzeit ohne Angabe von Gründen durch Kündigung fristgerecht zu beenden. Dies gilt jedoch nur dann, soweit der Mietvertrag nicht auf bestimmte Zeit abgeschlossen ist. Allerdings muß sich der Mieter seinerseits an die Kündigungsvorschriften des Bürgerlichen Gesetzbuches halten. Es gelten grundsätzlich die gleichen Vorschriften für den Mieter und den Vermieter.

Die Länge der Kündigungsfrist hängt von der Wohndauer ab. Der Vermieter darf die gesetzlich vorgeschriebenen Kündigungsfristen durch Vereinbarung im Mietvertrag nicht zu seinen Gunsten kürzen. Allerdings können die Kündigungsfristen zugunsten des Mieters kürzer als gesetzlich vorgeschrieben vereinbart werden. Hierauf kann sich ein Mieter berufen. Dies gilt selbst dann, wenn nach dem schriftlichen Mietvertrag die verkürzten Kündigungsfristen für beide Parteien gelten sollen. Nur der Vermieter darf sich auf verkürzte Kündigungsfristen nicht berufen.

Die Kündigung des Mieters muß schriftlich erfolgen. Außerdem kann der Mieter nur zum Ablauf des letzten Monats der Kündigungsfrist kündigen. Kündigungen zu anderen Terminen, etwa zum 15. eines Monats, sind nicht zulässig.

Nach Maßgabe von § 565 Abs. 2 BGB sind Vereinbarungen, die eine Mieterkündigung nur zum Ende eines bestimmten Kalendermonats oder zum Ende eines Quartals wirksam möglich machen sollen, unwirksam. Weitere Formvorschriften muß der Mieter bei einer Kündigung nicht beachten. Des weiteren braucht der Mieter seinen Kündigungswillen nicht zu begründen. Der Mieter ist dem Vermieter keine Rechenschaft schuldig. Normalerweise kann der Mieter der Kündigung des Vermieters widersprechen. Umgekehrt geht dies jedoch nicht, auch wenn die Kündigung für den Vermieter eine schwere Härte darstellt.

Ist allerdings einmal eine Kündigung ausgesprochen, so kann der Mieter sie nicht einseitig widerrufen oder der Beendigung des von ihm selbst gekündigten Mietverhältnisses widersprechen (vgl. § 556a Abs. 4 BGB). Der Mieter hat Pech, wenn sich nach Ausspruch seiner Kündigung herausstellen sollte, daß seine Kündigung voreilig war und nunmehr die fristgemäße Beendigung des Vertrages für ihn eine Härte darstellt. Dies kann z. B. dann der Fall sein, wenn die von ihm neu angemietete Ersatzwohnung aus irgendwelchen Gründen nicht mehr verfügbar ist. Vermieter und Mieter können jedoch jederzeit vereinbaren, daß die Kündigung des Mieters rückgängig gemacht wird. Der Vermieter ist jedoch keineswegs verpflichtet, eine solche Vereinbarung, also einen neuen Mietvertrag mit dem alten Mieter, abzuschließen.

Weitere rechtliche Probleme kann es geben, wenn der Mieter trotz seiner Kündigung bei Ablauf der Kündigungsfrist nicht auszieht. Will der Vermieter das Mietverhältnis mit ihm nicht fortsetzen, so muß der Vermieter § 568 BGB beachten, d. h., der Vermieter muß dem Mieter gegenüber rechtzeitig erklären, daß er nicht gewillt ist, das Mietverhältnis mit dem kündigenden Mieter fortzusetzen.

Die gleiche rechtliche Möglichkeit hat auch der Mieter. Der Mieter kann erklären, daß er das Mietverhältnis gem. § 568 BGB fortsetzen möchte, falls die für ihn in Aussicht genommene Ersatzwohnung noch nicht verfügbar ist und er deshalb für eine kurze Übergangsfrist weiterhin in der bisherigen Wohnung verbleiben möchte.

Allerdings bedarf ein solches Verhalten des Mieters unbedingt der Zustimmung des Vermieters. Der Vermieter kann aufgrund der vom Mieter ausgesprochenen Kündigung die fristgemäße Räumung zum Ablauf der Kündigungsfrist verlangen.

Weitere Stichwörter:

Auszug des Mieters, Fristlose Mieterkündigung, Kündigungsfristen, Kündigungsschreiben, Mietaufhebungsvertrag, Mietvertrag, Nutzungsentschädigung, Teilkündigung, Wohnungsübergabe

Kündigung einer Sozialwohnung

Grundsätzlich kann gesagt werden, daß für den Vermieter einer Sozialwohnung dasselbe gilt, wie für den Vermieter einer frei finanzierten Wohnung.

Einem vertragstreuen Mieter kann nur dann gekündigt werden, wenn der Vermieter ein berechtigtes Interesse an der Beendigung des Mietverhältnisses hat. Als Beispiel sei hier der „Eigenbedarf" genannt. Bei einer Sozialwohnung gibt es jedoch beachtenswerte Besonderheiten. Eine Sozialwohnung kann wegen Eigenbedarfs nur dann gekündigt werden, wenn der Vermieter zusätzlich zum Eigenbedarf den Nachweis erbringt, daß eine eigene Wohnberechtigung vorliegt.

Eine fristlose Kündigung zur Beendigung des Mietverhältnisses ist immer dann möglich, wenn der Mieter mit einem

Betrag von mehr als zwei Monatsmieten mit seinem Mietzins in Rückstand gerät.

Ein Mieter, der eine Sozialwohnung in berechtigter Weise bezogen hat, muß keine Kündigung befürchten, weil er später die Berechtigung zum Besitz einer Sozialwohnung verloren hat, da sein Einkommen zwischenzeitlich erheblich gestiegen ist. Ein solcher Mieter kann dann eventuell zur sogenannten Fehlbelegungsabgabe herangezogen werden. Anders sieht es jedoch aus, wenn der Mieter schon bei Einzug nicht berechtigt war.

Der Vermieter kann jederzeit kündigen, wenn er in Unkenntnis der Sachlage an einen Nichtwohnberechtigten vermietet hat. Zusätzlich muß der Vermieter von der zuständigen Behörde aufgefordert werden, die von ihm vermietete Wohnung einem Berechtigten zu überlassen.

Für die ordentliche Kündigung des Mieters einer Sozialwohnung gelten keine Besonderheiten. Der Mieter muß lediglich die Kündigungsfrist, die je nach Dauer der Wohnungsbelegung zwischen drei und zwölf Monaten läuft, einhalten.

Der Mieter hat ein Sonderkündigungsrecht, wenn der Vermieter einer Sozialwohnung eine Mieterhöhung gem. § 10 Wohnbindungsgesetz durchführen und durchsetzen will. Der Mieter kann dann spätestens am dritten Werktag des Monats, ab dem die höhere Miete bezahlt werden soll, zum Ablauf des nächsten Monats kündigen. Die Kündigung hat zur Folge, daß die Mieterhöhung nicht eintritt. Das Sonderkündigungsrecht des Mieters ist unabhängig davon, ob die Erhöhung wirksam ist oder nicht.

Weitere Stichwörter:

Eigenbedarf, Erhöhung der Kostenmiete, Fehlbelegung, Kostenmiete, Kündigung durch Mieter, Kündigungsfristen, Sonderkündigungsrecht, Sozialmiete, Wohnberechtigungsschein, Zeitmietvertrag

Kündigungsfristen

Nach § 565 BGB hat der Vermieter, der das Mietverhältnis mit dem Mieter beenden möchte, bestimmte Kündigungsfristen einzuhalten. Der Mieter ist nicht verpflichtet, die Wohnung sofort zu verlassen. Unter der Kündigungsfrist versteht man also den Zeitraum, den der Mieter nach Eingang der Kündigung noch in der Wohnung verbleiben darf. Der Mieter hat dadurch die Gewähr, daß er eine gewisse Zeit lang die Möglichkeit hat, sich eine neue Wohnung zu suchen.

Die Kündigungsfristen werden länger, je länger der Mieter in einer Wohnung gewohnt hat. Bei einer Mietdauer bis zu fünf Jahren beträgt die Kündigungsfrist drei Monate. Bei einer Mietdauer von mehr als fünf Jahren beträgt die Kündigungsfrist sechs Monate und bei einer Mietdauer von mehr als acht Jahren beträgt sie neun Monate. Ist der Mieter schon länger als zehn Jahre in einer Wohnung, so hat er eine Kündigungsfrist von einem Jahr.

Sind in dem Mietvertrag kürzere Kündigungsfristen vereinbart, so gelten diese kürzeren Kündigungsfristen nur für den Mieter. Der Vermieter bleibt an die gesetzlich vorgeschriebenen Kündigungsfristen gebunden. Bei Einliegerwohnungen kann sich unter bestimmten Umständen die Kündigungsfrist um weitere drei Monate verlängern.

Die Berechnung der Kündigungsfrist auf der Grundlage der Wohndauer beginnt mit dem Tage, an dem der Mieter in die Wohnung eingezogen ist. Ist der Mieter später als Erbe in einen Mietvertrag eingetreten oder hat er zwischendurch mit dem Vermieter einen neuen Vertrag unterzeichnet, berührt dies die Kündigungsfrist nicht; sie wird dadurch nicht verkürzt.

Die eigentliche Kündigungsfrist beginnt von dem Tag an zu laufen, an dem das Kündigungsschreiben dem Mieter zugegangen ist. Die hier genannten Kündigungsfristen sind nur zu beachten bei ordentlichen Kündigungen wegen eines berechtigten Interesses des Vermieters an der Beendigung des Mietverhältnisses. Bei außerordentlichen Kündigungen ist § 565 BGB nicht zu beachten, ebensowenig bei Mietverhältnissen, die auf bestimmte Zeit unter Ausschluß ordentlicher Kündigung abgeschlossen sind (Zeitmietvertrag). Hat der Vermieter bei der Abgabe seiner Kündigungserklärung die Kündigungsfrist nicht eingehalten, so ist die Kündigung zu dem im Kündigungsschreiben genannten Termin nicht wirksam, die Kündigung kann aber gem. § 140 BGB in eine Kündigung zum nächsten zulässigen Termin umgedeutet werden.

Bei der Kündigung von Mietverträgen sind Sonderregelungen in den neuen Bundesländern zu beachten:
Die Kündigungsfristen sind in den neuen Bundesländern grundsätzlich gleich wie bisher in den alten Bundesländern. Allerdings haben die Mieter in den neuen Bundesländern einen verbesserten Kündigungsschutz. Beispielsweise ist eine Kündigung mit der Begründung „Eigenbedarf" erst ab dem 1. 1. 1993 möglich. Eine Kündigung mit der Begründung einer besseren wirtschaftlichen Verwertung ist bei Altverträgen, das sind Verträge, die vor dem 3. 10. 1990 abgeschlossen worden sind, völlig ausgeschlossen.

Weitere Stichwörter:
Angemessene wirtschaftliche Verwertung, Betriebsbedarf, Eigenbedarf, Einliegerwohnung, Fristlose Kündigung, Härteklausel, Kündigungsschreiben, Kündigungsschutz, Nachmieter, Sonderkündigungsrecht, Sozialklausel, Unabdingbare Mieterrechte, Zeitmietvertrag

Kündigungsgründe, besondere

Eine beabsichtigte Mieterhöhung eines Vermieters gegenüber dem Mieter nach den Voraussetzungen des Miethöhegesetzes gibt dem Mieter unter bestimmten Umständen die Möglichkeit, das Mietverhältnis, das er eingegangen ist, **vorzeitig** zu kündigen. Die näheren Einzelheiten sind unter dem Stichwort „Mieterkündigung bei Mieterhöhung" dargestellt.

Ebenso hat der Mieter die Möglichkeit, wenn der Vermieter umfassend die Wohnung oder den Wohnraum modernisieren will, nach Maßgabe von § 541b BGB das Mietverhältnis vorzeitig zu beenden (vgl. Stichwort „Mieterkündigung bei Modernisierung").

Die Vorschriften der §§ 569 bis 569b BGB geben den Erben die Möglichkeit, ein Mietverhältnis auf Seiten des Mieters, der verstorben ist, **vorzeitig** das Mietverhältnis zu beenden (vgl. Mieterkündigung bei Todesfällen).

Desweiteren kann ein Mieter unter bestimmten Umständen das Mietverhältnis mit abgekürzter Frist vorzeitig kündigen und das Mietverhältnis damit beenden, wenn der Vermieter dem Mieter ohne ausreichende Gründe die Erlaubnis zur Untervermietung verweigert (vgl. § 549 BGB und das Stichwort „Mieterkündigung bei verweigerter Untermieterlaubnis").

Die vorgenannten Gründe berechtigen den Mieter, vorzeitig das Mietverhältnis zu beenden. Will der Mieter das Mietverhältnis nicht vorzeitig beenden, sondern ordnungsgemäß und fristgerecht, so kann der Mieter jederzeit das Mietverhältnis ohne Angabe von Gründen kündigen. Der Mieter hat dann allerdings eine entsprechende Kündigungsfrist einzuhalten. Siehe auch das Stichwort „Kündigung durch Mieter".

Ist der Mieter allerdings einen Zeitmietvertrag im Sinne von § 564 BGB eingegangen, so endet das Mietverhältnis mit dem Ablauf der Zeit, für die es eingegangen ist. Grundsätzlich kann der Mieter in diesem Zusammenhang jedoch das Mietverhältnis nicht **vorzeitig** beenden (vgl. Stichwort „Zeitmietvertrag").

In der Praxis häufig ist allerdings der Fall, daß ein Mieter vorzeitig aus einem solchen Mietverhältnis entlassen werden möchte. Meistens ist der Mieter auch aus beispielsweise dringenden beruflichen Gründen gezwungen, kurzfristig umzuziehen (Versetzung eines Berufssoldaten von Garmisch-Partenkirchen nach Flensburg). In solchen Fällen sollte der Mieter in seinem eigenen Interesse versuchen, mit dem Vermieter einen Mietaufhebungsvertrag abzuschließen (vgl. „Mietaufhebungsvereinbarung").

Grundsätzlich stellen solche Anlässe, wie etwa auch der Fall, daß sich Nachwuchs einstellt, keinen Grund dar, vorzeitig das Zeitmietverhältnis zu beenden. Auch hat hier der Mieter in aller Regel nicht die Möglichkeit, dem Vermieter einen Nachmieter zu präsentieren. Es sei denn, es gibt eine entsprechende Klausel im abgeschlossenen Mietvertrag. Denn es entspricht dem Grundsatz der Vertragsbildung, daß der Mieter dem Vermieter keinen anderen Vertragspartner aufzwingen kann. Allerdings kann es eine Verpflichtung des Vermieters geben, den Mieter nicht mehr an einen noch längerfristigen Vertrag festzuhalten, wenn der Mieter erhebliche Gründe hat und aus Treu und Glauben es angemessen wäre, den Mieter vorzeitig aus dem Vertrag zu entlassen.

Es muß dem Mieter nicht mehr zumutbar sein, die ordentliche Beendigung des Vertrages abzuwarten. Außerdem dürfen überwiegende Gründe des Vermieters nicht dagegen stehen. Wenn in solchen Fällen der Mieter einen Mietnachfolger stellt, der bereit und in der Lage ist, das Mietverhältnis zu den bisherigen Bedingungen fortzusetzen, so ist der Vermieter wohl gezwungen, falls der Nachfolger zumutbar ist, den seitherigen Mieter aus dem Mietverhältnis zu entlassen. Der Mieter hat allerdings keinen Anspruch darauf, daß der von ihm vorgeschlagene Nachfolgeinteressent akzeptiert wird.

Andererseits braucht selbstverständlich der Vermieter, wenn er das Mietverhältnis beenden will, Kündigungsgründe zu seinen Gunsten. Der Vermieter kann das Mietverhältnis ordentlich beenden, wenn er Eigenbedarf im Sinne von § 564b BGB geltend machen kann (vgl. Stichwort „Eigenbedarf").

Als weiterer Kündigungsgrund wäre anzusehen, daß der Mieter beharrlich seinen vertraglichen Pflichten nicht nachkommt und beispielsweise die Hausordnung ständig verletzt.

Sollte der Mieter mit seinen Mietzinszahlungen in Verzug oder in Rückstand geraten, so hat der Vermieter die Möglichkeit, das Mietverhältnis außerordentlich, also fristlos, zu kündigen (vgl. Stichwort „Mietschulden").

Weitere Stichwörter:

Abmahnung, Angemessene wirtschaftliche Verwertung, Kündigungsfristen, Nachmieter, Unabdingbare Mieterrechte

Kündigungsschreiben

Die Kündigung eines Mietverhältnisses über Wohnraum muß schriftlich erfolgen. In dem Kündigungsschreiben sollen die Gründe der Kündigung angegeben werden (vgl. § 546a BGB). Die erwähnte gesetzliche Regelung dient zur Klarstellung und der Rechtssicherheit sowie der Aufklärung des Mieters. Umgekehrt bedeutet das auch, daß eine mündlich ausgesprochene Kündigung immer unwirksam ist.

Der Vermieter ist des weiteren verpflichtet, die Kündigung so genau zu begründen, daß in einem späteren Räumungsprozeß der zuständige Richter feststellen kann, welches konkrete Kündigungsinteresse der Vermieter hat. Der Richter muß in die Lage versetzt werden, nachprüfen zu können, ob derselbe Kündigungsgrund, der im Kündigungsschreiben angegeben ist, noch im nachfolgenden Prozeß geltend gemacht wird bzw. identisch ist. Auf diese Weise wird erreicht, daß der Mieter vor unlauteren Kündigungsgründen einigermaßen geschützt wird. Kündigt der Vermieter wegen Eigenbedarfs, so muß er in dem Kündigungsschreiben genau angeben, für wen er die Wohnung benötigt und aus welchen Gründen. Die bloße Angabe, der Vermieter kündige wegen Eigenbedarfs, ist nicht ausreichend und führt dazu, daß die Kündigung unwirksam ist.

Aus dem Kündigungsschreiben muß unmißverständlich hervorgehen, daß der Vermieter das Mietverhältnis zu einem bestimmten Zeitpunkt aus einem bestimmten Grund beenden möchte. Dieser Zeitpunkt muß allerdings nicht mit einem konkreten Datum benannt werden, es genügt die Angabe: „zum nächst zulässigen Termin". Ebensowenig braucht das Wort „Kündigung" im Kündigungsschreiben enthalten sein.

Den Erhalt des Kündigungsschreibens beim Mieter muß der Vermieter im Falle eines Prozesses nachweisen. Es wird daher empfohlen, das Kündigungsschreiben als „Einschreiben mit Rückschein" abzusenden oder das Kündigungsschreiben in den Briefkasten des Mieters in Anwesenheit von Zeugen einzuwerfen.

Des weiteren soll der Vermieter in seinem Kündigungsschreiben, wenn er den Wohnraum ordentlich kündigt, den Mieter auf die Möglichkeit des Widerspruchs nach § 556a BGB hinweisen und ihm konkrete Hinweise über die Form und die Frist des Widerspruchs geben. Der Hinweis auf das Widerspruchsrecht stellt keine Pflicht des Vermieters dar, aber eine Obliegenheit („Soll"). Wird ein solcher Hinweis unterlassen oder verspätet gegeben, wird dadurch die Kündigung nicht unwirksam, führt aber zu einer verlängerten Widerspruchsfrist gem. § 556a Abs. 6 Satz 2 BGB.

Weitere Stichwörter:
Angemessene wirtschaftliche Verwertung, Betriebsbedarf, Eigenbedarf, Einliegerwohnung, Fristlose Kündigung, Härteklausel, Kündigungsfristen, Kündigungsschutz, Sozialklausel, Unabdingbare Mieterrechte, Zeitmietvertrag

Kündigungsschutz

Regelmäßig bedeutet die Wohnung für den Mieter sein Zuhause und stellt somit einen Teil seines Lebensmittelpunktes dar. Aus diesem Grunde fordern die politischen Parteien immer wieder, daß Menschen das Recht haben sollten, ohne ständige Furcht vor Kündigungen in ihren vier Wänden zu leben. Aus diesem Grunde darf der Vermieter von Wohnraum nur ausnahmsweise das Mietverhältnis kündigen.

Gekündigt werden kann das Mietverhältnis, wenn der Vermieter ein „berechtigtes Interesse" hat. Ein solches berechtigtes Interesse wird beispielsweise dann für gegeben angesehen, wenn der Mieter seinen Pflichten aus dem Mietvertrag nicht nachkommt; er ist z. B. mit insgesamt zwei Monatsmieten im Rückstand.

Ebenso ist ein berechtigtes Interesse an der Kündigung bzw. Beendigung gegeben, wenn der Vermieter die vermietete Wohnung für sich oder für seine Familie braucht, oder aus ähnlichen wichtigen Gründen. Dieser Kündigungsschutz gilt für fast alle Wohnungen. Es ist nicht zulässig, zugunsten des Mieters eingeführte Kündigungsvorschriften vertraglich zu seinem Nachteil abzuändern.

Ein berechtigtes Interesse des Vermieters an der Kündigung ist in folgenden Fällen anzunehmen: wenn der Mieter seine vertraglichen Verpflichtungen schuldhaft nicht unerheblich verletzt hat; wenn der Vermieter die Räume als Wohnung für sich, die zu seinem Hausstand gehörenden Personen oder seine Familienangehörigen benötigt; wenn der Vermieter durch die Fortsetzung des Mietverhältnisses an einer angemessenen wirtschaftlichen Verwertung des Grundstücks gehindert und dadurch erhebliche Nachteile erleiden würde (vgl. § 564b Abs. 2 BGB).

Will ein Vermieter das Mietverhältnis aufgrund eines berechtigten Interesses kündigen, so werden im Rahmen eines Räumungsprozesses nur die Gründe berücksichtigt, die auch in dem Kündigungsschreiben angegeben sind. Sind allerdings Kündigungsgründe später entstanden, so können diese noch in den Räumungsprozeß eingeführt und vorgebracht werden.

Die Verträge zur Einheit Deutschlands zwischen der Bundesrepublik Deutschland und der Deutschen Demokratischen Republik haben hinsichtlich des Kündigungsschutzes Sonderregelungen in den neuen Bundesländern zur Folge:
Mietverträge, die vor dem 3. 10. 1990 abgeschlossen worden sind, haben einen verbesserten Kündigungsschutz. Eine

Eigenbedarfskündigung ist bei diesen Verträgen erst ab dem 1. 1. 1993 möglich. Bei den „Altverträgen" ist eine Kündigung mit dem Hinweis auf eine bessere wirtschaftliche Verwertung völlig ausgeschlossen.

Weitere Stichwörter:
Angemessene wirtschaftliche Verwertung, Betriebsbedarf, Eigenbedarf, Fristlose Kündigung, Härteklausel, Kündigungsfristen, Kündigungsschreiben, Kündigungssperrfrist, Mietschulden, Sozialklausel, Zeitmietvertrag

Kündigungssperrfrist

Ist an den vermieteten Wohnräumen nach der Überlassung an den Mieter Wohnungseigentum begründet und das Wohnungseigentum veräußert worden, so kann sich der Erwerber auf berechtigte Interessen – in der Regel Eigenbedarf – nicht vor Ablauf von drei Jahren seit der Veräußerung berufen (§ 564b Abs. 2 Nr. 2 Satz 2 BGB). Die genannte Vorschrift ist anwendbar bei sogenannten „Umwandlungen", d. h., Wohnungseigentum muß nach Überlassung an den Mieter begründet worden sein, in der Regel gem. § 8 Wohnungseigentumsgesetz (WEG). Dort heißt es: „Der Eigentümer eines Grundstücks kann durch Erklärung gegenüber dem Grundbuchamt das Eigentum an dem Grundstück in Miteigentumsanteile in der Weise teilen, daß mit jedem Anteil das Sondereigentum an einer bestimmten Wohnung oder an nicht zu Wohnzwecken dienenden bestimmten Räumen in einem auf dem Grundstück errichteten oder zu errichtenden Gebäude verbunden ist."

Keine Umwandlung liegt vor bei Ersterwerb des Wohnungseigentums oder bei Erstellung eines Gebäudes. Ebensowenig ist der Umwandlungstatbestand gegeben, wenn die zu vermietende Wohnung nach Errichtung von einem Bauträger erworben wird.

Grundsätzlich kann also gesagt werden, daß Kauf das Mietverhältnis nicht bricht und der Mietvertrag, falls die Eigentumswohnung veräußert wird, mit dem Käufer als neuem Vermieter im bisherigen Umfang weitergeführt wird. Der bisherige Mieter hat auch gegenüber dem neuen Erwerber den Vorteil des Kündigungsschutzes. Ist also eine Mietwohnung nach Einzug des Mieters in eine Eigentumswohnung umgewandelt worden und will der Erwerber die gekaufte Eigentumswohnung selbst beziehen (Kündigungsgrund: Eigenbedarf), so kann sich der Erwerber der Eigentumswohnung nicht auf diesen Kündigungsgrund vor Ablauf von drei Jahren seit dem Erwerb der Wohnung berufen.

Die Kündigungssperrfrist von drei Jahren ist also nur unter folgenden Voraussetzungen gegeben: Der Mieter muß bereits in der Mietwohnung wohnen, die Wohnung wird in eine Eigentumswohnung umgewandelt und anschließend wird die Wohnung an einen Dritten veräußert. In einem solchen Umwandlungsfall kann sich der Vermieter frühestens nach der dreijährigen Wartezeit (Kündigungssperrfrist) auf ein berechtigtes Interesse berufen und das bestehende Mietverhältnis kündigen. Die Wartezeit beginnt mit vollendetem Eigentumserwerb, d. h. mit Eintragung im Grundbuch. Eine vor Ablauf der Wartefrist ausgesprochene Kündigung ist daher als unwirksam anzusehen. Außerdem hat die oben zitierte Vorschrift zur Folge, daß die Kündigung erst nach Ablauf der Wartezeit ausgesprochen werden darf und zwar mit der Frist des § 565 BGB.

§ 564b BGB bestimmt als Regelsperrfrist einen Zeitraum von 3 Jahren. Diese Frist kann sich auf 5 Jahre verlängern und in besonderen Fällen sogar auf 10 Jahre. Der Gesetzgeber hat nämlich im sog. „Sozialklauselgesetz" (Gesetz über eine Sozialklausel in Gebieten mit gefährdeter Wohnungsversorgung) einzelne Landesregierungen ermächtigt, durch Rechtsverordnung Gebiete zu benennen, in denen die ausreichende Versorgung der Bevölkerung mit Mietwohnungen zu angemessenen Bedingungen in einer Gemeinde oder einem Teil einer Gemeinde besonders gefährdet ist. Von dieser gesetzlichen Ermächtigung haben folgende Länder Gebrauch gemacht: Baden-Württemberg, Bayern, Berlin, Brandenburg, Bremen, Hamburg, Hessen, Niedersachsen und Schleswig-Holstein. Falls in einem Kündigungsfall also § 564b BGB tangiert sein sollte, ist noch zu prüfen, ob in dem jeweiligen Bundesland die Landesregierung eine gesonderte Rechtsverordnung über die Dauer der Sperrfrist erlassen hat oder nicht. Erst dann kann die genaue Länge der Kündigungssperrfrist ermittelt werden.

Weitere Stichwörter:

Bauherren-Modell, Eigenbedarf, Grundbucheintragung, Kündigungsfristen, Kündigungsschutz, Sozialklausel, Umwandlung, Verkauf

Lärmbelästigungen

Störende Geräusche können das Wohlbefinden oder gar die Gesundheit der Bewohner eines Hauses erheblich beeinträchtigen. Weder der Vermieter noch der Mieter müssen daher Lärmbelästigungen dulden. Aus mietrechtlicher Sicht ist für die einzuleitenden Maßnahmen, um die Lärmbelästigungen zu beenden, immer zu unterscheiden, ob der Lärm von einem anderen Hausbewohner verursacht wird oder ob der Lärm von außen, von störenden Dritten, ausgeht.

Wird der Lärm von einem Hausbewohner verursacht, so kann der Vermieter entweder Unterlassungsklage gem. § 550 BGB erheben oder nach Kündigung des Mietverhältnisses die Räumung verlangen, wenn trotz Abmahnung des Vermieters an den Mieter die Störungen nicht aufhören (vgl. §§ 564b Abs. 2 Satz 1 und 554a BGB).

Der Vermieter hat auch die Möglichkeit, gegen von außen störende Dritte (Gastwirtschaften, Diskotheken, Kirmesveranstaltungen, Sportplätze, Nachbarn und Industriebetriebe) möglicherweise gem. §§ 903, 862 und 869 BGB vorzugehen.

Der Mieter hat einen Anspruch gegen den Vermieter darauf, daß die Wohnung, die angemietet ist, ohne Beeinträchtigung durch störende Geräusche benutzt werden kann. Die ungestörte Nutzbarkeit der Wohnung gehört zum vertragsgemäßen Gebrauch.

Sind die akustischen Einwirkungen nicht mehr zumutbar, so kann der Mieter eine Mietzinsminderung vornehmen. Der Mieter hat jedoch auch selbst die Möglichkeit, gegen Störer im eigenen Haus gerichtlich vorzugehen. Bei Lärmbelästigungen von außen muß allerdings jeweils geprüft werden, ob es sich um ortsübliche Geräuschbelästigungen gem. § 906 BGB handelt (Fluglärm, Verkehrslärm, Industrielärm) oder nicht.

Häufig kommt es zu Streitigkeiten zwischen Nachbarn, wenn in der Nachbarwohnung übermäßig Lärm erzeugt wird. Gibt es dadurch eine ständige Beeeinträchtigung der Nachtruhe, so hat der Mieter die Möglichkeit, bis zu 20 % Mietzinsminderung vorzunehmen.

Desweiteren existiert ein weitverbreiteter Irrtum, daß Familienfeiern, Partys, Geburtstagsfeiern u. ä. einmal im Monat laut gefeiert werden dürfen, ohne auf die anderen Hausbewohner Rücksicht nehmen zu müssen. Ein solches Recht gibt es nicht. Alle Bewohner eines Hauses sind verpflichtet, auf das Ruhebedürfnis der anderen Rücksicht zu nehmen. Radio, Fernsehgeräte, Plattenspieler u. ä. sind immer in Zimmerlautstärke zu betreiben. Unter Zimmerlautstärke versteht man die Lautstärke, die, von einer akustischen Quelle ausgehend, nur in dem Zimmer gehört werden kann, in dem das Gerät steht. Der Lautstärkeregler muß also entsprechend eingestellt werden. Soll der volle Klang einer Stereoanlage ausgenützt werden, so muß das der Musikliebhaber eben über Kopfhörer tun. Ein Recht zur Störung der anderen Hausbewohner gibt es nicht.

Will der Mieter den Mietzins mindern, da er übermäßigem Verkehrslärm, Flug- oder Straßenlärm ausgesetzt ist, muß davon ausgegangen werden, daß ein solcher Anspruch in der Regel nicht gegeben ist. Meistens sind den Mietern bei Bezug der Wohnung oder bei Abschluß des Mietvertrages die örtlichen Gegebenheiten der Wohnung bekannt. Liegt sie z. B. an einer Hauptverkehrsstraße, so ist der Lärm als ortsüblich zu bezeichnen. Ein Minderungsanspruch kann dann bestehen, wenn die Lärmquelle erst nach Abschluß des Mietvertrages bzw. nach Einzug des Mieters entstanden ist (Flugplatz-Neubau).

Weitere Stichwörter:

Abmahnung, Anzeigepflicht, Fehler der Mietsache, Hausfriedensbruch, Hausordnung, Höhe der Mietminderung, Mietminderung, Wohnlage

Leasing

Leasingverträge gehören begrifflich zu den Mietverträgen. Sie haben sich in den letzten Jahren im Wirtschaftsleben durchweg durchgesetzt und bieten dem Leasingnehmer (Mieter) eine Reihe von Vorteilen, anders als beim Erwerb einer Sache. Die Vorteile sind vor allem in der steuerlichen Abschreibungsmöglichkeit der einzelnen – meist monatlichen – Leasingraten zu sehen und auch darin, daß das Leasinggut ohne Eigenkapital erworben werden kann.

Es gibt mehrere Arten von Leasingverträgen. Einmal besteht die Möglichkeit, daß nach Beendigung des zeitlich begrenzten Leasingvertrages die „geleaste" Sache wieder in den Besitz des Leasinggebers (Vermieters) übergeht. Eine andere Möglichkeit der Vertragsgestaltung ist darin zu sehen, daß der Leasingnehmer nach Ablauf einer bestimmten Leasingzeit die Möglichkeit hat, die geleaste Sache zu einem bestimmten Restwert, der zu Vertragsbeginn vereinbart wird, zu erwerben. Festzuhalten bleibt jedenfalls, daß die erste Art des Leasingvertrages derzeit dominiert.

Im Leasingvertrag wird regelmäßig die Überlassung einer Sache oder Sachgesamtheit gegen Entgelt auf Zeit vereinbart, ähnlich wie beim Mietvertrag.

Weitere Stichwörter:

Mietvertrag, Pacht, Vermietung und Verpachtung

Lebenshaltungsindex

Die Erhöhung des Mietzinses regelt sich in allen Einzelheiten nach dem Miethöhegesetz. Das Vierte Mietrechtsänderungsgesetz hat nunmehr auch die Möglichkeit für Vermieter eröffnet, sogenannte „Indexklauseln" in Wohnungsmietverträgen zu vereinbaren. Mit Hilfe der Indexklauseln soll den Mietern das System der Mieterhöhungen besser begreiflich gemacht werden als das derzeitige System, das nicht ganz einfache Vergleichsmietensystem. Durch die Zulassung von Indexklauseln wird selbstverständlich das Vergleichsmietenrecht nicht tangiert. Der Gesetzgeber hofft, durch die Indexklauseln weniger Streitigkeiten um Miethöhen zu haben. Voraussetzung ist allerdings, daß Mieter und Vermieter entsprechende Mietanpassungsvereinbarungen **vertraglich** abschließen; solche Mietanpassungsvereinbarungen müssen von der zuständigen Landeszentralbank genehmigt werden. Insoweit wird auf das Stichwort „Wertsicherungsklauseln" verwiesen.

Die Anknüpfung an den Lebenshaltungsindex soll ausgleichend wirken, weil bei einem längerfristigen Vertrag der zugrundegelegte Geldwert in aller Regel abnimmt und somit das erzielte Entgelt keine adäquate Gegenleistung mehr für den Vermieter darstellt.

Die Grundlage für den Preisindex der Lebenshaltung stellt in aller Regel das statistische Jahrbuch der Bundesrepublik Deutschland dar, das vom Statistischen Bundesamt regelmäßig veröffentlicht wird. Bei der Einführung einer Indexklausel in den Mietvertrag soll eine Mieterhöhung an die Erhöhung der Lebenshaltungskosten gekoppelt werden. Beispielsweise steigerten sich die Lebenshaltungskosten im Jahr 1990 gegenüber dem Jahr 1989 um 3,1 %. Häufiger werden auch die Erhöhungen an die Lohnerhöhungen einer Besoldungsgruppe einer bestimmten Beamtenstelle gekoppelt. Wenn es keine Lohnerhöhung gibt, kann der Vermieter dann auch die Miete nicht erhöhen.

Das Gesetz zur Einführung des EURO (Euro-Einführungsgesetz vom 9. 6. 1998, verkündet im Bundesgesetzblatt Teil I Seite 1242 ff.) hat auch Auswirkungen auf den Lebenshaltungsindex. Für Geschäftsraummietverträge kann dann das Bundesministerium für Wirtschaft ab 1. 1. 1999 auf Antrag Ausnahmen vom Verbot der Indexierung genehmigen, wenn Zahlungen langfristig zu erbringen sind oder besondere Gründe des Wettbewerbs eine Wertsicherung rechtfertigen.

Durch das Euro-Einführungsgesetz ist seit 1. 1. 1999 der § 10 MHG geändert. Der neue Wortlaut des § 10 MHG verzichtet auf eine Genehmigung der Mietanpassungsvereinbarung durch die Landeszentralbank. Wir können an dieser Stelle nur empfehlen, den **neuen** Wortlaut des § 10 MHG beim Abschluß von Neuverträgen im Wohnraummietbereich zu beachten.

Weitere Stichwörter:

Betriebskosten, Erhöhung der Kostenmiete, Geschäftsraummiete, Kapitalkosten, Kostenmiete, Mieterhöhung, Mietsenkung, Wertsicherungsklauseln

Maklerprovision

In der Praxis spielen Maklerprozesse eine große Rolle, da die gesetzliche Regelung, die §§ 652 ff. BGB („Maklervertrag"), das Maklerrecht nicht sehr ausführlich behandeln. Im Rahmen des Mietrechts sind die Sonderbestimmungen über Maklerverträge, die den Nachweis oder die Vermittlung von Wohnraum zum Gegenstand haben, zu beachten. Seit dem 4. 11. 1971 gibt es ein Gesetz zur Regelung der Wohnungsvermittlung. Der Sinn und Zweck der gesetzlichen Regelung ist darin zu sehen, daß Mißstände bei der Wohnungsvermittlung beseitigt werden sollen. Insbesondere sollen Wohnungssuchende vor wirtschaftlich ungerechtfertigten Belastungen geschützt werden und unlautere Geschäftsmethoden sowie mißliebige Vertragsgestaltungen verhindert werden.

Das Gesetz zur Regelung der Wohnungsvermittlung gilt nur für Wohnräume, die vermietet werden sollen, nicht für Wohnraumkaufverträge! Dabei versteht das Gesetz unter Wohnräumen auch Einzelräume, die möbliert oder nicht möbliert sind oder auch Geschäftsräume, die wegen ihres räumlichen oder wirtschaftlichen Zusammenhangs mit Wohnräumen zusammen mit diesen vermietet werden. Das Gesetz ist nicht anwendbar bei Mietverträgen über Wohnräume im Fremdenverkehr, also Ferienwohnungen.

Der Wohnungsvermittler, auch Makler genannt, kann vom Mieter nur dann eine Vermittlungsgebühr verlangen, wenn er dem Mieter eine Wohnung nachgewiesen hat, wenn er also dem Mieter eine entsprechende Adresse besorgt hat oder wenn der Makler eine Wohnung vermittelt hat, d. h., er hat dem Mieter zum Beispiel die Wohnräume gezeigt oder er hat mit dem Vermieter entsprechend verhandelt.

Der Makler erhält nicht automatisch eine Provision, sondern nur dann, wenn zwischen Mieter und Makler Einigkeit darüber erzielt wurde, daß der Mieter bei erfolgreicher Vermittlung einer Mietwohnung eine Provision bezahlt.

Der Makler hat keinen Anspruch auf eine Provision, wenn durch den Mietvertrag, den er vermittelt hat, das Mietverhältnis über dieselbe Wohnung lediglich fortgesetzt, verlängert oder erneuert wird (vgl. § 2 Abs. 2 Nr. 1 Wohnraumvermittlungsgesetz). Außerdem hat der Makler keinen Anspruch auf Zahlung einer Provision, wenn er selbst Eigentümer, Verwalter oder Vermieter der Wohnung ist (vgl. § 2 Abs. 2 Nr. 2 Wohnraumvermittlungsgesetz).

Nun hat es Änderungen des Gesetzes zur Regelung der Wohnungsvermittlung gegeben: In § 3 ist der Abs. 2 eingefügt worden, nachdem die Maklerprovision auf eine Höhe von zwei Monatsmieten zzgl. der gesetzlichen Umsatzsteuer (derzeit: 16 %) begrenzt ist. Dabei ist nunmehr auch ausdrücklich festgehalten, daß die Vermittlungsprovision sich nur aus der Kaltmiete berechnet und daß Nebenkosten, über die gesondert abzurechnen ist, bei der Berechnung der Monatsmiete unberücksichtigt bleiben, die die Basis für die Vermittlungsprovision darstellt.

Verstößt der Makler gegen diese Vorschrift, kann der Mieter zuviel bezahlte Provision zurückverlangen. Möglicherweise hat der gewerbsmäßig handelnde Wohnungsmakler auch eine Ordnungswidrigkeit begangen, die mit einer Geldbuße geahndet wird. Der Verstoß führt jedoch nicht zur Nichtigkeit des Mietvertrages.

Weitere Stichwörter:

Mietvertrag, Möbliertes Zimmer, Nachmieter, Rückforderung, Vertragsverlängerung

Mietaufhebungsvereinbarung

Möchte ein Mieter vorzeitig aus einem Mietverhältnis entlassen werden, weil er beispielsweise aus dringenden beruflichen Gründen gezwungen ist, kurzfristig umzuziehen, so sollte der Mieter in seinem eigenen Interesse versuchen, mit dem Vermieter die Vereinbarung eines Mietaufhebungsvertrags abzuschließen. Ein starkes Interesse an einer Aufhebung dürfte der Mieter dann haben, wenn er ein längerfristiges Mietverhältnis (z. B. auf fünf Jahre) eingegangen ist oder eine lange Kündigungsfrist zu beachten hat.

Der Vermieter ist keineswegs gezwungen, einer solchen Mietaufhebungsvereinbarung zuzustimmen.

Bei der Formulierung eines schriftlichen Mietaufhebungsvertrages sollte unbedingt darauf geachtet werden, daß der Endtermin des Mietverhältnisses datumsmäßig bestimmt ist und daß der Termin so gewählt wird, daß der Mieter keine doppelte Miete bezahlen muß bzw. der Vermieter sicher weiß, ab wann die Wohnung wieder neu vermietet werden kann.

Außerdem sollten in einer Mietaufhebungsvereinbarung noch Regelungen über noch abzurechnende Kosten festgehalten werden. Insbesondere dürfte es sich hierbei um die Betriebskosten handeln. Eventuell bezahlte Mietsicherheiten (Kaution) sind zurückzubezahlen oder mit Außenständen zu verrechnen.

Weitere Stichwörter:

Betriebskosten, Kaution, Nachmieter, Umzugskosten, Untermietverhältnis

Mietausfallwagnis

Dieser Begriff spielt bei den Sozialwohnungen, also nicht bei den frei finanzierten Wohnungen, eine gewisse Rolle. Grundlage für die Berechnung der Kostenmiete einer Sozialwohnung ist die Wirtschaftlichkeitsberechnung. Im Rahmen der Wirtschaftlichkeitsberechnung wird der Vermieter einen Betrag einsetzen, der das Risiko abdeckt, daß er Ausfälle finanzieller Art wegen Nichtzahlung der Miete erleidet. Es handelt sich um das sogenannte Mietausfallwagnis. Üblicherweise darf das Mietausfallwagnis, das in die Wirtschaftlichkeitsberechnung eingestellt wird, maximal 2 % der Jahresmiete betragen. Um den Betrag zu berechnen, werden von den laufenden Aufwendungen 2,04 % angesetzt.

Weitere Stichwörter:

Kostenmiete, Sozialmiete, Wohnberechtigungsschein

Mieterabwesenheit

Der Mietvertrag verpflichtet den Vermieter, dem Mieter den Gebrauch der vermieteten Sache während der Mietzeit ohne Einschränkungen zu gewähren. Der Mieter verstößt nicht gegen seine mietvertragliche Verpflichtungen, wenn er für längere Zeit (Urlaub, Auslandsaufenthalt, Montage) abwesend ist.

Die Abwesenheit befreit den Mieter jedoch nicht von seiner Verpflichtung, den vereinbarten Mietzins zu bezahlen. Außerdem muß der Mieter während seiner Abwesenheit gewissen Obhutspflichten nachkommen. Er muß dafür sorgen, daß voraussehbare Schäden an der von ihm innegehaltenen Wohnung verhindert werden (die Heizung sollte in den Wintermonaten nicht völlig abgeschaltet werden).

Der Mieter sollte im eigenen Interesse dafür sorgen, daß in gewissen Zeitabständen nach seiner Wohnung geschaut wird (Nachbarschaftshilfe). Rechtlich gesehen ist es völlig ausreichend, wenn der Mieter einen Nachbarn mit der Wohnungsbetreuung beauftragt. Selbstverständlich muß der Mieter auch während seiner Abwesenheit der Kehrwoche nachkommen. Kann er die Arbeiten nicht selbst ausführen, so ist er gehalten, einen Dritten mit der Durchführung seiner Aufgaben zu beauftragen (Hausmeisterservice). Treten während der Abwesenheit des Mieters in seiner Wohnung erhebliche Schäden auf (Wasserrohrbruch), so kann sich der Vermieter Zutritt zur Wohnung verschaffen, ohne Hausfriedensbruch zu begehen.

Weitere Stichwörter:

Hausfriedensbruch, Hausmeister, Hausordnung, Heizperiode, Kehrwoche, Mietzins, Straßenreinigung

Mietergemeinschaft

Es handelt sich um einen Begriff aus dem Recht der früheren DDR. Dort hat die Mietergemeinschaft eine wichtige Rolle gespielt. Hingewiesen sei auf § 97 Abs. 2 Zivilgesetzbuch (ehemalige DDR):

„In Ausübung ihres demokratischen Rechts auf Mitgestaltung der Wohnverhältnisse wirken die Mieter im Rahmen der Mietergemeinschaft und in anderen Formen insbesondere bei der Pflege, Instandhaltung, Verschönerung und Modernisierung ihrer Wohnhäuser mit."

Verpflichtungen, in denen eine Mietergemeinschaft beteiligt ist, ergeben sich noch aus den §§ 114 und 131 Zivilgesetzbuch. Das Innenverhältnis der Mitglieder einer Mietergemeinschaft wird ergänzend geregelt in den §§ 266–273 Zivilgesetzbuch und das Außenverhältnis in den §§ 114–119 Zivilgesetzbuch. Weitere Einzelheiten sind dort nachzulesen.

Strittig ist allerdings die Frage, ob getroffene Vereinbarungen der Mietergemeinschaft, die vor dem 3. 10. 1990 stattfanden, nach dem Tag der Deutschen Wiedervereinigung noch gültig sind oder nicht. Grundsätzlich läßt der Einigungsvertrag privatrechtliche Verträge aus der Zeit vor dem 3. 10. 1990 bestehen und tastet diese nicht an. Insbesondere richten sich Schuldverhältnisse ganz allgemein in weitem Umfang noch nach dem früher geltenden Recht der DDR (vgl. Art. 232, § 1 EGBGB).

Die Wirksamkeit von solchen Vereinbarungen mit Mietergemeinschaften muß jeweils von Fall zu Fall geprüft werden und sobald Schwierigkeiten auftreten, sollte hier professioneller Rat eingeholt werden, da komplizierte Rechtsfragen zu lösen sind.

Weitere Stichwörter:

Betriebskostenumlageverordnung, DDR, Kleinreparaturen, Mietrecht, Mietsicherheit

Mieterhöhung

Es gilt der allgemeine Rechtsgrundsatz, daß Verträge einzuhalten sind. Dies gilt selbstverständlich auch für einen Mietvertrag. Möchte eine Seite Änderungen des Mietvertrages vornehmen, so muß entweder der Mieter oder der Vermieter kündigen oder beide müssen gemeinschaftlich und einverständlich den geschlossenen Vertrag abändern. Mit Zustimmung beider Parteien kann auch die vereinbarte Grundmiete abgeändert, d. h. erhöht werden. Mietzinssenkungen wird es wohl kaum geben.

Der Vermieter ist nicht befugt, die Miete zu erhöhen, wann und wie er will. Der Mieter muß zu der gewünschten Abänderung seine Zustimmung erteilen. Bei Modernisierungsmaßnahmen, bei Erhöhungen von Betriebskosten und bei Kapitalkostenerhöhungen braucht der Vermieter den Mieter vorher nicht zu fragen. Nach genau bezeichneten Regeln im Miethöhegesetz kann der Vermieter die gestiegenen Kosten unter bestimmten Voraussetzungen an den Mieter weitergeben.

Der Vermieter kann jedoch nur unter bestimmten Umständen die Erhöhung des Mietzinses vom Mieter verlangen (vgl. § 2 MHG). Die Miete muß seit einem Jahr unverändert sein. Die neue Miete muß den üblichen Entgelten entsprechen und darf diese nicht übersteigen. Außerdem darf der Mietzins sich innerhalb eines Zeitraumes von drei Jahren nicht um mehr als 30 % erhöht haben. Die Kappungsgrenze kann auch 20 % betragen. Die näheren Einzelheiten der komplizierten Regelung sind unter dem Stichwort „Kappungsgrenze" zu finden. Der Zweck der Mieterhöhung wird darin gesehen, daß in angemessenem Rahmen die Wirtschaftlichkeit des Grundbesitzes erhalten oder wiederhergestellt wird. Allerdings darf die Mieterhöhung den Mieter nicht mehr als bis zur Grenze der ortsüblichen Vergleichsmiete belasten; dabei wird die ortsübliche Vergleichsmiete von der jeweiligen Marktmiete beeinflußt und ist ein Spiegel der aktuellen Marktsituation.

Stimmt der Mieter einer Änderung des Mietvertrages nicht zu, so muß der Vermieter, will er die Mieterhöhung durchsetzen, ein förmliches Mieterhöhungsverfahren durchführen. Der Vermieter muß den Mieter auf „Zustimmung" zur Mieterhöhung verklagen. Das Gesetz zur Regelung der Miethöhe (MHG) verlangt von dem Vermieter, daß die Mieterhöhungserklärung schriftlich abgegeben und begründet wird.

Der Vermieter hat dabei drei Möglichkeiten, sein Erhöhungsverlangen zu begründen: Er kann einerseits auf den Mietspiegel verweisen, des weiteren hat er die Möglichkeit, ein Gutachten eines Sachverständigen einzuholen und dieses dem Mieterhöhungsverlangen beifügen, oder er hat die Möglichkeit, drei vergleichbare Wohnungen am Ort zu benennen; der Vermieter muß dabei angeben, daß die Miete in den drei vergleichbaren Wohnungen ebenso hoch ist wie die Miete, die in Zukunft verlangt wird. Die drei vergleichbaren Wohnungen dienen zur Ermittlung der „ortsüblichen Vergleichsmiete".

Über die Vergleichbarkeit der drei Wohnungen sagt § 2 Abs. 2 Miethöhegesetz folgendes aus: „Begründet der Vermieter sein Erhöhungsverlangen mit dem Hinweis auf entsprechende Entgelte für einzelne vergleichbare Wohnungen, so genügt die Benennung von drei Wohnungen."

Die drei Wohnungen dürfen nicht preisgebunden sein und müssen nach Art, Größe, Ausstattung, Beschaffenheit und Lage ähnlich sein. Der vergleichbare Wohnraum darf auch vom selben Vermieter stammen oder im selben Haus gelegen sein.

Will der Vermieter die Zustimmung des Mieters zur Abänderung des Mietvertrages erzwingen, so sind im Rahmen des förmlichen Mieterhöhungsverfahrens bestimmte Fristen einzuhalten. Der Mieter hat nach Eingang des schriftlichen Mieterhöhungsverlangens zwei Monate Zeit zu prüfen, ob die neue Miete tatsächlich die ortsübliche Vergleichsmiete darstellt. Dieser dem Mieter gewährte Zeitraum soll ihm ermöglichen, sich zu erkundigen und zu informieren, ob die Angaben des Vermieters richtig sind.

Kommt es zwischen den Parteien zu keiner Einigung, so muß der Vermieter, will er die erhöhte Miete durchsetzen, eine entsprechende Mieterhöhungsklage beim zuständigen Amtsgericht einreichen. Der Richter wird dann entscheiden, was als ortsübliche Vergleichsmiete anzusehen ist. In der Regel wird er einen Sachverständigen zu Rate ziehen oder sich, falls einer vorhanden ist, auf den Mietspiegel berufen.

Verlangt der Vermieter die Zustimmung zu einer Mietzinserhöhung nach § 2 MHG, so ist der Zugang des Mieterhöhungsverlangens der maßgebliche Zeitpunkt für die Feststellung der ortsüblichen Vergleichsmiete im Sinne des § 2 Abs. 1 S. 1 Nr. 2 MHG (Beschluß des Bay. OLG vom 27. 10. 1992, ZMR 1993, 11). Der erhöhte Mietzins kann berechnet werden ab Zugang des Erhöhungsverlangens oder ab dessen Wirksamwerden, nämlich drei Monate später (vgl. § 2 Abs. 4 MHG). Zwischenzeitlich steigen in manchen Großstädten die Mietzinsen so rasant an, daß selbst die Zeitdifferenz von drei Monaten den Mietspiegel spürbar verändern kann. Außerdem ist die Grundlage, wie der Mietspiegel erstellt wird, ebenfalls seit September 1993 geändert. Das hat zu der Streitfrage nach dem maßgeblichen Zeitpunkt für die Feststellung der ortsüblichen Vergleichsmiete geführt. Die überwiegende Meinung stellt nicht auf den Zeitpunkt des Wirksamwerdens des Mieterhöhungsverlangens ab, sondern auf den Zugang des Mieterhöhungsverlangens.

Stimmt der Mieter innerhalb der zwei Monate dauernden Überlegungsfrist der Mieterhöhung nicht zu, so muß der Vermieter innerhalb von weiteren zwei Monaten den Mieter auf Zustimmung zur Mieterhöhung verklagen (vgl. § 2 Abs. 3 MHG).

Es stellt sich nunmehr die Frage, ab wann die erhöhte Miete zur Zahlung fällig ist. Wird der Mieter zur Zustimmung zur Mieterhöhung verurteilt oder stimmt er freiwillig ohne gerichtliches Verfahren der Mieterhöhung, also der Vertragsänderung, zu, so muß er nicht sofort die erhöhte Miete bezahlen, sondern erst ab dem dritten Monatsersten nach Zugang des schriftlichen Mieterhöhungsverlangens. Der Vermieter ist gesetzlich gezwungen, in seinem Mieterhöhungsschreiben den Zeitpunkt, ab wann die erhöhte Miete zur Zahlung fällig ist, konkret anzugeben.

Beispiel: Erhält der Mieter das Mieterhöhungsverlangen im Januar eines Jahres, so ist ab 1. April des gleichen Jahres die erhöhte Miete, falls die Berechnung der Miethöhe richtig ist, zu bezahlen. Das Miethöhegesetz drückt dies wie folgt aus: „Ist die Zustimmung erteilt, so schuldet der Mieter den erhöhten Mietzins ab dem Beginn des dritten Kalendermonats, der auf den Zugang des Erhöhungsverlangens folgt.“

Das Miethöhegesetz ist nur für frei finanzierten Wohnraum anwendbar. Die Mieterhöhung bei Sozialwohnungen folgt anderen Regeln.

Ist ein Mietverhältnis auf bestimmte Zeit abgeschlossen und besteht die Vereinbarung zwischen den Parteien, daß die Miete für diesen Zeitraum fest ist, kann der Vermieter eine Zustimmung zur Mieterhöhung erst dann erreichen, wenn das Mietverhältnis auf bestimmte Zeit abgelaufen ist und sich umgewandelt hat in ein Mietverhältnis auf unbestimmte Zeit.

Der Mieter hat nach Mieterhöhungen die Möglichkeit, ein Sonderkündigungsrecht geltend zu machen. Kündigt der Mieter das Wohnverhältnis, so braucht er den erhöhten Mietzins nicht zu bezahlen.

Möchte ein Vermieter erstmals eine Wohnung vermieten oder seine freigewordene Wohnung neu vermieten, so ist der Vermieter bei der Neufestsetzung des Mietzinses nicht an die Grenzen der ortsüblichen Vergleichsmiete gebunden. Der Mietzins kann zwischen den Parteien frei vereinbart werden. Angesichts von Wohnraumknappheit wird vermutlich der Vermieter dem neuen Mieter den Mietzins der Höhe nach diktieren. Allerdings gibt es bei der Mietpreisbildung auch rechtliche Grenzen. Stellt sich der verlangte Mietzins als überhöht heraus oder stellt er gar Mietwucher dar, so hat der Mieter die Möglichkeit, zuviel bezahlten Mietzins zurückzuverlangen.

Künftig sind auch Mieterhöhungen und Betriebskostenumlagen in den neuen Bundesländern möglich. Es sind dabei jedoch folgende Besonderheiten zu beachten, die für frei finanzierte Wohnungen gelten:

Nach Maßgabe von § 11 Abs. 3 Nr. 1 und 2 des Miethöhegesetzes hat die Bundesregierung eine Grundmietenverordnung und eine Betriebskostenumlageverordnung beschlossen. Diese Regeln für die Mieterhöhung bei frei finanzierten Wohnungen gelten nur für Neubauten d. h., für Wohnungen, die nach dem 2. 10. 1990 fertiggestellt worden sind. Diese Regelungen gelten auch für Wohnraum, der nach dem 2. 10. 1990 aus Räumen wieder hergestellt wurde, die zuvor auf Dauer für Wohnzwecke nicht benutzbar waren oder nach der baulichen Anlage und Ausstattung gar nicht zu Wohnzwecken dienten.

Für Altwohnungen, d. h., die Wohnungen mußten vor dem 3. 10. 1990 errichtet worden sein, gilt die bisherige Preisbindung nach dem DDR-Recht bis zum 30. 9. 1991 weiter. Ab 1. 10. 1991 ist jedoch eine vollständige Umlage der Betriebskosten auf die Mieter möglich. Die Heiz- und Warmwasserkosten dürfen jedoch höchstens mit 3,00 DM pro Quadratmeter monatlich auf den Mieter abgewälzt werden. Außerdem ist eine Erhöhung der Kaltmiete um 1,00 DM pro Quadratmeter monatlich zulässig. Eine weitere Erhöhung um 0,15 DM pro Quadratmeter ist zusätzlich noch für Wohnungen möglich, die am 2. 10. 1990 über ein Bad oder eine Zentralheizung verfügten. Außerdem darf der Zuschlag von 0,15 DM pro Quadratmeter für Wohnungen erfolgen, die in Gemeinden mit mehr als 100 000 Einwohnern liegen. Abschläge sind bei der Mieterhöhung zu machen für Wohnungen, die nur über ein Außen-WC verfügen und die nicht in sich abgeschlossen sind. Die Abschläge belaufen sich auf 0,15 DM pro Quadratmeter. In diesem Zusammenhang muß ganz besonders auch auf das Stichwort „Grundmietenverordnung" hingewiesen werden, da noch weitere komplexe Einzelheiten zu beachten sind.

Das Miethöhegesetz wurde zuletzt durch das Mietenüberleitungsgesetz vom 6. 6. 1995 durch den Gesetzgeber geändert und im wesentlichen erweitert. Dabei ist dem Gesetzgeber in § 12 MHG ein Mißgeschick passiert. Allgemein veröffentlicht ist bisher der mißverständliche Text des § 12 MHG. Deshalb hat der Gesetzgeber wiederum das Gesetz zur Regelung der Miethöhe am 15. 12. 1995 mit Wirkung ab 1. 1. 1996 geändert. Der neue und nunmehr klargestellte Gesetzwortlaut lautet:

„Allgemeine Mieterhöhung: Abweichend von § 2 Abs. 1 Satz 1 Nr. 2 kann bis zum 31. 12. 1997 die Zustimmung zu einer Erhöhung des am 11. 6. 1995 ohne Erhöhungen nach Modernisierung oder Instandsetzungsvereinbarung geschuldeten Mietzinses um 20 vom 100 verlangt werden, wenn an dem Gebäude mindestens 3 der 5 folgenden Bestandteile keine erheblichen Schäden aufweisen:

1. Dach, 2. Fenster, 3. Außenwände, 4. Hausflure oder Treppenräume oder 5. Elektro-, Gas- oder Wasser- und Sanitärinstallationen.

Der Erhöhungssatz ermäßigt sich auf 15 vom 100 bei Wohnraum, bei dem die Zentralheizung oder das Bad oder beide Ausstattungsmerkmale fehlen . . ."

Weiter ist wichtig zu wissen, daß der Vermieter die Mieterhöhung einseitig festsetzen kann. Er muß dazu die bisherige Miete angeben, den zugrundegelegten Erhöhungssatz pro Quadratmeter, die angerechnete Wohnfläche und die neue Miete. Außerdem muß der Vermieter das Mieterhöhungsverlangen unterschreiben. Hält die Erklärung rechtlich stand, wirkt sie ab dem übernächsten Monat und ist vom Vermieter zu bezahlen.

Weitere Stichwörter:
Erhöhung der Kostenmiete, Grundmietenverordnung, Kappungsgrenze, Mieterhöhung bei Modernisierung, Mieterkündigung bei Mieterhöhung, Mietpreisüberhöhung, Mietspiegel, Mietspiegelspanne, Mietvertrag, Mietwucher, Ortsübliche Vergleichsmiete, Sonderkündigungsrecht

Mieterhöhung bei Modernisierung

Bei duldungspflichtigen Modernisierungsmaßnahmen hat der Vermieter die Möglichkeit, einseitig die Miete zu erhöhen. Das Gesetz über die Regelung der Miethöhe bietet dafür zwei Methoden an: einmal die Möglichkeit, eine Mieterhöhung über das Vergleichsmietsystem aufgrund des verbesserten Wohnwertes nach der Modernisierung zu wählen (vgl. § 2 MHG). Wird ein Bad oder eine Zentralheizung in die Wohnung eingebaut, dann kann der Vermieter die teuere Vergleichsmiete für Wohnungen mit entsprechender Ausstattung zugrunde legen und entsprechend die Miete erhöhen.

Eine andere Methode ist darin zu sehen, daß der Vermieter berechtigt ist, 11 % des Modernisierungsaufwandes pro Jahr auf die Miete umzulegen (vgl. § 3 MHG). Diese Möglichkeit der Mieterhöhung soll durch ein Beispiel dargelegt werden:

Betragen die reinen Modernisierungskosten 10 000 DM, so kann der Vermieter 11 % dieser Kosten als Erhöhung pro Jahr geltend machen, mithin also einen Betrag von 1100 DM. Die monatliche Miete steigt damit um 91,66 DM (1100 DM : 12).

Häufig gibt es für die Durchführung von Modernisierungsarbeiten einen staatlichen Zuschuß oder Gelder der Gemeinde. Diese Gelder, die der Vermieter in der Regel auf Antrag erhält, sind von den reinen Modernisierungskosten, die als Basis für die Mieterhöhung genommen werden können, in Abzug zu bringen. Die staatlichen Zuschüsse kommen also auch dem Mieter nach Durchführung der Modernisierungsarbeiten zugute.

Bei den Modernisierungsarbeiten ist jedoch unbedingt zu berücksichtigen, daß der Vermieter für bloße Instandhaltungsarbeiten und Instandsetzungsarbeiten keine Mieterhöhung vornehmen darf. Sind in den Modernisierungsmaßnahmen auch solche Maßnahmen enthalten, die lediglich als Instandhaltung oder Instandsetzung zu betrachten sind, so sind diese aus den umzulegenden Modernisierungskosten auszurechnen und in Abzug zu bringen.

Beispiel: Werden anstelle völlig veralteter und schadhafter Fenster Doppelfenster eingebaut, so darf der Vermieter nur die Kostendifferenz zwischen Einfach- und Doppelverglasung auf den Mieter als Modernisierungskosten umlegen. Die Erhaltungskosten hat der Vermieter nach den Regeln des Mietrechts ohnehin selbst zu tragen.

Wichtig ist außerdem, daß der Vermieter seinen Mieterhöhungsanspruch bei der Durchführung von Modernisierungsmaßnahmen dem Mieter schriftlich mitzuteilen hat. Die darauf gestützte Mieterhöhungserklärung ist nur dann wirksam, wenn in dieser Erklärung eine detaillierte Kostenberechnung enthalten ist. Die erhöhte Miete, die ihren Grund in der Modernisierung hat, ist vom nächsten Monatsersten an zur Zahlung fällig.

Stichtag für die Abgabe der Erklärung des Vermieters ist dabei jeweils der 15. eines Monats. Erhält der Mieter vom Vermieter zwischen dem 1. und dem 15. eines Monats die Mitteilung, daß eine höhere Miete zu bezahlen ist, so ist diese ab dem 1. des folgenden Monats zu bezahlen. Geht der Brief jedoch erst am 16. eines Monats oder später ein, verschiebt sich der Zahlungstermin um einen weiteren Monat.

Hat der Vermieter dem Mieter die voraussichtliche Mieterhöhung nicht vorher mitgeteilt oder sich die tatsächliche Mieterhöhung entgegen der vorherigen schriftlichen Ankündigung um mehr als 10 % der Höhe nach verändert, so wird die erhöhte Miete drei Monate später erstmals zur Zahlung fällig. Seit dem 1. 9. 1993 sind weitere Besonderheiten, was die Mieterhöhung bei Modernisierungsmaßnahmen betrifft, zu beachten. Die Einzelheiten sind unter dem Stichwort „Informationspflicht bei Modernisierung" dargestellt.

Sonderregelung für die neuen Bundesländer:

Hier ist ein Modernisierungszuschlag in Höhe von 11 % der Modernisierungskosten, umgelegt auf die Jahresmiete, für Wohnungen möglich, wenn die Modernisierung bereits vor dem 3. 10. 1990 begonnen wurde, aber erst danach fertiggestellt wurde.

Die Anhebung der Miete bis zur Grenze der ortsüblichen Vergleichsmiete ist allerdings nur für Neubauten möglich, also für Wohnungen, die erst nach dem 2. 10. 1990 bezugsfertig geworden sind oder wieder benutzbar wurden. Die Regelungen der Bundesregierung haben auch zur Folge, daß eine Mieterhöhung bei Altbauten nur für den Modernisierungszuschlag möglich ist.

Weitere Stichwörter:
Informationspflicht bei Modernisierung, Instandhaltung, Instandsetzung, Mieterhöhung, Mieterkündigung bei Modernisierung, Mietermodernisierung, Mietvertrag, Sachverständiger, Schönheitsreparatur, Sonderkündigungsrecht

Mieterkündigung bei Mieterhöhung

Eine beabsichtigte Mieterhöhung des Vermieters gibt dem Mieter unter bestimmten Umständen die Möglichkeit, das Mietverhältnis vorzeitig zu kündigen. Nach Maßgabe des Miethöhegesetzes (Gesetz zur Regelung der Miethöhe, MHG) kann der Vermieter unter bestimmten Voraussetzungen durch einseitige schriftliche Erklärung die Miete erhöhen. Die Mieterhöhung hat möglicherweise zur Folge, daß die Wohnung für den Mieter zu kostspielig wird. Aus diesem Grunde wird dem Mieter ein Sonderkündigungsrecht eingeräumt. Dieses Sonderkündigungsrecht ist unabhängig von der Wohndauer und unabhängig davon, ob ein befristeter Mietvertrag (Zeitmietvertrag) geschlossen wurde.

Die Vorschriften des Miethöhegesetzes geben dem Vermieter die Möglichkeit, die bisher bezahlte Miete auf die ortsübliche Vergleichsmiete anzuheben. Des weiteren hat der Vermieter die Möglichkeit, wenn er Wertverbesserungen vorgenommen hat, die Miete zu erhöhen, oder wenn seine Kapitalkosten gestiegen sind. Die gestiegenen Kosten kann er auf den Mieter umlegen.

Wendet der Vermieter das Vergleichsmietenverfahren zur Mieterhöhung an, so muß der Vermieter dem Mieter ein formelles Mieterhöhungsverlangen zukommen lassen. § 9 des MHG gibt hier dem Mieter die Möglichkeit, bis zum Ablauf des zweiten Monats nach Eingang der Erklärung des Vermieters das Mietverhältnis zum Ablauf des übernächsten Monats zu kündigen. Die Kündigungsfrist verlängert sich nicht, wenn der Mieter schon eine längere Zeit, etwa zehn Jahre, in der Wohnung wohnt. Eine ähnliche Regelung gibt es bei Wertverbesserungen oder bei der Umlegung gestiegener Kapitalkosten. Auch hier kann der Mieter spätestens am dritten Werktag des Monats, zu dem die Mieterhöhung wirksam werden soll, für den Ablauf des übernächsten Monats kündigen. Der Mieter kommt damit in den Genuß einer dreimonatigen Kündigungsfrist (§ 9 Abs. 1 MHG).

Weitere Stichwörter:

Informationspflicht, Kapitalkosten, Kündigung durch Mieter, Kündigungsfristen, Mieterhöhung, Mieterhöhung bei Modernisierung, Mieterkündigung bei Modernisierung, Modernisierung, Sonderkündigungsrecht

Mieterkündigung bei Modernisierung

Der Vermieter möchte die Wohnung, die von seinem Mieter innegehalten wird, grundlegend modernisieren. Die ins Auge gefaßten Modernisierungsmaßnahmen kann der Vermieter unter gewissen Umständen auch gegen den Willen des Mieters durchsetzen.

Dem Vermieter ist nach den einschlägigen Vorschriften zu empfehlen, die geplanten Modernisierungsarbeiten sowie die daraus resultierenden voraussichtlichen Mieterhöhungen zwei Monate vor Beginn der Arbeiten dem Mieter anzuzeigen und mitzuteilen. Damit wird dem Mieter die Möglichkeit gegeben, wenn er keine Modernisierung wünscht, das Mietverhältnis kurzfristig zu kündigen bzw. zu beenden. Der Mieter kann bis zum Ablauf des nächsten Monats kündigen und das Mietverhältnis endet dann mit dem darauffolgenden Monat (vgl. § 541b BGB).

Weitere Stichwörter:
Auszug des Mieters, Instandhaltung, Instandsetzung, Mieterhöhung, Mieterhöhung bei Modernisierung, Mietermodernisierung, Modernisierung, Räumung

Mieterkündigung bei Todesfällen

Stirbt ein Mieter, so sind die Vorschriften der §§ 569 bis 569b BGB zu beachten. Beim Tod des Mieters gehen die Pflichten und die Rechte aus dem Mietvertrag im Regelfall auf dessen Erben über. Erben eines verstorbenen Mieters müssen keineswegs Familienangehörige sein. Es kommt darauf an, welche letztwilligen Verfügungen der Mieter als Erblasser getroffen hat. Sind jedoch Familienangehörige, also Ehegatten und Kinder, vorhanden, so treten sie unabhängig von ihrer Stellung als Erben in den Mietvertrag ein. Wollen sie nicht als Rechtsnachfolger des Erblassers bzw. Mieters in den Mietvertrag eintreten, so müssen sie innerhalb von einem Monat, gerechnet ab dem Zeitpunkt, an dem sie Kenntnis vom Tod des Mieters erhalten haben, gegenüber dem Vermieter erklären, daß sie als Familienangehörige das Mietverhältnis nicht weiter fortsetzen wollen.

Haben die zum Haushalt gehörenden Familienangehörigen dem Vermieter mitgeteilt, daß sie das Mietverhältnis nicht fortsetzen wollen, oder stirbt ein alleinstehender Mieter, dann haben die Erben auch der vorläufige Erbe, die Möglichkeit, ein Sonderkündigungsrecht bzw. ein bevorzugtes Kündigungsrecht auszuüben. Die Erben haben die Möglichkeit, den Vertrag unabhängig von seiner Laufzeit, ebenfalls mit den gesetzlichen Kündigungsfristen, also drei Monate zum Ende eines Monats zu kündigen.

Allerdings muß das Sonderkündigungsrecht sofort ausgeübt werden. Sofort heißt hier so früh als irgend möglich: sobald die Erben des Mieters vom Tod des Mieters Kenntnis erlangt haben und vom Bestehen eines Mietvertrages wissen können. Wird das Sonderkündigungsrecht nicht sofort ausgeübt, kann der Vermieter die Fortsetzung des Mietverhältnisses beanspruchen. Die Kündigung kann durch die Erben des Mieters ausgesprochen werden, selbst dann, wenn sie nur vorläufige Erben sind. Die Kündigung ist unabhängig von der Annahme der Erbschaft.

Weitere Stichwörter:
Ehegatten, Kündigung durch Mieter, Mietvertrag, Sonderkündigungsrecht, Vermietergemeinschaft

Mieterkündigung bei verweigerter Untermieterlaubnis

Unter bestimmten Umständen kann der Mieter ein Mietverhältnis mit abgekürzter Frist vorzeitig kündigen, d. h. das Mietverhältnis beenden. Sucht der Mieter beim Vermieter um die Erlaubnis nach, die angemieteten Räume ganz oder teilweise unterzuvermieten, so wird gesetzlich dem Mieter die Möglichkeit eingeräumt, das Mietverhältnis mit den gesetzlichen Fristen, d. h. mit dreimonatiger Frist, zum Ende eines Kalendermonats (vgl. § 549 BGB) zu kündigen, wenn der Vermieter die Erlaubnis zur Untervermietung verweigert.

Dieses Sonderkündigungsrecht steht dem Mieter unabhängig davon zu, ob der Vermieter verpflichtet ist, die Untervermietung zu gestatten oder nicht zu gestatten. Hierin ist für den Mieter eine Möglichkeit zu sehen, vorzeitig aus einem langfristigen Vertrag auszuscheiden. Von dieser Möglichkeit Gebrauch zu machen kann auch dann ratsam sein, wenn in Mietverträgen lange Kündigungsfristen vorgesehen sind. Der Mieter kann sich jedoch auf das Sonderkündigungsrecht nicht berufen, wenn bestimmte Gründe in der Person, an die untervermietet werden soll, vorliegen, die dem Vermieter das vorgesehene Untermietverhältnis unzumutbar machen.

Weitere Stichwörter:

Kündigung durch Mieter, Kündigungsfristen, Sonderkündigungsrecht, Untermietverhältnis

Mietermodernisierung

Selbstverständlich hat auch der Mieter, nicht nur der Vermieter, die Möglichkeit, seine Wohnung, die er angemietet hat, selbst zu modernisieren. Oft haben Mieter Bausparverträge abgeschlossen, die für Modernisierungsmaßnahmen – ohne Prämien- oder Steuernachteile – eingesetzt werden können. Bevor ein Mieter mit Modernisierungsmaßnahmen beginnt, z. B. ein neues Bad einbaut oder ein neues Heizungssystem installiert, sind solche Maßnahmen unbedingt vorher mit dem Vermieter abzusprechen und abzustimmen. Modernisierungsmaßnahmen durch den Mieter dürfen nur **nach** Zustimmung des Vermieters durchgeführt werden. Es empfiehlt sich in solchen Fällen, da hier erhebliches Streitpotential vorhanden ist, in jedem Fall zuvor die Rechte und Pflichten beider Parteien in einem Vertrag festzulegen.

Weitere Stichwörter:

Auszug des Mieters, Ersatzansprüche des Mieters, Kündigung durch Mieter, Modernisierung, Nachmieter

Miethöhe

Nach den Vorschriften des § 5 des Wirtschaftsstrafgesetzes und des § 291 des Strafgesetzbuches wird der Mieter einigermaßen vor „Wuchermieten" geschützt. Für nicht preisgebundenen Wohnraum (z. B. frei finanzierte Wohnungen) werden die Mieten der Höhe nach bei Abschluß des Mietvertrages zwischen dem Mieter und dem Vermieter grundsätzlich frei vereinbart. Wenn jedoch in einem bestimmten Gebiet Wohnungsnot herrscht, wird der Mieter in der Regel keine Möglichkeit haben, mit dem Vermieter einen Mietzins nach seinen Vorstellungen auszuhandeln.

Der Vermieter darf allerdings nicht unbegrenzt hohe Mieten verlangen. Eine Miete ist wegen Überteuerung möglicherweise unzulässig, falls sie um mehr als 20 % über der ortsüblichen Vergleichsmiete liegt. Diese Grenze darf nur in Ausnahmefällen überschritten werden, wenn dies zur Deckung der laufenden Kosten des Vermieters erforderlich ist.

Das Vierte Mietrechtsänderungsgesetz brachte nunmehr in diesem Bereich eine Klarstellung, die seit 1. 9. 1993 bedeutsam ist. § 5 des Wirtschaftsstrafgesetzes lautet nunmehr wie folgt:

„(1) Ordnungswidrig handelt, wer vorsätzlich oder leichtfertig für die Vermietung von Räumen zum Wohnen oder damit verbundene Nebenleistungen unangemessen hohe Entgelte fordert, sich versprechen läßt oder annimmt.

(2) Unangemessen hoch sind Entgelte, die infolge der Ausnutzung eines geringen Angebots an vergleichbaren Räumen die üblichen Entgelte um mehr als 20 vom Hundert übersteigen, die in der Gemeinde oder in vergleichbaren Gemeinden für die Vermietung von Räumen vergleichbarer Art, Größe, Ausstattung, Beschaffenheit und Lage oder damit verbundene Nebenleistungen in den letzten vier Jahren vereinbart oder, von Erhöhungen der Betriebskosten abgesehen, geändert worden sind. Nicht unangemessen hoch sind Entgelte, die zur Deckung der laufenden Aufwendungen des Vermieters erforderlich sind, sofern sie

1. unter Zugrundelegung der nach Satz 1 maßgeblichen Entgelte nicht in einem auffälligen Mißverhältnis zu der Leistung des Vermieters stehen und
2. für Räume entrichtet werden,
   a) die nach dem 1. Januar 1991 fertiggestellt wurden oder
   b) für die das Entgelt vor dem 1. September 1993 über der in Satz 1 bezeichneten Grenze liegen durfte.

(3) Die Ordnungswidrigkeit kann mit einer Geldbuße bis zu einhunderttausend Deutsche Mark geahndet werden."

Weitere Stichwörter:
Mietpreisüberhöhung, Mietwucher, Mietzins, Nettomiete, Ortsübliche Vergleichsmiete, Rückforderung

Mietminderung

Immer wenn ein Fehler der Mietsache vorliegt, wenn also der Ist-Zustand der Mietsache von deren Soll-Zustand negativ abweicht, hat der Mieter die Möglichkeit, den Mietzins, den er an sich vereinbarungsgemäß zu bezahlen hat, zu mindern. Dieses Recht gibt § 537 BGB (Haftung für Sachmängel).

Der Mieter hat die rechtliche Möglichkeit für die Zeit, in der die Mietsache mit einem Mangel (Fehler) behaftet ist oder eine zugesicherte Eigenschaft fehlt, die Miete zu kürzen. Der Mieter ist nur zur Zahlung einer herabgesetzten Miete verpflichtet.

Regelmäßig ist zu beobachten, daß in den Mietverträgen vereinbart ist, die Miete sei im voraus zu bezahlen. Tritt ein Mangel an der Mietwohnung nach Bezahlung der März-Miete auf, so hat der Mieter für den Monat März an sich zuviel Miete bezahlt, er hätte ja die Miete, angesichts des Mangels, mindern können. Diesen Betrag kann der Mieter deshalb zurückverlangen. Die zuviel bezahlte Miete kann mit der nächsten fälligen Miete verrechnet werden.
Immer wieder ist in Verträgen, insbesondere in Formularverträgen, zwischen den Parteien geregelt, daß Mieter nicht

berechtigt sind, ihre Rückzahlungsansprüche mit Mietforderungen des Vermieters zu verrechnen (Aufrechnungsverbot). Solche Klauseln können gegen das Gesetz über die allgemeinen Geschäftsbedingungen verstoßen und sind möglicherweise – was jeweils im Einzelfall zu prüfen ist – als unwirksam anzusehen. In jedem Fall sind solche Klauseln unwirksam, wenn die Mieterforderung vom Vermieter nicht bestritten bzw. von einem Gericht bestätigt (Entscheidung, Urteil), worden ist. Es gibt Meinungen, die diese Aufrechnungsverbote bzw. Verrechnungsverbote insgesamt als unwirksam ansehen, da das Mietminderungsrecht durch eine vertraglich vereinbarte Mietvorauszahlungspflicht mit entsprechendem Verrechnungsverbot gegen die Grundgedanken des Mietminderungsrechts des BGB verstoßen würde.

Bei der Durchführung einer Mietminderung ist weiter zu beachten, daß nicht jeder Fehler der Mietsache zu einer Minderung des Mietzinses berechtigt. Es dürfen keine unerheblichen Beeinträchtigungen sein, z. B. eine Glühbirne im Keller oder im Flur ist defekt. Mängel dieser Art können ohne Schwierigkeiten und ohne Probleme sofort beseitigt werden.

Weitere Stichwörter:

Allgemeine Geschäftsbedingungen, Anzeigepflicht, Entscheidung (Urteil), Fehler der Mietsache, Formularvertrag, Höhe der Mietminderung, Instandhaltung, Instandsetzung, Mietschulden, Mietvertrag, Mietzins, Mustermietvertrag, Rohrverstopfung, Rückforderung, Schadenspauschale

Mietpreisüberhöhung

Es besteht ein öffentliches Interesse an der Einhaltung bestimmter marktgerechter Grenzwerte hinsichtlich der Miethöhe. Das öffentliche Interesse soll den Mieter vor Übervorteilungen schützen. Mit strafrechtlichen Mitteln versucht der Gesetzgeber, Mieter vor Überschreitungen der Grenzwerte zu sichern. Das öffentliche Interesse basiert auf Artikel 14 Abs. 2 des Grundgesetzes. Dort ist das Gebot der Sozialpflichtigkeit des Eigentums verankert.

Bei den strafrechtlichen Sanktionen ist zwischen Mietwucher und Mietpreisüberhöhung zu unterscheiden. Der Begriff „Mietpreisüberhöhung" ist in § 5 des Wirtschaftsstrafgesetzes in allen Einzelheiten definiert. Diesen Paragraphen finden Sie im Wortlaut abgedruckt unter dem Stichwort „Miethöhe". Sind diese Voraussetzungen der Mietpreisüberhöhung gegeben, so kann dem Vermieter eine Geldbuße wegen einer Ordnungswidrigkeit bis zu 100 000 DM auferlegt werden. § 5 des Wirtschaftsstrafgesetzes ist dann gegeben, wenn der Mietpreis etwa den ortsüblichen Mietzins um ca. 20 % übersteigt. Mietwucher im Sinne von § 291 StGB ist bei einer Mietpreisüberschreitung von etwa 50 % gegeben.

Verstößt ein Mietvertrag gegen § 5 Wirtschaftsstrafgesetz, so hat dies zivilrechtlich zur Folge, daß die Vereinbarung über die Höhe des Mietzinses gem. § 134 BGB nichtig ist. Der Mieter hat in einem solchen Fall einen Anspruch auf Rückzahlung des überhöhten oder wucherischen Mietzinses.

Weitere Stichwörter:
Ausstattungsmerkmale, Kaltmiete, Miethöhe, Mietwucher, Nettomiete, Ortsübliche Vergleichsmiete, Rückforderung, Wohnlage, Wohnungsgröße

Mietrecht

Der juristische Laie versteht unter Mietrecht in der Regel das Recht der Wohnraummiete. Anderer Auffassung ist allerdings der Gesetzgeber des Bürgerlichen Gesetzbuches. Unter dem Begriff „Miete" ist nicht nur die Wohnraummiete zu verstehen, sondern Gegenstand eines Mietverhältnisses können alle Sachen im Sinne des § 90 BGB sein, also alle beweglichen und unbeweglichen Sachen. Eine zulässige Möglichkeit, Rechte zum Gegenstand eines Mietvertrages zu machen, besteht nicht. Bedeutungsvoll ist vor allem die Wohnraummiete, ebenso wie die Geschäftsraummiete. Andere Mietverhältnisse an beweglichen oder unbeweglichen Sachen spielen in der juristischen Praxis keine so große Rolle wie das Wohnraummietrecht.

In der Zwischenzeit haben die Gesetzgebungsorgane eine Vierte Mietrechtsnovelle verabschiedet, die mehrere Ziele hat. Die Mieterschutzinteressen in Ballungsräumen sollen gestärkt werden, die Investitionen in den Mietwohnungsbau sollen vergrößert werden und Umweltschutzmaßnahmen sollen stärkeren Eingang in das Mietrecht finden. Für die juristische Praxis wird die Arbeit dadurch nicht erleichtert. Für den juristischen Laien wird das soziale Mietrecht dadurch immer undurchschaubarer und immer mehr juristischer Rat ist gefragt. Der juristische Laie sollte sich generell bei Mietrechtsproblemen von einer Fachkraft beraten lassen. Fehler können erhebliche wirtschaftliche Folgen für Mieter und Vermieter nach sich ziehen.

Weitere Stichwörter:

Bauherren-Modell, Garagen, Geschäftsraummiete, Leasing, Mietvertrag, Mischmietverhältnis, Pacht, Sozialmiete, Verkauf, Zeitmietvertrag

Mietschulden

Allgemein wird in Mietverträgen vereinbart, daß der monatliche Mietzins spätestens am dritten Werktag eines Monats beim Vermieter kostenfrei eingegangen sein muß. Gerät der Mieter mit zwei Monatsmieten oder mehr in Zahlungsrückstand, so hat der Vermieter die Möglichkeit, das Mietverhältnis fristlos zu kündigen und somit sofort zu beenden. Unter „zwei Monatsmieten" versteht man die Grundmiete und eventuell die monatlichen Vorauszahlungen für die Nebenkosten. Im Rahmen eines Prozesses ist der Mieter dahingehend beweisbelastet, nachzuweisen, daß er die Miete pünktlich bezahlt hat. Er muß Quittungen über die Zahlungen vorlegen können. Gelingt dem Mieter der Nachweis der Zahlung nicht, so wird der Mieter den Räumungsprozeß verlieren, denn das Mietverhältnis ist wirksam fristlos gekündigt worden.

Zu den Mietschulden im weiteren Sinne gehören auch die Nachzahlungen aufgrund der jährlichen Nebenkostenabrechnungen. Selbst wenn der Nachzahlungsbetrag zwei Monatsmieten übersteigt, stellt dies noch keinen Grund dar, das Mietverhältnis fristlos zu kündigen. Rechtlich gesehen handelt es sich eben um Nachzahlungen auf die Nebenkosten und nicht um Monatsmieten.

Es kommt manchmal vor, daß Mieter in finanzielle Schwierigkeiten geraten. Selbst wenn der Mieter einige Mieten nicht pünktlich bezahlten konnte, so kann dennoch eine ausgesprochene fristlose Kündigung wegen Zahlungsverzug unwirksam werden, wenn der Mieter **alle** Mietschulden bezahlt und künftig die Miete pünktlich an den Vermieter überweist oder bar bezahlt.

Das Auflaufenlassen von rückständigen Mieten hat jedoch seine Grenzen: Wenn die erste fristlose Kündigung wegen Zahlungsverzug länger als zwei Jahre zurückliegt, kann es der Mieter wiederum auf eine fristlose Kündigung ankommen lassen. Es steht ihm dann nämlich wieder das Recht zu, die fristlose Kündigung durch vollständige Bezahlung unwirksam zu machen.

Stellt sich jedoch innerhalb der Zweijahresfrist wiederum ein Mietrückstand ein, so hat der Vermieter die Möglichkeit, wiederum fristlos zu kündigen, ohne daß der Mieter die Möglichkeit hat, durch Bezahlung die Kündigung unwirksam zu machen.

Weitere Stichwörter:

Abmahnung, Betriebskosten, Beweismittel, Fristlose Kündigung, Kaltmiete, Kaution, Kündigungsschreiben, Mietminderung, Mietzins, Nettomiete, Vermieterpfandrecht, Vorauszahlungen

Mietsenkung

Der Vermieter von preisgebundenem Wohnraum, auch Sozialwohnungen genannt, darf nur die sogenannte Kostenmiete verlangen. Diese rechtliche Situation hat zur Folge: Wenn sich die laufenden Aufwendungen, die sich aus der Wirtschaftlichkeitsberechnung ergeben, erhöhen, dann hat der

Vermieter die Möglichkeit, eine höhere Miete zu verlangen. Stellt sich jedoch heraus, daß die laufenden Aufwendungen sinken, so ist der Vermieter ebenfalls verpflichtet, auch die Senkungen an den Mieter weiterzugeben.

Als Ursache für sogenannte Mietsenkungen könnte beispielsweise die Senkung des Zinssatzes für eine Bankhypothek in Betracht kommen. Steht eine Mietsenkung im Raum, so muß der Vermieter unverzüglich, d. h. ohne schuldhaftes Zögern, eine neue Wirtschaftlichkeitsberechnung aufstellen.

Die Mietsenkung ist dann ab dem Zeitpunkt vorzunehmen, ab dem die Verringerung der laufenden vom Vermieter aufzubringenden Aufwendungen wirksam ist. Ist damit zu rechnen, daß der Vermieter die Mietsenkungen nicht vornimmt, obwohl er hierzu verpflichtet wäre, und erfährt dies der Mieter später, so hat der Mieter die Möglichkeit, zuviel bezahlte Kostenmiete zurückzuverlangen.

Weitere Stichwörter:
Erhöhung der Kostenmiete, Kostenmiete, Rückforderung, Sozialmiete

Mietsicherheit

Dieser Begriff meint das Gleiche wie „Kaution" (vgl. das dortige Stichwort).

Die Mietkaution oder Mietsicherheit beruht auf einer besonderen Verabredung zwischen Mieter und Vermieter, die im schriftlichen Mietvertrag enthalten sein kann (vgl. § 550b BGB).

Kautionsvereinbarungen dieser Art waren in der ehemaligen DDR nicht üblich. Eine Kautionsregelung spielte in der ehemaligen DDR vor der Wiedervereinigung praktisch keine Rolle, zumindest was die Wohnraummietverträge betrifft.

Der Vermieter kann auch diesbezüglich keine nachträgliche Änderung der Mietverträge verlangen, die vor dem 3. 10. 1990 abgeschlossen wurden. Er kann einseitig keine Kaution vom Mieter fordern. Es ist aber selbstverständlich zulässig, im gegenseitigen Einvernehmen auf alte Verträge nachträglich eine Kaution zu vereinbaren. Hinsichtlich der Einzelheiten für Kautionsvereinbarungen wird auf § 550b BGB verwiesen, der auch in den neuen Bundesländern seit dem 3. 10. 1990 uneingeschränkt anwendbar ist.

Nach Beendigung des Mietverhältnisses und nach der Rückgabe der Mietsache an den Vermieter muß der Vermieter über die Kaution abrechnen (vgl. § 556 BGB). Für die Entscheidung über die Abrechnung und Rückzahlung der Kaution hat der Vermieter eine angemessene Frist zu wahren. Sie wird nur in Ausnahmefällen länger als 6 Monate nach Beendigung des Mietverhältnisses dauern (BGH, NJW 1987, 2372).

Weitere Stichwörter:

Auszug des Mieters, Durchführung von Schönheitsreparaturen, Ersatzansprüche des Vermieters, Kaltmiete, Kaution, Verwirkung, Wohnungsübergabe

Mietspiegel

In größeren Gemeinden und Städten gibt es in der Regel einen Mietspiegel, aus dem der durchschnittliche Kaltmietzins pro Quadratmeter Wohnfläche für Wohnungen unterschiedlichster Ausstattung und Lage entnommen werden kann. Auf den jeweils gültigen örtlichen Mietspiegel kann ein Vermieter bei einer Mieterhöhung nach dem Miethöhegesetz Bezug nehmen. Der Mietspiegel soll dazu beitragen, das Mietpreisgefüge für nicht preisgebundenen Wohnraum transparent zu machen. Es sollen Streitigkeiten zwischen Mietvertragsparteien, die sich aus Unkenntnis des Mietpreisgefüges ergeben können, vermieden werden. Außerdem sollen die Kosten der Beschaffung und Bewertung von Informationen über Vergleichsmieten im Einzelfall eingespart werden. Den Gerichten wird die Entscheidungsfindung in Streitfällen erleichtert.

Zu beachten ist bei der Anwendung des Mietspiegels, daß dieser keine Preisempfehlung darstellt. Der Mietspiegel ist eine der gesetzlichen Begründungen nach dem Miethöhegesetz, die den Vertragspartnern die Möglichkeit bietet, in eigener Verantwortung die Miete entsprechend der Art, Größe, Ausstattung, Beschaffenheit und Lage der Wohnung zu vereinbaren. Die Vertragsfreiheit endet jedoch dort, wo eine überhöhte Miete verlangt wird.

Die ortsübliche Vergleichsmiete, bis zu der im laufenden Mietverhältnis die Mieten angehoben werden dürfen, soll seit dem 1. 9. 1993, nach den Mietabschlüssen der letzten **vier** Jahre (bisher **drei**) ermittelt werden. Außerdem **sollen** die Mietspiegel alle zwei Jahre den aktuellen Verhältnissen angepaßt werden (vgl. § 2 Abs. 5 Satz 3 MHG).

Weitere Stichwörter:

Ausstattungsmerkmale, Kaltmiete, Mieterhöhung, Mietpreisüberhöhung, Mietspiegelspanne, Mietzins, Nettomiete, Ortsübliche Vergleichsmiete, Wohnlage, Wohnungsgröße

Mietspiegelspanne

Bei nicht preisgebundenen Wohnungen läßt sich immer wieder ein erheblicher Unterschied bei den individuell vereinbarten Mietzinsen feststellen. Sinn und Zweck der vom Gesetzgeber vorgeschlagenen Einführung von Mietspiegeln ist es, das Mietpreisgefüge, das in einer bestimmten Gemeinde herrscht, möglichst offenkundig zu machen. Dies erscheint erforderlich, um Streit zwischen Mietvertragsparteien zu vermeiden. Außerdem können Kosten bei der Beschaffung von Vergleichsmieten im Einzelfall, die zur Erhöhung des Mietzinses erforderlich sind, eingespart werden. Die Gerichte benützen die amtlichen Mietspiegel gerne als Entscheidungshilfen. Auch bei der Bewertung, ob eine Mietpreisüberhöhung oder Mietwucher vorliegt, spielt der Mietspiegel eine gewisse Rolle.

Bei der Durchsicht der Mietspiegel läßt sich immer wieder feststellen, daß eine große Bandbreite der angegebenen Quadratmetermieten besteht. Dies resultiert aus Unterschieden bei dem Wohnwert, aus der unterschiedlichen Ausstattung, der abweichenden Beschaffenheit und der individuellen Lage der jeweiligen Wohnungen und aus den Preisbildungsmechanismen am Wohnungsmarkt. Aus den genannten Gründen muß der Mietspiegel gewisse Spannen umfassen. Dies wird dadurch gewährleistet, daß für jede Kategorie ein oberer und ein unterer Wert angegeben wird. So kann beispielsweise für eine 80 qm große Wohnung, mit guter Ausstattung und in mittlerer Wohnlage gelegen, die bis 1948 bezugsfertig wurde, ein Quadratmetermietzins von 6 DM bis 8 DM als ortsübliches Mietentgelt anzusehen sein.

Will einer Vermieter mit Hilfe eines Mietspiegels den verlangten Mietzins einseitig erhöhen, so kann der Vermieter einen beliebigen Wert innerhalb der Mietspiegelspanne, in der die Wohnung einzuordnen ist, verlangen. Muß der Vermieter allerdings seine Ansprüche gerichtlich durchsetzen, so muß der Vermieter im Prozeßfalle nachweisen, warum er im Rahmen einer Mietspiegelspanne vom Höchstwert innerhalb einer jeweiligen Kategorie ausgeht und nicht den Mittelwert nimmt. Ein Abweichen vom Mittelwert kann dadurch gerechtfertigt sein, daß die spezielle Wohnung zwar in eine bestimmte Kategorie einzuordnen ist, jedoch aufgrund der Ausstattungsmerkmale an der Obergrenze dieser bzw. an der Untergrenze der nächsten Kategorie liegt.

Nebenbei sei noch bemerkt, daß nicht jede Gemeinde in der Bundesrepublik Deutschland über einen Mietspiegel verfügt.

Weitere Stichwörter:

Ausstattungsmerkmale, Kappungsgrenze, Mieterkündigung bei Mieterhöhung, Miethöhe, Mietspiegel, Nutzungsentschädigung, Ortsübliche Vergleichsmiete, Vergleichsmiete, Wohnlage

Mietvertrag

Durch einen Mietvertrag verpflichtet sich der Vermieter, den Gebrauch einer Sache während der Mietzeit zu gewähren. Der Mieter verpflichtet sich, den Mietzins als Gegenleistung gem. § 535 BGB zu erbringen. Grundsätzlich ist der Mietvertrag formfrei. Bei Grundstücksmietverträgen für eine längere Dauer als ein Jahr ist Schriftform gem. § 566 BGB erforderlich. Dies gilt auch für Wohnraummietverhältnisse (§ 580 BGB).

Bei der Grundstücksmiete hat der Vermieter für seine Forderungen aus dem Mietverhältnis ein gesetzliches Pfandrecht an den eingebrachten Sachen des Mieters (§ 559 BGB). Der Mietvertrag entwickelt nur schuldrechtliche Wirkungen zwischen dem Vermieter und dem Mieter.

Veräußert der Vermieter eine bewegliche Sache, die der Mieter im Besitz hat, so muß sich der Erwerber der vermieteten Sache die Einrede des berechtigten Besitzes aufgrund des Mietvertrages entgegenhalten lassen (§ 986 BGB).

Der Erwerber eines Grundstücks tritt an die Stelle des bisherigen Vermieters. Er tritt in alle aus dem Mietverhältnis resultierenden Rechte und Pflichten ein. Das Prinzip „Kauf bricht nicht Miete", ist in § 571 ff. BGB und § 57 Zwangsversteigerungsgesetz festgelegt.

Der prinzipiell bei uns herrschende Grundsatz der Vertragsfreiheit ist bei der Wohnraummiete durch mehrere einschneidende Regelungen, insbesondere § 564 BGB, im wesentlichen aufgehoben. Nur unter ganz bestimmten Voraussetzungen kann der Vermieter das Mietverhältnis über Wohnräume lösen. Bei der Erhöhung des Mietzinses muß der Vermieter die Regelungen des Miethöhegesetzes beachten. In einem Mietvertrag über Wohnraummiete können bestimmte Gesetzesvorschriften zu Lasten des Mieters nicht anderweitig geregelt werden. Solche unabdingbaren Regelungen sind u. a.: das Widerspruchsrecht des Mieters gegen die Kündigung

(Sozialklausel des § 556a bis § 556c BGB), die Sonderrechtsnachfolge des Ehegatten oder bestimmter Familienangehöriger (§ 569a BGB).

Weitere Stichwörter:

Ehegatten, Eigenbedarf, Geschäftsraummiete, Härteklausel (Kündigungsschutz), Mieterhöhung, Mietrecht, Pacht, Sozialklausel, Sozialmiete, Umwandlung, Unabdingbare Mieterrechte, Verkauf, Zeitmietvertrag

Mietvertrag auf Lebenszeit

Das auf die Lebenszeit des Mieters eingegangene Wohnraummietverhältnis wird überwiegend von der Rechtsprechung als ein befristetes, auf bestimmte Zeit eingegangenes Mietverhältnis im Sinne von § 564c BGB betrachtet (vgl. Beschluß des Bay. OLG vom 02. 07. 1993, ZMR 1993, 462). Die Belange des Mieterschutzes erfordern es nicht, eine Befristung des auf Lebenszeit einer Person abgeschlossenen Wohnraummietverhältnisses zu verneinen. Problematisch wird die Situation, wenn der Mieter, der den Mietvertrag auf Lebenszeit abgeschlossen hat, weitere Personen aufgenommen hat, und zwar entweder seinen Ehegatten oder seinen Partner aus eheähnlicher Gemeinschaft oder einen Familienangehörigen, mit dem er einen gemeinsamen Hausstand geführt hat. Die mit dem Mieter auf Lebenszeit zusammen wohnenden Personen haben ihren Lebensmittelpunkt und den Mittelpunkt ihrer Wirtschaftsführung in dieser Wohnung gehabt und müssen einen entsprechenden Mieterschutz bekommen. Ihnen wird in entsprechender Anwendung der §§ 564c Abs. 1, 569a, 569b BGB ein Fortsetzungsanspruch gegen den Vermieter eingeräumt.

Nur einem dem Hausstand des verstorbenen Mieters nicht angehörenden Erben bleibt die Möglichkeit verschlossen, das Mietverhältnis fortzusetzen. Das Mietverhältnis endet mit dem Tod des Mieters (vgl. § 564c BGB) und eine Rechtsposition kann daher nicht auf den Erben im Rahmen der erbrechtlichen Vorschriften übergehen. Der Erbe hat keinen Fortsetzungsanspruch gegen den Vermieter. Dies widerspricht auch nicht den Grundsätzen des sozialen Mietrechts. In aller Regel hat der Erbe die Wohnung des Erblassers nicht als seinen Lebens- und Wirtschaftsmittelpunkt geführt. Die Voraussetzungen des Mieterschutzes liegen daher nicht vor.

Weitere Stichwörter:
Ehegatte, Härteklausel (Kündigungsschutz), Zeitmietvertrag

Mietwucher

„Mit Freiheitsstrafe bis zu drei Jahren oder mit Geldstrafe wird bestraft, wer die Zwangslage, die Unerfahrenheit, den Mangel an Urteilsvermögen oder die erhebliche Willensschwäche eines anderen dadurch ausbeutet, daß er sich oder einem Dritten für die Vermietung von Räumen zum Wohnen und damit verbundenen Nebenleistungen Vermögensvorteile versprechen oder gewähren läßt, die in einem auffälligen Mißverhältnis zu der Leistung oder deren Vermittlung stehen." § 291 StGB regelt den sogenannten „Mietwucher".

Der Grundgedanke der Vorschrift ist darin zu sehen, bestimmte Tätigkeiten zu verhindern, die darauf gerichtet sind, Schwächen bei anderen Personen wirtschaftlich auszubeuten und für eine Leistung unverhältnismäßig große Vermögensvorteile zu erreichen. Bei der Vermietung „von Räumen zum Wohnen" meint das Gesetz nicht nur Hauptmietverhältnisse, sondern auch Untermietverhältnisse, ebenso gehören Hotelzimmer und Urlaubsunterkünfte dazu. Weiterhin ist unerheblich, ob die Räume unbeweglich oder beweglich sind, so daß auch die Vermietung von Wohnwagen, Wohnzelten oder Wohnschiffen von der gesetzlichen Regelung erfaßt werden. Mietwucherobjekte können auch Buden, Gartenlauben oder sonstige behelfsmäßige Unterkünfte sein.

Bei der Feststellung, ob Mietwucher vorliegt, ist in Anlehnung an § 5 des Wirtschaftsstrafgesetzes als Vergleichsmaßstab für die Beurteilung eines auffälligen Mißverhältnisses grundsätzlich die ortsübliche Vergleichsmiete heranzuziehen. Ob ein auffälliges Mißverhältnis zwischen Vermögensvorteil und Leistung besteht, läßt sich nicht generell nach bestimmten Prozentsätzen bestimmen. Es sind immer die besonderen Umstände des Einzelfalles zu berücksichtigen. Allgemein kann jedoch gesagt werden, daß ein auffälliges Mißverhältnis dann gegeben ist, wenn die angemessene Miete um 50 % überschritten wird. Zur Abgrenzung des Begriffs Mietwucher und Mietpreisüberhöhung wird auf die Stichwörter „Miethöhe" und „Mietpreisüberhöhung" ausdrücklich hingewiesen.

Weitere Voraussetzung ist, daß sich der Mieter in einer Zwangslage befindet. Eine Zwangslage ist immer dann anzunehmen, wenn jemand eine Wohnung dringend benötigt und er einem überhöhten Mietzinsverlangen gegenübersteht. Unbeachtlich ist, ob der Mieter freiwillig oder vermeidbar in diese Zwangslage gekommen ist (Kündigung der eigenen Wohnung, Umzug in eine Stadt mit hoher Wohnungsnot).

Der Mieter muß unter dem Zwang der tatsächlichen Verhältnisse des örtlichen Wohnungsmarktes vor der Entscheidung stehen, sich die dringend benötigte Wohnung nur dann beschaffen zu können, wenn er sich auf die wesentlich überhöhten Mietszinsforderungen einläßt. Hat der Mieter keinen dringenden Wohnbedarf, so ist das Merkmal der Zwangslage nicht gegeben.

Weitere Stichwörter:

Mietpreisüberhöhung, Miethöhe, Mietzins, Nettomiete, Ortsübliche Vergleichsmiete, Rückforderung

Mietzins

Üblicherweise wird der vereinbarte „Mietzins" in Geld bezahlt. Dies muß jedoch nicht sein. Der zu bezahlende Mietzins kann auch als Sach-, Werk- oder Dienstleistung vereinbart werden.

Ist der Mietzins anders als in Geld zu bezahlen, so kann es jedoch für den Vermieter oder den Mieter Schwierigkeiten geben bei Problemen im Mietverhältnis: etwa wenn Mieterhöhungen nach dem Miethöhegesetz durchgesetzt werden sollen.

Im Gegensatz hierzu hat der Mieter sicherlich Schwierigkeiten bei der Minderung des Mietzinses, wenn sich Mängel am Mietobjekt herausstellen. Es empfiehlt sich daher aus praktischen Gründen, den Mietzins als Gegenleistung in Geld zu vereinbaren. Vermieter und Mieter können jedoch auch zusätzlich vereinbaren, daß eine andere Leistung des Mieters an Erfüllungs Statt treten kann.

Weitere Stichwörter:
Fehler der Mietsache, Höhe der Mietminderung, Mietminderung

Mindesttemperatur

Hierunter versteht man die Temperatur, die innerhalb von Wohnräumen mindestens herrschen muß. Früher hat man eine Zimmertemperatur von 18° C als ausreichend angesehen. In der Zwischenzeit hat sich die Überzeugung durchgesetzt, auch in der Rechtsprechung, daß eine Temperatur in Wohnräumen von 20° bis 22° C herrschen sollte.

Der Vermieter ist also verpflichtet, eine gewisse Mindesttemperatur in den hauptsächlich zum Wohnen bestimmten Räumen zu gewährleisten. Mieter, die in solchen Fällen sparen wollen und auf hohe Temperaturen keinen Wert legen, können den Heizkörper abstellen. Wenn die Heizkörper mit entsprechenden Meßgeräten ausgestattet sind, lassen sich hier auf seiten des Mieters Einsparungen erzielen.

Weitere Stichwörter:
Betriebskosten, Fehler der Mietsache, Heizdauer, Heizkostenverordnung, Heizperiode, Mieterabwesenheit, Verbrauchserfassung

Mischmietverhältnis

Unter sogenannten Mischräumen versteht man vermietete Räume, die nicht zu einem einheitlichen bestimmten Zweck, sondern teilweise zum Wohngebrauch und teilweise zum Geschäftsgebrauch vermietet und bestimmt sind. Die unterschiedliche Nutzung der Mieträume muß mit Einverständnis des Vermieters erfolgen. Werden Räume, die eigentlich nur zum Wohngebrauch bestimmt sind, auch geschäftlich genutzt, so iat darin ein vertragswidriger Gebrauch der Mietsache zu sehen. Der Vermieter kann die andere Nutzung entweder untersagen oder das Mietverhältnis kündigen.

Häufig stehen die Wohn- und Geschäftsräume in einem engem räumlichen Zusammenhang. Als Beispiel sei hier der Betrieb eines Friseurgeschäftes mit einer Pächterwohnung genannt.

Der Begriff der Mischräume ist gesetzlich nicht vorgesehen. Es gibt auch keine bestimmten Rechtsnormen, die nur für die Mischräume anwendbar wären. Rechtlich gesehen, müssen die Mischräume entweder als Wohnräume oder als Geschäftsräume qualifiziert werden. Dies ist oft schwierig. Bei der rechtlichen Einordnung dieser gemischten Mietverhältnisse kommt es letztlich auf den Willen der Parteien an: Die Einordnung, ob nunmehr ein Wohnraummietverhältnis vorliegt oder ein Geschäftsraummietverhältnis, ist rechtlich von großer Bedeutung.

Als Bewertungsmaßstab wird teilweise der Mietwert der einzelnen Räume herangezogen. Meistens kommt es entscheidungserheblich darauf an, welche Art der Benutzung für die Vertragsparteien im Vordergrund steht. Ein Mieter, der eine Gaststätte mit Wohnung angemietet hat, wird sicherlich als Geschäftsraummieter anzusehen sein, denn das Übergewicht des Mietverhältnisses liegt offenkundig im gewerblichen Bereich. Der Mieter einer Gaststätte wird seinen gesamten Lebensunterhalt ausschließlich aus dem Betrieb dieser Gaststätte bestreiten.

Die Unterscheidung, ob ein Wohnraummietverhältnis oder ein Geschäftsraummietvertrag vorliegt, ist wichtig für die Frage, welche Kündigungsfristen eingehalten werden müssen. Ist das Mischmietverhältnis als Wohnraummietverhältnis qualifiziert, so stehen dem Mieter die sozialen Kündigungsschutzvorschriften zur Verfügung. Auch kann ihm dann wie dem Mieter eines Wohnraummietverhältnisses eine Räumungsfrist bewilligt werden.

Liegt jedoch ein Geschäftsraummietverhältnis vor, so kommt eine Räumungsfristbewilligung nicht in Betracht. Auch die Durchführung von Mieterhöhungsverlangen, die der Vermieter an die Parteien richtet, ist entscheidend davon abhängig, ob der Mietvertrag als Wohn- oder Geschäftsraummietverhältnis zu qualifizieren ist. Liegt ein Wohnraummietverhältnis vor, so ist die Mieterhöhung gesetzlich an das MHG gebunden. Liegt jedoch ein Geschäftsraummietverhältnis vor, so richtet sich die Erhöhungsbefugnis des Vermieters nach den getroffenen Vereinbarungen. Sind im Vertrag keine Abreden festgehalten, kann der Vermieter die Geschäftsraummiete auch nicht einseitig durchsetzbar erhöhen.

Weitere Stichwörter:
Geschäftsraummiete, Mieterhöhung, Pacht, Räumungsfrist, Teilkündigung, Zweckentfremdung

Möbliertes Zimmer

Ausnahmsweise kann ein Mietverhältnis über Wohnraum vom Vermieter gekündigt werden, wenn der Vermieter ein berechtigtes Interesse an der Beendigung des Mietverhältnisses hat. Die Vorschriften des Kündigungsschutzes (§ 564b BGB) gelten nicht für Mietverhältnisse über Wohnraum, der nur zu vorübergehendem Gebrauch vermietet ist, für Wohnraum, der teilweise vom Vermieter selbst bewohnt ist und der vom Vermieter ganz oder überwiegend mit Einrichtungsgegenständen ausgestattet ist, sofern der Vermieter den Wohnraum nicht zum dauernden Gebrauch für eine Familie zum Wohnen überlassen hat.

Die Kündigungsschutzvorschriften gelten auch nicht für Wohnraum, der Teil eines Studenten- oder Jugendwohnheimes ist. Umgekehrt heißt das aber, daß für ein möbliertes Zimmer, das sich außerhalb der Wohnung des Vermieters befindet (Seniorenstift o. a.), dieser Wohnraumkündigungsschutz besteht bzw. das Miethöhegesetz bei Mieterhöhungen anwendbar ist.

Es spielt bei der Einordnung keine Rolle, ob der Wohnraum überwiegend mit Möbeln des Vermieters ausgestattet ist oder nicht. Der Vermieter kann in diesen Fällen nur kündigen, wenn er ein berechtigtes Interesse an der Beendigung des Mietverhältnisses hat.

Andererseits ist aber bei möblierten Zimmern der Kündigungsschutz stark eingeschränkt. So sind bei möblierten Zimmern die Kündigungsfristen außerordentlich kurz. Ist die Miete nach Tagen bemessen, kann täglich zum Ablauf des folgenden Tages gekündigt werden. Ist die Miete nach Wochen bemessen, so kann spätestens am ersten Werktag einer Woche zum Sonnabend gekündigt werden, und ist die Miete nach Monaten bemessen, so kann spätestens am 15. zum Letzten eines Monats gekündigt werden. Eine Vereinbarung zwischen dem Mieter und dem Vermieter, daß die Kündigungsfristen verlängert werden, ist selbstverständlich möglich und liegt im Rahmen des Privatrechts bzw. der Vertragsfreiheit.

Weitere Stichwörter:
Angemessene wirtschaftliche Verwertung, Betriebsbedarf, Eigenbedarf, Einliegerwohnung, Härteklausel (Kündigungsschutz), Kündigungsfristen, Kündigungsschutz, Mündlicher Mietvertrag, Räumung, Sozialklausel, Untermietverhältnis

Modernisierung

Bei einem Wohnraummietvertrag kann die Modernisierung einer Wohnung für alle Beteiligten (Vermieter und Mieter) eine positive Angelegenheit sein. Der Mieter hat den Vorteil, daß seine Wohnung komfortabler wird und der Wohnwert steigt, wenn beispielsweise eine Heizung nach den modernsten Gesichtspunkten oder neue sanitäre Anlagen installiert werden. Die moderne Heizungsanlage kann helfen, Heizenergie in erheblichem Umfang und deshalb auch Kosten zu sparen. Der Vermieter hat den Vorteil, daß sich der Wert seines Besitzes erheblich erhöht. Er kann, vorausschauend gesehen, die Wohnung künftig teurer vermieten.

Nach Maßgabe von § 541b BGB hat der Mieter Modernisierungsmaßnahmen grundsätzlich zu dulden. Die Modernisierungsmaßnahmen braucht er jedoch dann nicht zu dulden, wenn die Maßnahmen für den Mieter oder für seine Familie eine nicht zu rechtfertigende Härte bedeuten würden. Bei der Prüfung der „Härtegründe" spielen natürlich die berechtigten Interessen des Vermieters und der anderen Mieter, die im gleichen Haus wohnen, eine erhebliche Rolle.

Zugunsten des Mieters sind im Rahmen der Interessenabwägung Art und Umfang der Bauarbeiten zu berücksichtigen. Der Mieter befürchtet meistens zu Recht, daß die Bauarbeiten eine sehr große Belästigung mit Lärm und Schmutz zur Folge haben, oder daß die Wohnung für längere Zeit völlig unbewohnbar wird.

Eine Duldungspflicht bei Modernisierungsmaßnahmen entfällt dann, wenn die baulichen Veränderungen derart umfangreich sind, daß fast schon von einer „Umwandlung" des Mietverhältnisses gesprochen werden kann. So kann beispielsweise der Einbau eines Bades zum Verlust eines anderen Zimmers führen. Nicht zu dulden braucht der Mieter Modernisierungsmaßnahmen des Vermieters, die seine eigenen mit Zustimmung des Vermieters vorgenommenen Einbauten wertlos machen würden (z. B. Einbau einer neuen Badewanne).

Ein weiterer Gesichtspunkt zugunsten des Mieters ist darin zu sehen, daß die zu erwartende Mieterhöhung nach den Modernisierungsmaßnahmen zu hoch ist. Der Gesetzgeber hat mit dieser Regelung vor allem die sogenannten Luxusmodernisierungen von Altbauwohnungen gegen den Willen des

Mieters zu bremsen versucht. Die Folge „Mieterhöhung" kann jedoch dann nicht als Härte geltend gemacht werden, wenn das Mietobjekt durch die Modernisierung lediglich auf einen allgemein üblichen Standard gebracht wird, also ein Bad oder Doppelfenster eingebaut werden.

Wichtig ist weiter für den Mieter zu wissen, daß er vom Vermieter einen angemessenen Aufwendungsersatz verlangen kann. Der Aufwendungsersatz soll ein Ausgleich für die Kosten der Reinigung sein und für die Kosten, die entstehen, weil die Räume eine Zeitlang nicht benutzt werden können.

Weitere Stichwörter:
Anzeigepflicht, Ersatzwohnraum, Informationspflicht, Instandhaltung, Instandsetzung, Mieterhöhung bei Modernisierung, Mieterkündigung bei Modernisierung, Sonderkündigungsrecht

Mündlicher Mietvertrag

Ein Mietvertrag über ein Grundstück (dies gilt auch für Wohnraummiete, § 580 BGB), der für längere Zeit als ein Jahr geschlossen wird, bedarf der schriftlichen Form. Wird die vorgeschriebene Form nicht beachtet, so gilt der Vertrag als für unbestimmte Zeit geschlossen; eine Kündigung ist nicht für eine frühere Zeit als den Schluß des ersten Jahres zulässig (§ 566 BGB). In einem Mietvertrag verpflichtet sich regelmäßig der Vermieter, dem Mieter die Wohnung zur alleinigen Benutzung zu überlassen, der Mieter verpflichtet sich, die Benutzung der Wohnung nur im vertraglich festgelegten Rahmen auszuüben und dafür einen bestimmten Mietzins zu bezahlen (§ 535 BGB).

Mietverträge können mündlich, schriftlich oder in notarieller Form beurkundet und abgeschlossen werden. Möglicherweise liegt doch Unwirksamkeit vor, wenn zwischen den Mietvertragsparteien vereinbart wird, daß Schriftform Bedingung für den Mietvertrag ist. Wird eine solche Vereinbarung getroffen, so kommt ein wirksamer Mietvertrag nur dann zustande, wenn das Vertragsangebot und die Annahme des Angebots jeweils schriftlich erfolgt sind. Schließen die Parteien „nur" einen mündlichen Mietvertrag, so gilt für beide Mietvertragsparteien ausschließlich die gesetzliche Regelung. Dies hat zur Folge, daß die gesetzliche Regelung für den Mieter günstiger ist als für den Vermieter. Der Vermieter hat im allgemeinen die Möglichkeit, durch Formularmietverträge für ihn ungünstige Regelungen, soweit gesetzlich möglich, abzuändern.

Weitere Stichwörter:

Betriebskosten, Formularvertrag, Hausordnung, Mietvertrag, Mustermietvertrag, Rückforderung, Unabdingbare Mieterrechte, Vertragsverlängerung

Musik

Immer wieder kommt es zu gerichtlichen Streitigkeiten, wenn ein Mieter in seiner Wohnung musiziert. Oft beklagen sich andere Mieter im gleichen Haus über Lärmbelästigungen. Grundsätzlich ist es dem Mieter erlaubt, in seiner Wohnung ein Instrument zu spielen oder Radiomusik (Schallplatten, Musikcassetten, CDs) zu hören. Allerdings muß dann der Mieter die allgemeinen Ruhezeiten einhalten und beachten.

Der Mieter darf auch nicht jedes Instrument spielen. Sicherlich darf der Mieter Klavier, Flöte, Geige oder Violine spielen. Ob er allerdings Trompete oder Schlagzeug innerhalb seiner Wohnung spielen darf, ist rechtlich gesehen umstritten.

Die allgemeinen Ruhezeiten sind in jedem Falle einzuhalten. Üblich sind die Ruhezeiten zwischen 13.00 und 15.00 Uhr und in der Zeit von 23.00 bis 7.00 Uhr. Dies kann jedoch örtlich verschieden sein. Es gibt Gemeinden, die andere Ruhezeiten eingehalten wissen wollen. Ebenso können Sonderregelungen in Hausordnungen vorhanden sein, die abweichende Ruhezeiten bestimmen; diese muß der Mieter aber nur beachten, wenn die Hausordnung Bestandteil des Mietvertrages geworden ist.

Keineswegs unzulässig ist eine Mietvertragsklausel, die das Musizieren in der Mietwohnung begrenzt oder gar ganz ausschließt. Will der Vermieter, ohne daß er sich auf eine vertragliche Regelung berufen kann, erreichen, daß der Mieter das Musizieren unterläßt, so muß das Musizieren als Lärmbelästigung qualifiziert werden. Dabei kommt es nicht nur auf die Lautstärke, sondern auch auf die Dauer, die Art und die Intensität der Geräuscheinwirkung an. Wann das Musizieren zur Lärmbelästigung wird, ist oft nur sehr schwer zu entscheiden.

Will der Mieter innerhalb seiner Wohnung im Rundfunk oder im Fernsehen Musiksendungen anhören, oder Schallplatten, Cassetten oder ähnliche Tonträger (CDs) laufen lassen, so darf er dies auch innerhalb der üblichen Ruhezeiten tun. Allerdings muß der Lautstärkeregler auf Zimmerlautstärke eingestellt sein. Die Nachbarn dürfen dadurch nicht gestört werden.

Wird jedoch vertragswidrig musiziert, also innerhalb der allgemeinen Ruhezeiten oder übermäßig laut, so hat der Vermieter die Möglichkeit, Lärmbelästigungen abzumahnen und, falls dies nichts hilft, eine entsprechende Unterlassungsklage beim Amtsgericht zu erheben. Möglicherweise kann das Mietverhältnis auch durch Kündigung beendet werden.

Weitere Stichwörter:
Abmahnung, Lärmbelästigung

Mustermietvertrag

Der sogenannte „Mustermietvertrag" ist ein Formularvertrag und fällt als solcher unter die Vorschriften des Gesetzes zur Regelung der allgemeinen Geschäftsbedingungen. Verwendet der Vermieter bei der Vermietung seiner Wohnung ein übliches Vertragsformular, so geht der Mieter gewisse Risiken ein. Um diese Risiken zu vermeiden, hat das Bundesjustizministerium einen sogenannten „Mustermietvertrag" erarbeitet. Dabei muß betont werden, daß dieses Vertragsmuster keinen amtlichen Charakter hat. Es handelt sich um einen unverbindlichen Vorschlag des Bundesjustizministeriums für die Vertragsgestaltung.

Der Mustermietvertrag versucht die Interessen des Mieters und des Vermieters ausgewogen zu berücksichtigen. Es ist davon auszugehen, daß die Regelungen des Mustermietvertrages insgesamt als in sich stimmig und einigermaßen gerecht anzusehen sind. Der Mustermietvertrag wird daher einer Inhaltskontrolle nach den Vorschriften des Gesetzes zur Regelung der allgemeinen Geschäftsbedingungen in den meisten Fällen standhalten.

Bei der Verwendung eines Mustermietvertrages ist jedoch zu beachten, daß es sich hierbei um einen unvollständigen Vertrag handelt. Es reicht nicht aus, daß die jeweiligen Vertragsparteien nur noch unterzeichnen. Vielmehr sieht der Mustermietvertrag verschiedene alternative Regelungen vor, die den unterschiedlichsten Gegebenheiten und Interessenlagen Rechnung tragen sollen.

Beide Parteien müssen sich also im klaren darüber sein, wie sie ihr neu zu beginnendes Mietverhältnis im einzelnen gestalten wollen.

Oft scheuen die Mietparteien das aufwendige Ausfüllen eines Formularvertrages oder eines Mustermietvertrages. Diese Mühe und der Aufwand an Zeit sollten jedoch tunlichst investiert werden, denn der Zeitaufwand steht in keinem Verhältnis zu den späteren Vorteilen von eindeutigen Regelungen. Langwierige Prozesse kosten meist mehr Zeit und Mühe als das einmalige Ausfüllen eines auf lange Jahre angelegten Mietvertrages. Unklare und mißverständliche Regelungen sollten möglichst vermieden werden.

Weitere Stichwörter:

Allgemeine Geschäftsbedingungen, Formularvertrag, Mietvertrag

Nachmieter

Es soll noch vorkommen, daß ein Mieter tatsächlich billigeren Wohnraum findet. Der Mieter ist also nun daran interessiert, vor Ende der Mietzeit auszuziehen. Dies kann der Mieter tun, jedoch befreit ihn dies nicht von seiner Pflicht zur Zahlung der Miete für die Restmietzeit.

Es gibt Formular-Mietverträge, in denen zwischen den Vertragsparteien vereinbart ist, daß der Mieter aus der Restschuld entlassen werden kann, sobald der Vermieter einen geeigneten Nachmieter für die freiwerdende Wohnung gefunden hat. Enthält der schriftliche Mietvertrag allerdings keine solche Ersatzmieterklausel, so ist der Vermieter grundsätzlich nicht verpflichtet, den Mieter aus dem Vertrag zu entlassen, auch dann nicht, wenn der Mieter geeignete Ersatzmieter oder Nachmieter benennt. Der Vermieter kann jedoch in Ausnahmefällen verpflichtet sein, einer Aufhebung des Mietvertrages zuzustimmen, wenn berechtigte Interessen des Mieters bestehen und diese berechtigten Interessen das Interesse des Vermieters am Fortbestand des Mietvertrages erheblich überwiegen.

Ein solches Interesse ist jedoch dann nicht gegeben, wenn der Mieter aufgrund seiner eigenen persönlichen und freien Entscheidung sich dazu entschlossen hat, die Wohnung zu verlassen, weil er etwa billigeren Wohnraum oder eine schönere Wohnung gefunden hat.

Es ist leider ein weitverbreiteter Irrtum, daß der Vermieter den Mieter aus dem Vertrag entlassen muß, wenn der Mieter drei geeignete Nachmieter benennt. Grundsätzlich gilt im deutschen Zivilrecht, daß abgeschlossene Verträge einzuhalten sind. Wird eine Wohnung für fünf Jahre angemietet, so muß auch fünf Jahre lang Miete bezahlt werden. Es spielt dabei keine Rolle, ob der Mieter tatsächlich auch bis zum Ende der Mietzeit in der Wohnung wohnt oder vorher auszieht.

Der Vermieter hat ein grundsätzliches Besichtigungsrecht, um eine Wohnung interessierten Nachmietern zeigen zu können. Die Besichtigung sollte dem Mieter schriftlich, zwei Tage vorher, angekündigt werden.

Weitere Stichwörter:
Auszug des Mieters, Formularvertrag, Kündigung durch Mieter, Kündigungsfristen, Mietvertrag, Sonderkündigungsrecht, Untermietverhältnis, Zeitmietvertrag

Nebenkosten

Die Kosten des Wohnens, die einen erheblichen Teil des Einkommens der Mieter beanspruchen, setzen sich in der Regel aus mehreren Kostenarten zusammen. Einmal muß der Mietzins für die Überlassung der Wohnung bezahlt werden. Zum anderen muß ein zusätzliches Entgelt für besondere Leistungen des Vermieters bezahlt werden, zum Beispiel für die Benutzung der Heizung. Außerdem muß der Mieter Erhaltungsaufwendungen im Rahmen seiner Obhutspflicht für Schönheitsreparaturen einkalkulieren und als weitere Kostenart sind vertraglich übernommene Arbeitsleistungen anzusehen, z. B. die Kosten für die Kehrwoche oder Hausreinigung. Werden diese von Dritten übernommen, so sind Hausmeisterkosten zu entrichten, falls dies vertraglich vereinbart ist.

Die vorgenannten Kostenarten sind bis auf den Mietzins als Betriebskosten (siehe Näheres unter dem Stichwort „Betriebskosten") anzusehen. Häufig wird auch von „Nebenkosten" gesprochen. Der Ausdruck „Nebenkosten" ist dem Bürgerlichen Gesetzbuch (BGB) nicht bekannt. Dies wurde auch bei der Gesetzgebung nicht übersehen. Über den Begriff „Lasten", der in § 546 BGB erwähnt ist, kommt man zu den Neben- oder Betriebskosten. Grundsätzlich hat der Vermieter die als Lasten bezeichneten Kosten zu tragen. Der Vermieter hat allerdings die rechtlich zulässige Möglichkeit, auf vertraglichem Weg den Ausgleich im Mietzins oder

„daneben" zu suchen. Art und Umfang der Nebenkosten sind der Vereinbarung der Vertragspartner überlassen mit der Folge, daß Vermieter und Mieter unter Nebenkosten oft etwas anderes verstehen. Wir gehen davon aus, daß es günstiger wäre, ganz allgemein von „Betriebskosten" zu sprechen.

Weitere Stichwörter:

Betriebskosten, Heizkostenverordnung, Kaltmiete, Nettomiete, Verbrauchserfassung, Verwaltergebühren

Nettomiete

Unter der Nettomiete versteht man üblicherweise den reinen Kaltmietzins ohne Nebenkosten. Der Begriff der Nettomiete ist besonders bei der Anwendung des Mietspiegels wichtig. Im Zusammenhang mit dem Mietspiegel versteht man unter Nettomiete das Entgelt für die Überlassung der leeren Wohnung einschließlich des Mietausfallwagnisses (ohne Mietkaution). In diesen Beträgen sind die anteiligen Betriebskosten nicht enthalten.

Zu den Betriebskosten gehören insbesondere die Kosten der Heizung, der Warmwasserversorgung, der Müllabfuhr, der Grundsteuer, der Gebäudeversicherung, des Schornsteinfegers, des Aufzugs usw. Möbliert vermietete Wohnungen sind nicht mit Nettomieten zu bewerten. Hier ist der Mietwert der unmöblierten Wohnung festzustellen und mit einem entsprechendem Zuschlag gemäß dem Wert der Möblierung zu erhöhen. Zu berücksichtigen ist dabei auch die voraussichtliche Nutzungsdauer und eine angemessene Verzinsung des für die Möblierung eingesetzten Kapitals.

Weitere Stichwörter:

Betriebskosten, Kaltmiete, Kapitalkosten, Kostenmiete, Mietausfallwagnis, Mietspiegel, Mietzins, Möbliertes Zimmer, Nutzungsentschädigung

Nutzungsentschädigung

Ist ein Wohnraummietverhältnis durch die Kündigung des Mieters oder Vermieters beendet worden, bleibt jedoch der Mieter über den Beendigungszeitpunkt des Mietverhältnisses hinaus in der Wohnung, so kann der Vermieter für die Zeit danach den bisher vereinbarten Mietzins verlangen. Der Vermieter hat aber auch die Möglichkeit, eine Miete, die für vergleichbare Wohnungen gem. § 557 Abs. 1 Satz 1 BGB ortsüblich ist, zu verlangen. Da kein Mietvertrag mehr besteht, spricht man hier von Nutzungsentschädigung.

Bei der Berechnung der Höhe der Nutzungsentschädigung sind eventuelle Mängel oder Fehler, die die Wohnung aufweist, entsprechend der ortsüblichen Miete zu mindern. Der Vermieter ist des weiteren berechtigt, die Nutzungsentschädigung in ortsüblicher Höhe zu verlangen, wenn der Mieter zur Räumung der Wohnung verurteilt wurde und das Gericht ihm eine Räumungsfrist gewährt hat. Auch muß dem Vermieter eine Nutzungsentschädigung bezahlt werden, wenn der Mieter in der Mietwohnung infolge von Umständen verbleibt, die er nicht zu vertreten hat.

Räumt der Mieter die Wohnung nicht, dann kann der Vermieter die den vertraglichen Mietzins übersteigende Nutzungsentschädigung erst ab dem Zeitpunkt verlangen, zu dem er den höheren Betrag vom Mieter gefordert hat (LG Berlin, MDR 1993, 446). Die Geltendmachung einer höheren Nutzungsentschädigung durch einseitige empfangsbedürftige Willenserklärung hat rechtsgestaltende Wirkung. Der Anspruch auf Entschädigung nach der ortsüblichen Vergleichsmiete wird vielmehr gemäß § 130 BGB erst dann wirksam, wenn dem Mieter die Erklärung des Vermieters zugegangen ist.

Zieht der Mieter vor Ablauf einer ihm gewährten Räumungsfrist aus der Wohnung aus, so endet mit diesem Zeitpunkt auch die Verpflichtung zur Zahlung einer Nutzungsentschädigung. Allerdings ist der Mieter wiederum verpflichtet, dem Vermieter rechtzeitig den Auszugstag mitzuteilen. Teilt der Mieter dem Vermieter den bevorstehenden Auszug nicht umgehend mit, so macht sich der Mieter eventuell schadensersatzpflichtig. Die Ansprüche des Vermieters verjähren dann nach vier Jahren.

Weitere Stichwörter:

Auszug des Mieters, Ersatzwohnraum, Fehler der Mietsache, Mietzins, Obdachlosenunterbringung, Ortsübliche Vergleichsmiete, Räumung, Räumungsfrist, Verjährung von Schadensersatzansprüchen, Wiedereinweisung

Nutzungsverträge

In den neuen Bundesländern ist sicherlich noch allseits der Begriff „Nutzungsrechte" bekannt.

In der ehemaligen DDR konnten solche Nutzungsrechte unter verschiedenen Gesichtspunkten begründet werden: Durch Verleihung (vgl. §§ 286 bis 290 Zivilgesetzbuch), durch Zuweisung (gem. § 286 und §§ 291 bis 294 Zivilgesetzbuch), durch Einräumung eines Mitbenutzungsrechts (vgl. § 286 und §§ 321–322 Zivilgesetzbuch) und aufgrund eines Vertrages über die Nutzung von Bodenflächen zur Erholung (§ 286 und §§ 312–315 Zivilgesetzbuch).

Gelegentlich taucht in diesem Zusammenhang auch der Begriff Pachtverträge oder Überlassungsverträge auf. Solche Verträge bildeten die wesentlichen Grundlagen für die Errichtung von Wochenendhäusern in der ehemaligen DDR (sog. Datscha).

Nach Art. 232 § 4 Abs. 1 EGBGB sind diese Verträge im Einigungsvertrag, anders als bei den Miet- und Pachtverträgen, nicht in das BGB übergeleitet worden. Die Nutzungsverhältnisse richten sich auch nach dem 3. 10. 1990 weiterhin nach den Vorschriften des Zivilgesetzbuches der ehemaligen DDR.

Im Einigungsvertrag ist nach Art. 232 § 4 Abs. 4 EGBGB Abs. 2 für die Bundesregierung die Möglichkeit geschaffen, eine Rechtsverordnung zu erlassen über eine angemessene Gestaltung der Nutzungsentgelte. Dies ist jedoch, soweit hier bekannt, bisher nicht geschehen.

Weitere Stichwörter:

DDR, Nutzungsentschädigung, Pacht

Obdachlosenunterbringung

Es kann immer wieder festgestellt werden, daß Mieter Gefahr laufen, ihre Wohnung zu verlieren und deswegen obdachlos werden. Wer aufgrund eines rechtskräftigen Räumungsurteils aus der Wohnung ausziehen muß und bis zur Zwangsräumung durch den Gerichtsvollzieher trotz intensiver Suche keinen Ersatz gefunden hat, kann nicht unvermittelt auf die Straße gesetzt werden.

Die örtliche Verwaltungsbehörde ist verpflichtet, aus Gründen der öffentlichen Sicherheit und Ordnung zu verhindern, daß für den Mieter Obdachlosigkeit eintritt. Die zuständige Gemeinde hat dafür zu sorgen, daß der nunmehr Wohnungslose zumindest vorübergehend und notdürftig untergebracht bzw. beherbergt wird.

Steht dem Mieter eine Zwangsräumung durch den Gerichtsvollzieher bevor, so hat die Obdachlosenbehörde (Polizeibehörde, Amt für öffentliche Ordnung) die Möglichkeit, den Mieter in seine bisherige Wohnung wieder einzuweisen. Die Unterbringung des Räumungspflichtigen durch die Behörde ist nicht erst bei oder nach Durchführung der Zwangsräumung, sondern schon bei drohendem Verlust der bisherigen Unterkunft zulässig.

Dies gilt selbst dann, wenn der räumungspflichtige Mieter keinen weiteren gerichtlichen Vollstreckungsschutz oder Räumungsschutz erhalten kann oder will. Betreibt ein Räumungsgläubiger (Vermieter) die Zwangsräumung einer Wohnung, so ist der zuständige Gerichtsvollzieher verpflichtet, die Obdachlosenbehörde vom bevorstehenden Räumungstermin zu informieren.

Wird der Mieter in seine bisherige Wohnung wieder eingewiesen, d. h. andererseits, daß die Wohnung des Vermieters beschlagnahmt wird, so begründet die Einweisungsverfügung keinen neuen Mietvertrag, sondern es wird ein öffentlich-rechtliches Rechtsverhältnis zwischen der Behörde und dem

Räumungspflichtigen begründet. Aus diesem Grunde hat der Räumungspflichtige bzw. der Obdachlose weder gegen die Behörde noch gegen den ehemaligen Vermieter Rechte, die ihm als Mieter kraft Gesetzes oder aufgrund des Mietvertrages zustehen würden.

Das Eingreifen der Polizeibehörde als Obdachlosenbehörde (Amt für öffentliche Ordnung) dient lediglich dazu, eine vorübergehende Notlage eines Bürgers der Gemeinde zu beseitigen. Deshalb kann die Obdachlosenunterbringung auf eine notwendige Unterkunft beschränkt sein, d. h., das Obdach sollte als Mindeststandard einen Raum zum Aufstellen der unentbehrlichen Einrichtungsgegenstände haben. Außerdem soll ein menschenwürdiger Aufenthalt mit entsprechender Lebens- und Haushaltsführung möglich sein. Für ausreichende sanitäre Verhältnisse und für die Beheizbarkeit des Obdachs hat die Obdachlosenbehörde Sorge zu tragen.

Verfügt die Obdachlosenbehörde über nur unzureichende Obdachlosenunterkünfte, so ist es auch denkbar, daß der Räumungspflichtige in einem möblierten Raum, der sich in einem Gasthaus befindet, untergebracht wird. Der vorhandene Hausrat ist dann anderweitig einzulagern.

Weitere Stichwörter:

Ersatzwohnraum, Möbliertes Zimmer, Nutzungsentschädigung, Räumung, Räumungsfrist, Räumungsfristverlängerung, Vollstreckungsschutz, Wiedereinweisung

Obhutspflicht

Unter diesem Begriff wird die Verpflichtung des Mieters, die Wohnung und die Gemeinschaftseinrichtungen „pfleglich zu behandeln" subsumiert. Diese Obhutspflicht ist im ehemaligen Recht der DDR in § 105 Abs. 1 Satz 2 Zivilgesetzbuch geregelt. Eine ähnliche Pflicht, die sich jedoch nicht direkt aus dem Gesetzeswortlaut ergibt, galt schon vor der Wiedervereinigung auch in den alten Bundesländern und gilt natürlich jetzt auch in den neuen Bundesländern. Der Mieter muß alle zumutbaren Maßnahmen treffen, um Schäden zu vermeiden oder zu verringern. Anderenfalls macht sich der Mieter gegenüber dem Vermieter, wenn er diese Obhutspflicht verletzt, schadensersatzpflichtig. Deshalb ist auch der Mieter verpflichtet, Mängel der Mietsache unverzüglich gem. § 545 BGB anzuzeigen.

Der Mieter kommt seiner Obhutspflicht nach, indem er u. a. die Wohnung reinhält, ordentlich lüftet, keine Feuchtigkeitsschäden verursacht, Schutzmaßnahmen gegen andere Schäden trifft und die Versorgungsanlagen und Geräte gewissenhaft bedient. Zur Obhutspflicht gehört auch die Mängelanzeige an den Vermieter und die Betreuung der Wohnung bei Abwesenheit. Die Obhutspflicht bezieht sich nicht nur auf die gemietete Wohnung, sondern bezieht sich auch auf Grundstücks- und Gebäudeteile sowie auf Gemeinschaftseinrichtungen, die der Mieter mitbenutzen darf und kann, wie z. B. eine gemeinsame Waschküche. Die Obhutspflicht dauert an, von der Überlassung der Wohnung an den Mieter und endet mit der Rückgabe der Wohnung an den Vermieter. Bei Verletzung der Obhutspflicht ist der Mieter verpflichtet, außergewöhnliche Abnutzungserscheinungen und sonstige Beschädigungen der Mieträume zu beseitigen.

Weitere Stichwörter:
Abnutzung, Anzeigepflicht, Bagatellschaden, Kleinreparatur

Ortsübliche Vergleichsmiete

Möchte der Vermieter die Miete einseitig erhöhen, d. h. den geschlossenen Mietvertrag abändern, so hat der Vermieter nach dem Miethöhegesetz die Möglichkeit, sich auf den Mietspiegel (Vergleichsmietensystem) zu berufen. Besteht in der Wohngemeinde kein Mietspiegel, so hat der Vermieter weiter die Möglichkeit, die Mieterhöhung durch die Benennung von drei Vergleichswohnungen oder durch Vorlage eines Sachverständigengutachtens durchzusetzen.

Der Sachverständige wird zur Feststellung, ob die gewünschte Mieterhöhung angemessen ist, die „ortsübliche Vergleichsmiete" heranziehen. Unter der ortsüblichen Vergleichsmiete einer Wohnung versteht man den Betrag, der üblicherweise für eine Wohnung vergleichbarer Art, Größe, Ausstattung, Beschaffenheit und Lage in der Gemeinde oder in einer vergleichbaren Gemeinde bezahlt wird. Bei der Feststellung der ortsüblichen Vergleichsmiete werden nur die Mieten berücksichtigt, die in den letzten vier Jahren vereinbart wurden oder erhöht worden sind. Die Vergleichsmiete stellt somit einen statistischen Mittelwert dar und zeigt die aktuellen, auf dem Wohnungsmarkt vorherrschenden Mietpreise an.

Verwiesen wird hier auf die gesetzliche Regelung, die in § 2 MHG festgehalten ist.

Nach der Änderung des Miethöhegesetzes im Rahmen des Vierten Mietrechtsänderungsgesetzes vom September 1993 stellt sich nunmehr die Frage, ob für ein Erhöhungsverlangen ein alter Mietspiegel, der noch vor dem 01. 09. 1993 Geltung hatte, als Begründungsmittel herangezogen werden kann oder nicht. Man wird wohl davon ausgehen müssen, daß das mietrechtliche Erhöhungsverlangen mit alten Mietspiegeln begründet werden kann, der alte Mietspiegel aber keinen Anhaltspunkt oder gar Beweismittel für die Feststellung der ortsüblichen Vergleichsmiete im Prozeß geeignet ist. Notfalls muß ein Sachverständigengutachten eingeholt werden.

Weitere Stichwörter:

Ausstattungsmerkmale, Kappungsgrenze, Mieterhöhung, Miethöhe, Mietspiegel, Sachverständiger, Vergleichsmiete, Wohnlage

Pacht

Es gibt einen engen rechtlichen Zusammenhang zwischen Mietverträgen und Pachtverträgen. Der Mieter einer Sache hat das Recht, die an ihn vermietete Sache zu gebrauchen. Der Pächter hat weitergehende Rechte als der Mieter und ist über den Gebrauch der gemieteten Sache hinaus berechtigt, aus der bestimmungsgemäßen Verwertung der Pachtsache einen Ertrag zu erzielen.

Regelmäßig kann von einem Pachtvertrag gesprochen werden, wenn etwa ein Fischereiverein einen Teil eines Bachlaufes pachtet und als Ertrag aus der Pachtsache Fische fängt und diese verkauft. Ebenso kann der Pächter eines Waldgrundstückes einen Ertrag aus der Pachtsache ziehen, indem er das geschlagene Holz finanziell verwertet. Es ist häufig im Einzelfall sehr schwierig zu entscheiden, ob nun ein Mietvertrag oder ein Pachtvertrag vorliegt. Maßgeblich ist bei der rechtlichen Einordnung jedenfalls nicht, wie die Parteien die getroffene Vereinbarung bezeichnen. Gibt es Streitigkeiten, muß der zuständige Richter regelmäßig rechtliche Untersuchungen darüber anstellen, ob bei der getroffenen Vereinbarung den Berechtigten lediglich ein Gebrauchsrecht (Miete) oder darüber hinaus auch ein Fruchtziehungsrecht (Pacht) übertragen werden sollte.

Als Anhaltspunkt für die Unterscheidung der beiden Begriffe gilt beispielsweise , daß dem Vertragspartner zusätzlich zu den Räumlichkeiten auch Inventar überlassen wird: Dann liegt regelmäßig ein Pachtverhältnis vor.

Nach Maßgabe von § 581 Abs. 2 BGB finden die Vorschriften über die Miete auf Pachtverträge entsprechend Anwendung. Allerdings müssen beim Abschluß von Pachtverträgen einige Besonderheiten beachtet werden. Hierauf soll kurz eingegangen werden:

Wird Inventar mitverpachtet so bleibt dies in jedem Fall im Eigentum des Verpächters. Allerdings hat der Pächter auf seine Kosten für die Erhaltung des Inventars zu sorgen (vgl.

§ 586 BGB). Bei Beendigung der Pachtzeit muß der Pächter die übernommenen Inventarstücke in gebrauchsfähigem Zustand zurückgeben.

Sind im Pachtvertrag keine Kündigungsfristen vereinbart worden, so gilt § 595 BGB, und zwar für die Kündigung von Grundstücken und Räumen. Diese gesetzliche Sonderregelung läßt eine Kündigung nur zum Schluß eines Pachtjahres unter Einhaltung einer halbjährigen Kündigungsfrist zu. Regelmäßig hat der Pächter keinen Kündigungsschutz wie im Wohnraum-Mietrecht. Dies kann jedoch bei landwirtschaftlich genutzten Grundstücken oder Kleingärten anders sein. Bei Beendigung eines Pachtverhältnisses muß der Verpächter die Verjährungsfrist des § 558 BGB bezüglich der Herausgabe oder des Ersatzes des Pachtinventars entsprechend beachten.

Weitere Stichwörter:

Garage, Geschäftsraummiete, Mischmietverhältnis, Vermietung und Verpachtung

Parabolantenne

Mit einer Satelliten-Empfangsanlage (Schüssel) besteht nunmehr auch für Mieter und Vermieter die Möglichkeit, Satellitenprogramme (Hörfunk und Fernsehen) zu empfangen, ohne an das Telekommunikationskabel angeschlossen zu sein. Rechtlich gesehen gibt es bei der Anbringung einer Parabolantenne schwierige Fragen zu lösen. Bei den Gerichten ist umstritten, ob der Mieter ohne Zustimmung des Vermieters eine eigene Parabolantenne aufstellen oder anbringen darf, die Frage ist, ob hier die Grenzen des Mietgebrauchs überschritten sind oder nicht. Maßgeblich für die Bestimmung dieser Grenzen ist, ob ein Eingriff in die bauliche Substanz erfolgt. Weiter wird die Frage zu klären sein, ob eine endgültige Veränderung vorgenommen wurde. Außerdem wird das dann angerufene Gericht zu entscheiden haben, ob die Einheitlichkeit der Wohnanlage tangiert ist. Störungen von Mitbewohnern dürfen selbstverständlich von der Parabolantenne nicht ausgehen und es dürfen auch keine nachteiligen Folgewirkungen zu befürchten sein. Es ist also in jedem Einzelfall zu entscheiden, ob der Mieter eine Parabolantenne aufstellen darf oder nicht. Oft wird hier auch der individuell abgeschlossene Mietvertrag eine Klärung bringen. Häufig stehen in den Mietverträgen Klauseln, wonach die Anbringung von Außenantennen nur mit vorheriger Zustimmung des Vermieters erlaubt sind. Allerdings darf der Vermieter auch nicht ohne sachlichen Grund seine Zustimmung zur Anbringung der Parabolantenne verweigern. Es ist also davon auszugehen, daß der Vermieter grundsätzlich vorher gefragt werden muß. Insbesondere auch um die Frage zu klären, wo die Parabolantenne am Haus angebracht werden kann.

Die Rechtsprechung hatte sich bisher dahin entwickelt, daß der Vermieter die Anbringung einer Parabolantenne durch den Mieter nur dann dulden muß, wenn weder eine Gemeinschaftsparabolantenne noch ein Breitbandkabelanschluß vorhanden ist. Solche Antennenanlagen müssen von einem Fachmann möglichst unauffällig angebracht und der Vermieter muß von allen anfallenden Kosten und Gebühren freigestellt werden. Nunmehr hat das OLG Karlsruhe den Duldungsanspruch des Mieters gegen den Vermieter auf Anbringung einer Parabolantenne trotz vorhandenem Breitbandkabelanschlusses bejaht, wenn bestimmte Voraussetzungen gegeben sind (vgl. OLG Karlsruhe, Beschluß vom 24. 8. 1993, ZMR 1993, 511).

Der Breitbandkabelanschluß befriedigt das Bedürfnis des Mieters auf Empfang von Fernsehprogrammen aus dessen Heimatland derzeit und in absehbarer Zukunft nicht. Mit der Parabolantenne muß der Empfang ausländischer Fernsehprogramme möglich sein, die nicht in das Breitbandkabel eingespeist werden. Das Anbringen der Parabolantenne darf aus baurechtlichen und aus denkmalschutzrechtlichen Gründen nicht verboten sein. Außerdem sind Rechte Dritter, die der Vermieter zu beachten hat, ebenso zu berücksichtigen. Der

Mieter folgt bei der Wahl des Aufstellungsortes der Bestimmung des Vermieters, die dieser unter Beachtung der empfangstechnischen Eignung danach trifft, wo ihm die Anlage am wenigsten störend erscheint. Die Parabolantenne darf keine erhebliche Verunzierung verursachen. Die Parabolantenne darf nur von einem Fachmann zur Sicherung vor denkbaren Schäden angebracht werden. Es dürfen keine nachteiligen Eingriffe in die Bausubstanz vorgenommen werden. Der Mieter muß den Vermieter von allen im Zusammenhang mit der Installation entstehenden Kosten und Gebühren freistellen. Gleiches gilt hinsichtlich der Haftung für durch die Antenne verursachte Schäden und den Aufwand der Beseitigung der gesamten Parabolantennenanlage nach Beendigung des Mietverhältnisses. Auf Verlangen des Vermieters hat der Mieter das Haftungsrisiko durch Abschluß einer entsprechenden Versicherung abzusichern. Der Vermieter kann nach der Entscheidung des OLG Karlsruhe sogar die Kosten, die die Beseitigung der Anlage erfordern würde, als Kaution absichern lassen. Insgesamt ist bei diesem „Antennenstreit" weiter zu beachten, daß der näher beschriebene Rechtsentscheid nicht die Rechtslage einer Wohnungseigentümergemeinschaft regelt, sondern allenfalls das Verhältnis zwischen Vermieter und Mieter.

Weitere Stichwörter:

Betriebskosten, Kabelfernsehen, Mieterhöhung bei Modernisierung, Vorauszahlungen

Prozeßkosten

Es ist sicherlich allgemein bekannt, daß die Kosten eines Zivilprozesses derjenige tragen muß, der den Prozeß ganz oder überwiegend verliert. Dieses Feststellung ergibt sich aus § 91 ZPO.

Wenn eine Partei teils obsiegt und teils unterliegt, sind die Kosten entsprechend den Quoten zu verteilen (vgl. § 92 ZPO). Versucht beispielsweise ein Vermieter einen Räumungsprozeß durchzuführen und wird die Klage auf Räumung des Wohnraums abgewiesen, weil beispielsweise die Kündigung nicht ordnungsgemäß zugegangen ist, so verliert der Vermieter den Prozeß und muß die gesamten Prozeßkosten tragen. Zu den Prozeßkosten gehören sowohl die angefallenden Gerichtskosten als auch die Anwaltskosten. Das Gericht entscheidet auch, welche Partei sich mit welcher Quote an den insgesamt anfallenden Kosten beteiligen muß.

Wird gegen das erstinstanzliche Urteil ein Rechtsmittel eingelegt, soweit dies zulässig und möglich ist, dann entscheidet die nächsthöhere Instanz, also das Berufungsgericht (Landgericht), über den Ausgang des Verfahrens. Auch hier muß das Gericht in der zweiten Instanz über die Kosten des Prozesses entscheiden, und zwar muß das Gericht sagen, wer die Kosten der Berufung oder eines anderen Rechtsmittels zu tragen hat. Wer erfolglos Berufung eingelegt hat, muß die Kosten gem. § 97 ZPO tragen. Es ist also immer ratsam, sich vor der Einreichung einer Klage darüber Klarheit zu verschaffen, welche Kosten eventuell auf den Kläger zukommen können. Des weiteren ist vor der Einreichung einer Klage abzuklären, ob eventuell eine bestehende Rechtsschutzversicherung die Kosten des Verfahrens übernimmt oder ob Prozeßkostenhilfe in Anspruch genommen werden kann.

Weitere Stichwörter:

Gebühren, Prozeßkostenhilfe, Rechtsanwalt

Prozeßkostenhilfe (PKH)

Das Institut der Prozeßkostenhilfe (früher: Armenrecht) gibt auch denjenigen Bürgern, die nur über ein geringes Einkommen verfügen, die finanzielle Möglichkeit, ihre Ansprüche notfalls gerichtlich durchzusetzen. Möchte ein Mieter oder ein Vermieter einen Prozeß führen, können Kläger und Beklagter vor Verkündung eines Urteils im Rahmen des Prozesses den Antrag auf Bewilligung von Prozeßkostenhilfe für die 1. Instanz stellen. Der Antrag ist beim gleichen Gericht einzureichen, bei dem die Hauptsache anhängig ist. Der

Antrag kann schon vor Beginn des Prozesses gestellt werden oder während eines anhängigen Verfahrens.

Prozeßkostenhilfe bekommt jedoch nur derjenige, dessen Einkommen eine bestimmte monatliche Grenze nicht überschreitet. Die jeweilige Einkommensgrenze ergibt sich aus speziellen Prozeßkostenhilfetabellen. Sind die wirtschaftlichen Voraussetzungen für die Bewilligung von Prozeßkostenhilfe gegeben, so nun muß das Gericht weiter prüfen, ob der Prozeß, der mit Hilfe von Prozeßkostenunterstützung geführt wird, Aussicht auf Erfolg hat. Ein Prozeß darf nicht mutwillig geführt werden. Ist dies der Fall, so muß das Gericht den Prozeßkostenhilfe-Antrag ablehnen. Dabei ist gleichgültig, ob PKH vom Kläger oder Beklagten beantragt wird.

Wird Prozeßkostenhilfe bewilligt und möglicherweise der Partei auf weiteren Antrag hin ein Rechtsanwalt beigeordnet, den der Antragsteller nach seiner Wahl bestimmen kann, bezahlt die Staatskasse für den Fall, daß der Prozeß verloren wird, die Gerichtskosten und die Kosten des eigenen Anwalts. Im Falles eines Verlustes des Prozesses müssen jedoch die Kosten des Gegners und dessen Anwaltes aus eigener Tasche bezahlt werden. Die PKH deckt nicht das gesamte Prozeßkostenrisiko ab.

Übersteigt das monatliche Nettoeinkommen gewisse Einkommensgrenzen, wird in der Regel die Prozeßkostenhilfe nur im Zusammenhang mit einer Pflicht zur Rückzahlung der gewährten Prozeßkosten in Raten bewilligt. Falls der angestrengte Prozeß verloren wird, muß der Begünstigte maximal 48 Monate lang Raten an die Staatskasse bezahlen. Die Höhe der einzelnen Raten ist abhängig von der Höhe des Einkommens und ergibt sich aus der Prozeßkostenhilfetabelle (Anhang zur Zivilprozeßordnung, ZPO). Je höher das Nettoeinkommen ist, um so höher sind auch die monatlichen Raten. Der Antragsteller erhält, wirtschaftlich gesehen, ein zinsloses Darlehen von der Staatskasse.

Weitere Stichwörter:
Gebühren, Prozeßkosten, Rechtsanwalt

Räumung

Nach einer wirksamen Kündigung des Wohnungsmietvertrages und nach Ablauf der Kündigungsfrist ist der Mieter im Prinzip verpflichtet, die Wohnung zu räumen und an den Eigentümer bzw. den Vermieter herauszugeben. Der Vermieter darf jedoch seinerseits die Räumung nicht eigenhändig und eigenmächtig durchführen, sondern muß hierzu den Gerichtsvollzieher einschalten.

Voraussetzung für eine Zwangsräumung ist zumindest, daß der Vermieter ein vorläufig vollstreckbares Räumungsurteil besitzt, oder zwischen dem Vermieter und dem Mieter ein Räumungsvergleich vor dem Prozeßgericht abgeschlossen worden ist.

Gewinnt der Vermieter (Räumungsgläubiger) seine Räumungsklage, so hat der Mieter (Räumungsschuldner) die Möglichkeit, gem. § 721 ZPO beim Amtsgericht zu beantragen, daß ihm eine angemessene Räumungsfrist gewährt wird. Dafür muß der Mieter allerdings gewichtige Gründe vortragen: Er hat z. B. trotz intensiver Suche keine Ersatzwohnung gefunden. Ob allerdings dann das zuständige Gericht eine Räumungsfrist zuspricht, hängt in der Regel von einer Interessenabwägung ab. Sind die Interessen des Mieters gewichtiger als die des Vermieters zu bewerten, so wird dem Mieter ein Räumungsaufschub eingeräumt.

Weitere Stichwörter:

Räumungsfrist, Räumungsfristverlängerung, Vergleich, Vollstreckungsschutz

Räumungsfrist

Stellt ein Mieter gem. § 721 ZPO den Antrag auf Gewährung einer Räumungsfrist nach Beendigung eines Räumungsprozesses, so muß der Mieter nachweisen, daß er beispielsweise selbst Anzeigen in der örtlichen Presse für die Suche nach einer Wohnung aufgegeben hat und eventuell auch einen

Makler eingeschaltet hat. Besteht eventuell auf seiten des Mieters ein Anspruch auf Zuteilung einer Sozialwohnung, so muß sich der Mieter auch mit dem zuständigen Wohnungsamt seiner Gemeinde in Verbindung setzen.

Stellt sich bei der Wohnungssuche heraus, daß ein akzeptables Wohnungsangebot vorliegt, so darf der Mieter diese Gelegenheit nicht auslassen. Der Mieter muß Verschlechterungen der bisherigen Wohnqualität und Preissteigerungen, die ortsübliche Vergleichsmieten nur unwesentlich überschreiten, bei einer Ersatzwohnung hinnehmen. Es gilt hier die Faustregel, daß etwa 25 % des Familieneinkommens für Wohnungszwecke einzusetzen sind.

Ein Makler muß nur dann eingeschaltet werden, wenn man finanziell in der Lage ist, die anfallende Vermittlungsgebühr zu bezahlen.

Regelmäßig wird dem Mieter von den Gerichten eine Räumungsfrist gewährt, wenn er nachweisen kann, daß ein neu gebautes Haus oder eine im Bau befindliche Wohnung in Kürze bezugsfertig sein werden. Das gleiche gilt, wenn die neue Wohnung noch von anderen Mietern besetzt ist. Hier kann der Mieter damit rechnen, daß ihm ein Räumungsaufschub vom Gericht gewährt wird.

Allerdings ist die Räumungsfrist nicht unbefristet. Nach § 721 Abs. 5 und § 794a Abs. 2 ZPO darf die Räumungsfrist, die das Amtsgericht bewilligt, nicht mehr als ein Jahr betragen. Diese Einjahresfrist wird in der Regel von dem Tag der Rechtskraft des Räumungsurteils an gerechnet bzw. von dem Tag an, an dem ein Räumungsvergleich abgeschlossen wurde.

Üblicherweise gewähren die Gerichte nicht von Anfang an eine Räumungsfrist für die Dauer von zwölf Monaten, sondern es wird zunächst eine kürzere Frist gewährt. Die kürzere Räumungsfrist kann dann auf erneuten Antrag des Mieters beim Prozeßgericht bis zur Höchstdauer von zwölf Monaten nochmals verlängert werden. Allerdings muß für jeden einzelnen Räumungsfristverlängerungsantrag vom Mieter konkret nachgewiesen werden, daß seine bisherige Suche nach Ersatzwohnraum trotz intensivster Bemühungen erfolglos geblieben ist.

Der Vermieter kann in diesen Fällen auch den Antrag stellen, die Schonfrist zu Lasten des Mieters zu verkürzen, wenn beispielsweise der Mieter mit seinen Mietzinszahlungen in erheblichen Rückstand geraten ist.

Weitere Stichwörter:

Familieneinkommen, Räumung, Räumungsfristverlängerung, Vollstreckungsschutz, Wohngeld

Räumungsfristverlängerung

Der Antrag auf Gewährung einer Räumungsfrist kann schon während des laufenden Räumungsprozesses gestellt werden, sollte jedoch spätestens 14 Tage vor Ablauf der vom Gericht gewährten Räumungsfrist eingereicht werden. Das gleiche gilt für nochmalige Verlängerungsanträge. Zuständig für den Antrag auf Verlängerung der Räumungsfrist ist das Gericht, bei dem der Vermieter zuvor seine Räumungsklage eingereicht hat und vor dem der Räumungsprozeß verhandelt und entschieden wurde (das sogenannte Prozeßgericht).

Hat eine Partei Berufung beim Landgericht gegen das erstinstanzliche Urteil eingelegt, ist für den Antrag des Mieters auf Einräumung oder/und Verlängerung der Räumungsfrist das zuständige Berufungsgericht verantwortlich. Der Antrag ist also dort zu stellen.

Hat der Mieter Räumungsaufschub erhalten, so darf er bis zum Ablauf der Räumungsfrist in der streitgegenständlichen Wohnung verbleiben.

Weitere Stichwörter:

Räumung, Räumungsfrist, Rechtsanwalt, Vollstreckungsschutz

Rechtsanwalt

Üblicherweise beginnen Mietprozesse vor dem örtlich zuständigen Amtsgericht. Hier kann der Mieter oder der Vermieter ohne Rechtsanwalt auftreten, ein Anwaltszwang besteht nicht. Allerdings wird empfohlen, daß sich der Mieter oder der Vermieter von einem Anwalt vertreten läßt, wenn die Streitigkeiten in tatsächlicher oder in rechtlicher Hinsicht kompliziert sind oder wenn die Gegenseite durch einen Rechtsanwalt vertreten ist.

Die Rechtsanwälte sind verpflichtet, auf die Möglichkeit der Prozeßkostenhilfe hinzuweisen. Der Rechtsanwalt ist weiter verpflichtet, vor Annahme des Auftrags mitzuteilen, welche Kosten auf den Ratsuchenden zukommen werden. Die anfallenden Anwaltskosten werden aufgrund der Rechtsanwaltsgebührenordnung (BRAGO) berechnet.

Weitere Stichwörter:
Prozeßkosten, Prozeßkostenhilfe, Streitwert

Rechtsentscheid

Häufig erlebt man, daß Gerichte in Hamburg oder München dieselbe Rechtsfrage unterschiedlich beurteilen. Es kommt sogar vor, daß einzelne Abteilungen oder Kammern desselben Gerichts bei gleichem Sachverhalt zu unterschiedlichen Ergebnissen kommen. Dadurch herrscht große Rechtsunsicherheit, zumal Wohnraum-Mietstreitigkeiten „nur" von Amts- und Landgerichten entschieden werden. Obergerichtliche Richtlinien fehlten bisher.

Wichtig ist in diesem Zusammenhang, daß ein Urteil grundsätzlich nur für die beteiligten Parteien am Prozeß gilt, also für Kläger und Beklagten. Das hat zur Folge, daß möglicherweise in einem anderen Verfahren dieselbe rechtliche Frage anders beantwortet wird als in einem Prozeß mit anderen Beteiligten.

Um diese vorhandenen Rechtsunsicherheiten zu beseitigen, die für alle einen unbefriedigenden Zustand darstellten, wurde vom Gesetzgeber das sogenannte „Rechtsentscheids-Verfahren" eingeführt. Rechtsfragen, die von grundsätzlicher Bedeutung sind, muß das Landgericht seinem übergeordneten Oberlandesgericht vorlegen. Die Antwort des Oberlandesgerichtes (der Rechtsentscheid) ist für alle anderen Landgerichte verbindlich. Ist ein anderes Landgericht der Ansicht, daß ein Rechtsentscheid falsch ist, so muß es diese Rechtsfrage seinem Oberlandesgericht zur Prüfung und Untersuchung vorlegen. Wenn das Oberlandesgericht die Rechtsfrage ebenfalls anders beantwortet als das erste Oberlandesgericht, so muß diese Frage dem Bundesgerichtshof vorgelegt werden, der dann endgültig und verbindlich entscheidet.

Aus diesen Gründen haben für die Amtsgerichte und Landgerichte die von den Oberlandesgerichten und dem Bundesgerichtshof gefällten Rechtsentscheide große praktische Bedeutung. Allerdings geben die Rechtsentscheide nur Antworten auf Rechtsfragen. Das bedeutet, daß unterschiedliche Sachverhalte immer noch zu unterschiedlichen Ergebnissen führen können und müssen.

Weitere Stichwörter:

Entscheidung (Urteil), Gebühren, Prozeßkosten, Prozeßkostenhilfe (PKH), Rechtsanwalt, Streitwert, Vergleich

Rohrverstopfung

Immer wieder kommt es zwischen Vermietern und Mietern zu Streitigkeiten, wenn der Hauptstrang der Abwasserleitung verstopft ist. Hier kommen eventuell alle in einem Hause wohnenden Mieter als Verursacher des Schadens in Betracht, die an den Hauptstrang der Abwasserleitung angeschlossen sind. Es ist für den Vermieter durchaus schwierig, festzustellen, wer nun für den eigentlichen Schaden allein verantwortlich ist. Dabei ist in der Regel davon auszugehen, daß die Schadensbeseitigung erhebliche Kosten verursacht.

In einigen vorgedruckten Formular-Mietverträgen gibt es für solche Fälle noch die Klausel, daß in diesen Angelegenheiten die Reparaturkosten anteilig von allen Mietern zu tragen sind. Eine solche Formularklausel ist als unwirksam anzusehen.

Grundsätzlich kann der Vermieter nur von demjenigen Mieter Schadensersatz verlangen, der auch den Schaden verursacht hat. Hier steht der Vermieter somit vor dem Problem, daß er den Urheber der Schadensursache herausfinden und ihm die Ursächlichkeit nachweisen muß. Gelingt dem Vermieter diese Beweisführung nicht, so muß der Vermieter den eingetretenen Schaden beheben und aus eigener Tasche bezahlen.

Weitere Stichwörter:
Anzeigepflicht, Beweislast, Beweismittel, Fehler der Mietsache, Instandsetzung, Sachverständiger, Wohnungsbesichtigung

Rückforderung

Lebt ein Mieter in einer öffentlich geförderten Wohnung und lebt er dort berechtigt mit Hilfe eines Wohnberechtigungsscheines, so darf der Vermieter von dem Mieter nur die Kostenmiete verlangen. Verlangt der Vermieter monatlich jedoch mehr, als die Kostenmiete ausmacht, so hat der Mieter die Möglichkeit, die Miete entsprechend zu kürzen, und er kann vom Vermieter das zurückverlangen, was er in der Vergangenheit zuviel bezahlt hat.

Hat der Vermieter von Anfang an eine zu hohe Miete vereinbart, kann der Mieter den zu Unrecht bezahlten Teil der Miete innerhalb eines Zeitraumes von vier Jahren seit der jeweiligen Mietzahlung zurückfordern. Versäumt der Mieter diese Frist, so ist sein Anspruch verjährt, d. h., er ist nicht mehr durchsetzbar.

Nach Beendigung des Mietverhältnisses hat der Mieter allerdings nur noch zwölf Monate Zeit, seine Rückforderungsansprüche geltend zu machen. Stellt sich im Laufe der Zeit heraus, daß der Vermieter die Miete unter Verstoß gegen gesetzliche Vorschriften erhöht hat, etwa wegen selbstverschuldeter Zinserhöhung unter Weitergabe an den Mieter, so hat der Mieter über einen größeren Zeitraum hinweg die Möglichkeit, die zuviel bezahlte Miete zurückzuverlangen. Der Rückforderungsanspruch verjährt dann erst nach 30 Jahren.

Weitere Stichwörter:

Erhöhung der Kostenmiete, Kostenmiete, Mietausfallwagnis, Mietpreisüberhöhung, Mietwucher, Sozialmiete, Verjährung

Sachverständiger

In einem Prozeß bedarf es oft der Einschaltung eines Sachverständigen, um beispielsweise die Ursachen von Schäden oder die Höhe von Schäden bewerten zu können. In der Regel bedienen sich hier die Gerichte der öffentlich bestellten und vereidigten Sachverständigen.

Ein Sachverständigengutachten wird jedoch im Falle eines Prozesses in der Regel nur auf Antrag einer Prozeßpartei eingeholt. Dabei ist zu bedenken, daß die Kosten für die Erstellung eines Sachverständigengutachtens häufig nicht gerade gering sind. Wer die Kosten für das Sachverständigengutachten zu tragen hat, hängt vom Ausgang des Verfahrens ab. Die Kosten muß letztlich der Verlierer des Prozesses tragen.

Sind etwa die Erfolgsaussichten in einem Prozeß gering, so sollte man schon aus eigenen wirtschaftlichen Interessen lieber auf ein Angebot zur Einholung eines Sachverständigengutachtens verzichten. Die Sachverständigen sind als verlängerter Arm des Gerichts, dem möglicherweise die eigene Sachkunde auf dem speziellen Sachgebiet fehlt, anzusehen. Üblicherweise können die Industrie- und Handelskammern für fast jedes Sachgebiet einen Fachmann benennen.

Weitere Stichwörter:

Beweismittel, Beweissicherungsverfahren, Prozeßkosten

Schadenspauschale

Die Vereinbarung einer Schadenspauschale, die häufig in Mietverträgen vorkommt, ist von der Vereinbarung einer Vertragsstrafe zu unterscheiden. Oft gibt es Abgrenzungsschwierigkeiten. Die Vertragsstrafe soll in erster Linie Druck vom Vermieter auf den Mieter ausüben, damit der Mieter seinen mietvertraglichen Pflichten ordnungsgemäß nachkommt. Mit Hilfe der Vereinbarung einer Schadenspauschale soll ein Vermögensnachteil des Vermieters, der aufgrund einer vertragswidrigen Handlung des Mieters entstanden ist, pauschaliert und ohne großen rechtlichen Aufwand ausgeglichen werden.

Solche Pauschalierungen (z. B. 5 DM pro Mahnung) sind in der Regel unzulässig. Die Gründe, die in der Rechtssprechung zur Unwirksamkeit solcher Vertragsklauseln führen, sind darin zu sehen, daß die Vereinbarung einer Schadenspauschale der Vereinbarung einer Vertragsstrafe sehr nahe kommt.

Selbstverständlich kann aber der Vermieter seinen konkreten Verzugsschaden bei nicht rechtzeitiger Zahlung der Monatsmiete geltend machen. Dazu gehören beispielsweise Portokosten oder Verzugszinsen.

Weitere Stichwörter:
Abmahnung, Ersatzansprüche des Vermieters, Fristlose Kündigung, Umzugskostenpauschale, Verjährung

Schlüssel

Wird ein Mietverhältnis zwischen Vermieter und Mieter durch Kündigung, Urteil, Räumungsvergleich oder durch Auszug beendet, so ist der Mieter verpflichtet, sämtliche ihm übergebene Schlüssel an den Vermieter zurückzugeben. Der Mieter ist zusätzlich verpflichtet, die von ihm selbst angefertigten Schlüssel (Nachschlüssel) ebenfalls dem Vermieter zurückzugeben.

Gibt der Mieter bei Auszug aus der Wohnung bzw. bei Beendigung des Mietverhältnisses nicht alle Schlüssel zurück, so läuft er Gefahr, daß er dem Vermieter die Kosten für die Neuanbringung eines Schlosses bezahlen muß. Handelt es sich dabei um eine größere Schließanlage mit Zentralschlüssel, so muß der Mieter damit rechnen, daß hier ganz erhebliche Kosten auf ihn zukommen. Der Vermieter kann solche Kosten eventuell mit der Kaution verrechnen.

Weitere Stichwörter:
Auszug des Mieters, Briefkasten, Ersatzansprüche des Vermieters, Kaution, Räumung, Schadenspauschale, Verjährung, Verwirkung, Wohngemeinschaft

Schönheitsreparatur

Veränderungen oder Verschlechterungen der gemieteten Sache, die durch den vertragsgemäßen Gebrauch herbeigeführt werden, hat der Mieter nicht zu vertreten (§ 548 BGB). Aus der zitierten Vorschrift ergibt sich zweifelsfrei, daß der Mieter grundsätzlich nicht dafür verantwortlich ist, die Spuren der normalen Abnutzung, die durch den vertragsgemäßen Gebrauch der gemieteten Wohnung entstehen, zu beseitigen.

Es ist aber allgemein üblich, die laufende Instandhaltung der Wohnung dem Mieter vertraglich zu übertragen. Dafür hat sich der Begriff „Schönheitsreparaturen" durchgesetzt, der nicht ganz zutreffend ist. Unter einer Reparatur versteht man wohl die Instandsetzung einer schadhaften oder beschädigten Sache. § 548 BGB meint aber etwas anderes. Dort geht es um die laufende Instandhaltung der Mieträume, um dadurch eine Schädigung der Wohnung zu verhindern.

Der Mieter ist zur Übernahme und Durchführung der Schönheitsreparaturen auf seine Kosten nur dann verpflichtet, wenn dies im Mietvertrag ausdrücklich zwischen den Parteien geregelt ist. Grundsätzlich hat der Vermieter keine Möglichkeit, sich darauf zu berufen, es handele sich um Gewohnheitsrecht, daß Mieter die Schönheitsreparaturen zu tragen hätten.

Will der Vermieter die gesetzliche Regelung abändern, so muß er darauf achten, daß die schriftliche Vereinbarung der Übernahme von Schönheitsreparaturen durch den Mieter möglichst ausführlich und eindeutig im Vertragstext festgehalten wird. Der Vermieter läuft bei einem unklaren Vertragstext Gefahr, daß Gerichte die Regelung als unwirksam ansehen und der Vermieter die Schönheitsreparaturen selbst zu tragen hat. Ist im Vertragstext keine Bestimmung über Schönheitsreparaturen enthalten, verbleibt es bei der Pflicht des Vermieters, die Wohnräume instand zu halten.

Unter Schönheitsreparaturen versteht man folgendes: in der Regel das Tapezieren, Anstreichen und Kalken von Wänden und Decken, das Streichen der Fußböden, das Anstreichen der Heizkörper und Versorgungsleitungen sowie der Einbaumöbel. Umfaßt ist vom Begriff der Schönheitsreparatur auch der Innenanstrich der Fenster, das Anstreichen der Innentüren und der Innenanstrich der Außentüren. Der Begriff beinhaltet eigentlich alle Arbeiten, die üblicherweise von einem Maler vorgenommen werden.

Nicht betroffen sind von den Schönheitsreparaturen gemeinsam von allen Bewohnern eines Hauses benutzte Räume, wie Treppenhaus, Kellergang und Gemeinschaftsräume. Genausowenig muß der Mieter, sofern er die Schönheitsreparaturen übernommen hat, den Anstrich des Hauses sowie den Anstrich der Fenster von außen mitfinanzieren.

Außerdem gehört das Abschleifen und Versiegeln von Parkettfußböden und die Erneuerung abgenutzter Fußbodenbeläge (Teppichboden) dazu: Darin steckt oft das rechtliche Problem, abzugrenzen, ob es sich um eine gebrauchsbedingte Abnutzung handelt oder um außergewöhnliche Schäden, verursacht durch unsachgemäße Behandlung. Im ersten Fall muß der Vermieter, wenn keine besondere Regelung getroffen ist, dafür aufkommen, im zweiten Fall ist es immer Sache des Mieters, die außergewöhnlichen Schäden zu beseitigen oder Schadensersatz zu bezahlen.

Um hier den Abgrenzungsschwierigkeiten vorzubeugen, bleibt es den Parteien des Mietvertrages im Rahmen der Vertragsfreiheit unbenommen, beispielsweise dem Mieter auch zusätzliche Instandhaltungsarbeiten außer den eigentlichen Malerarbeiten zu übertragen. Der Mieter kann vertraglich dazu verpflichtet werden, einen Parkettfußboden abzuschleifen und zu versiegeln. Die §§ 536 und 548 BGB stehen solchen Regelungen nicht entgegen. Das bisher Gesagte gilt allerdings nur für frei finanzierten Wohnraum. Beim sozialen Wohungsbau gehören die Schönheitsreparaturen zu den Instandhaltungskostenpauschalen.

In den neuen Bundesländern sind Sonderregelungen zu beachten:
Für die Rechtslage ist wichtig, ob ein Mietvertrag vor dem 3. 10. 1990 abgeschlossen wurde oder später in Kraft getreten ist. Bei einem „Altvertrag" wird zu prüfen sein, ob hierin eine ausdrückliche Regelung bezüglich der Durchführung der laufenden Schönheitsreparaturen enthalten ist oder nicht. Gibt es eine solche Regelung, bleibt diese weiterhin gültig. Ist keine Regelung für Schönheitsreparaturen enthalten, hat dies zur Folge, daß nach dem bisherigen DDR-Recht eine Verpflichtung für den Mieter besteht, Schönheitsreparaturen durchzuführen. In der alten Bundesrepublik ist es genau umgekehrt. Dort besteht grundsätzlich eine Verpflichtung des Vermieters, die Schönheitsreparaturen durchzuführen.

Im Einigungsvertrag ist ausdrücklich festgehalten, daß ab dem 3. 10. 1990 grundsätzlich das Mietrecht der alten Bundesrepublik für die laufenden Mietverträge gilt. Noch nicht abschließend geklärt ist, ob dann ab dem genannten Datum der Vermieter aus der ehemaligen DDR verpflichtet ist, die laufenden Schönheitsreparaturen zu veranlassen und zu bezahlen. Man wird hier entsprechend die Rechtsentwicklung abwarten müssen.

Weitere Stichwörter:
Auszug des Mieters, Durchführung von Schönheitsreparaturen, Ersatzansprüche des Vermieters, Instandhaltung, Instandsetzung, Mietvertrag, Schadenspauschale, Sozialmiete, Teppichboden, Umzugskostenpauschale, Unterlassung von Schönheitsreparaturen, Verjährung, Wohnungsübergabe

Schriftform

Mietverträge bedürfen grundsätzlich nicht der Schriftform, d. h., auch durch mündliche Einigung von Mieter und Vermieter kann ein Mietvertrag zustande kommen. Lediglich ein

Mietvertrag, der für längere Zeit als 1 Jahr abgeschlossen ist, bedarf kraft Gesetzes der Schriftform (§ 566 BGB).

Zur Klarstellung sei betont, daß auch der prinzipiell mögliche mündliche Mietvertrag erst dann zustande kommt, wenn die Vertragspartner sich über sämtliche wesentlichen Punkte geeinigt haben (Mietobjekt, Mietpreis, Mietparteien, Nebenkosten etc.).

Desweiteren schreibt das Gesetz in einigen Fällen die Schriftform zwingend vor. So bedarf die Kündigungserklärung der Schriftform, ebenso der Kündigungswiderspruch, der bis spätestens 2 Monate vor Ablauf der jeweiligen Kündigungsfrist dem Vermieter gegenüber erklärt werden muß (§ 556a Abs. 6 BGB). Ebenso müssen Mieterhöhungsverlangen schriftlich erfolgen. Schriftform beinhaltet auch, daß die Erklärung vom Erklärenden unterzeichnet sein muß.

Zur Frage, was noch als Unterschrift akzeptiert wird, haben die Gerichte entschieden, daß eine Unterschrift zwar nicht „lesbar" sein muß, aber charakteristische Merkmale aufweisen und die Identität des Unterschreibenden ausreichend kennzeichnen muß (BGH, NJW 82, 1467). Hierzu soll es ausreichen, daß zumindest einzelne Buchstaben erkennbar sind.

Weitere Stichwörter:

Kündigungsschreiben, Mieterhöhung, Mietvertrag

Sonderkündigungsrecht

Verlangt der Vermieter eine Mieterhöhung nach § 2 des Miethöhegesetzes (MHG), so ist der Mieter berechtigt, bis zum Ablauf des zweiten Monats, der auf den Zugang des Erhöhungsverlangens folgt, für den Ablauf des übernächsten Monats zu kündigen (§ 9 MHG). Dieses Kündigungsrecht hat fast keine praktische Bedeutung. Unabhängig davon steht dem Mieter das Recht zur ordentlichen Kündigung gem. § 564 Abs. 2 BGB zu. Nimmt der Mieter das Kündigungsrecht wahr, so braucht der Mieter die geforderte höhere Miete nicht zu bezahlen.

Verlangt der Vermieter eine Mieterhöhung wegen Modernisierungsmaßnahmen, so ist der Mieter ebenfalls berechtigt, das Mietverhältnis vorzeitig zu kündigen. Erhöht der Vermieter die Miete um 11 % (vgl. § 3 MHG), so kann der Mieter spätestens am 3. Werktag des Kalendermonats, von dem an die Miete erhöht werden soll, für den Ablauf des übernächsten Monats kündigen. Im Falle einer Kündigung tritt die Mieterhöhung ebenfalls nicht ein.

Im Rahmen des Sozialmietrechts (preisgebundener Wohnraum) kann der Mieter ebenfalls ein Sonderkündigungsrecht geltend machen, wenn die Kostenmiete erhöht werden soll (vgl. § 11 Wohnbindungsgesetz).

Vereinbaren Vermieter und Mieter eine Staffelmiete (siehe Stichwort: „Staffelmiete") und vereinbaren die Parteien weiter einen langfristigen Mietvertrag auf bestimmte Zeit (z. B. zehn Jahre), kann der Mieter nach vier Jahren jederzeit den langfristigen Mietvertrag kündigen (vgl. § 10 MHG). Eine Einschränkung des Kündigungsrechts des Mieters ist unwirksam, soweit sie sich auf einen Zeitraum von mehr als vier Jahren seit Abschluß der Vereinbarung erstreckt.

Ferner hat der Mieter ein Sonderkündigungsrecht im Rahmen eines Untermietverhältnisses. Möchte der Mieter einen Teil seiner Wohnung oder die gesamte Wohnung untervermieten, muß er normalerweise die Erlaubnis des Vermieters einholen.

Verweigert der Vermieter die Erlaubnis zur Untervermietung, so kann der Mieter mit einer Frist von drei Monaten das Mietverhältnis durch Kündigung beenden. Dieses Sonderkündigungsrecht kann in Formularmietverträgen – was immer wieder versucht wird – nicht wirksam ausgeschlossen werden. Der Mieter kann mit der gesetzlichen Kündigungsfrist kündigen, sofern nicht in der Person des Dritten (zukünftiger Untermieter) ein wichtiger Grund vorliegt (§ 549 BGB).

Weitere Stichwörter:

Formularvertrag, Kündigung durch Mieter, Mieterkündigung bei Modernisierung, Mieterkündigung bei Todesfällen, Mieterkündigung bei verweigerter Untermieterlaubnis, Mieterhöhung, Staffelmiete, Zeitmietvertrag

Sozialklausel

Wird ein Mietverhältnis wirksam beendet, so ist der Mieter grundsätzlich verpflichtet, die Wohnung zu räumen. Viele Mieter haben schon die Erfahrung gemacht, daß es ihnen häufig nicht möglich ist, die Wohnung fristgemäß zu räumen und kurzfristig umzuziehen. Da die Wohnung den Lebensmittelpunkt der Familie darstellt, bedeutet es rechtlich gesehen eine Härte, aufgrund der Kündigung bzw. Beendigung des Mietverhältnisses die Wohnung räumen zu müssen. Deshalb hat der Gesetzgeber dem Mieter einen Anspruch auf Fortsetzung des Mietverhältnisses gegeben, falls ein solcher Härtegrund vorliegt. Dieser Härtegrund muß im gesetzlich möglichen Kündigungswiderspruch geltend gemacht werden. Diese dem Mieter eingeräumte Möglichkeit, die ihre nähere Ausgestaltung in § 556a BGB gefunden hat, wird allgemein als „Sozialklausel" bezeichnet.

Weitere Stichwörter:

Eigenbedarf, Kündigungsfristen, Kündigungsschreiben, Kündigungsschutz, Nachmieter, Räumungsfrist, Räumungsfristverlängerung, Unabdingbare Mieterrechte, Vertragsverlängerung, Wiedereinweisung

Sozialmiete

Wer nur über geringes Einkommen verfügt, ist meist nur in der Lage, sich eine Sozialwohnung zu mieten, um überhaupt eine Behausung zu haben. Bei der Anmietung einer Sozialwohnung sind einige gesetzliche Besonderheiten zu beachten.

Im Gegensatz zum „frei finanzierten Wohnungsbau" spricht man vom „sozialen Wohnungsbau", wenn der Bauherr zur

Finanzierung seines Bauobjektes verbilligte öffentliche Finanzmittel verwendet. Deshalb wird der Bauherr verpflichtet, wenn er das Bauprojekt vermieten will, den Wohnraum nur bestimmten Personen zu überlassen und höchstens eine kostendeckende Miete, die sogenannte „Kostenmiete" zu verlangen.

Zusammenfassend kann gesagt werden: Wer mit Hilfe von öffentlichen Mitteln Mietwohnungen baut, unterliegt einer Mietpreis- und Belegungsbindung mit der Folge, daß der Vermieter nur an Personen vermieten darf, die „wohnberechtigt" sind. Man spricht hier von preisgebundenem Wohnraum, im Gegensatz zum frei finanzierten Wohnraum. Wohnraum ist dann preisgebunden, wenn nicht mehr als die Kostenmiete verlangt werden darf, d. h., der Mietzins darf nur so hoch sein, wie es zur Deckung der jährlich entstehenden Belastungen erforderlich ist. Zur Berechnung der jährlichen Belastungen wird eine „Wirtschaftlichkeitsberechnung" zugrunde gelegt.

Ein „soziales Mietrecht" war in der ehemaligen DDR unbekannt. Es bleibt somit festzuhalten, daß in den neuen Bundesländern bezüglich der Sozialwohnungen Sonderregelungen gelten. Die Vorschriften für Sozialwohnungen gelten nur für neu geschaffenen Wohnraum, der mit öffentlichen Mitteln erstmals nach dem 2. 10. 1990 errichtet bzw. für die Wohnungen bewilligt worden ist. Für die Sozialwohnungen, die nach dem 2. 10. 1990 bezogen worden sind, gilt somit die Rechtslage, wie sie in der alten Bundesrepublik vorhanden war.

Weitere Stichwörter:

Erhöhung der Kostenmiete, Familieneinkommen, Fehlbelegung, Kostenmiete, Kündigung einer Sozialwohnung, Mietausfallwagnis, Mietsenkung, Rückforderung, Wohnungsberechtigungsschein, Wohngeld

Staffelmiete

In der Bundesrepublik Deutschland gilt das sogenannte Vergleichsmietensystem. Die Parteien eines Wohnraummietvertrages können auch eine Staffelmiete vereinbaren. Es vereinbaren die Parteien dabei, bei Abschluß des Mietvertrages, bereits turnusmäßige Mieterhöhungen. Dies hat für beide Vertragsparteien den Vorteil, daß die künftige Mietentwicklung überschaubar wird. Das komplizierte Mieterhöhungsverfahren nach dem Vergleichsmietensystem ist im Falle der Vereinbarung einer Staffelmiete hinfällig.

Bei einer Staffelmiete vereinbaren die Vertragsparteien schriftlich, wann der künftige Mietzins um wieviel DM steigt. Dabei ist zu beachten, daß die Laufzeit für solche Verträge höchstens zehn Jahre betragen darf und zwischen jeder Mieterhöhung mindestens ein Jahr Abstand liegen muß.

Es genügt nicht, für die Mieterhöhung Prozentsätze anzugeben, sondern die jeweilige Monatsmiete muß in DM-Beträgen konkret beziffert werden. Der Mietzins kann während der Laufzeit einer vereinbarten Staffelmiete nicht zusätzlich nach dem Vergleichsmietensystem (MHG) erhöht werden. Läuft die Vereinbarung der Staffelmiete aus, so gilt wieder das übliche Vergleichsmietensystem.

Es kann jedoch zwischen den Parteien erneut eine Staffelmiete vereinbart werden, allerdings nur auf freiwilliger Basis. Kein Mieter kann gezwungen werden, einen bestehenden Mietvertrag dahingehend abzuändern, daß nunmehr eine Staffelmiete bezahlt werden soll. Es können auch während der Laufzeit der Staffelmiete verschieden hohe Staffeln verabredet werden.

Eine Staffelmiete kann nicht für preisgebundenen Wohnraum (Sozialmiete), nicht für Wohnraum, der nur zum vorübergehenden Gebrauch vermietet ist, und für Wohnraum, der Teil eines Studenten- oder Jugendwohnheims ist, vereinbart werden. Genausowenig kann eine Staffelmiete vereinbart werden für Wohnraum, der Teil der vom Vermieter selbst bewohnten Wohnung ist und den der Vermieter ganz oder überwiegend mit Einrichtungsgegenständen auszustatten hat, sofern der Wohnraum nicht zum dauernden Gebrauch für eine Familie überlassen ist (§ 10 MHG).

Weitere Stichwörter:

Kaltmiete, Kappungsgrenze, Mieterhöhung, Mietspiegel, Mietzins, Nettomiete, Ortsübliche Vergleichsmiete, Sonderkündigungsrecht, Teilkündigung, Vergleichsmiete bei Mieterhöhung, Zeitmietvertrag

Straßenreinigung

Meistens ist in der Hausordnung, die zwischen dem Mieter und dem Vermieter im Mietvertrag im allgemeinen zum Vertragsgegenstand gemacht wird, auch die Vorschrift über die Art und Weise der Straßenreinigung (Gehweg) vorgesehen.

Dabei ist in der Regel davon auszugehen, daß die Straßenreinigung, zu der im Winter auch die Schnee- und Eisbeseitigung gehört, nicht immer Angelegenheit des jeweiligen Erdgeschoßmieters ist. Meistens ist für das gesamte Anwesen ein wechselnder Reinigungs- und Schneefegedienst, ähnlich wie bei der Kehrwoche, vorgesehen.

Die turnusmäßige Reinigung der Straße gehört zu einer echten Nebenverpflichtung des Mieters. Wird diese Reinigungsverpflichtung unterlassen, so kann sich der Mieter unter bestimmten Umständen schadensersatzpflichtig machen. Hierbei können auf den vertragswidrig handelnden Mieter erhebliche Schadensersatzansprüche zukommen. Stürze auf nicht geräumten Gehwegen können für den Verpflichteten teuer werden (Schmerzensgeld für den Geschädigten).

Weitere Stichwörter:

Abmahnung, Hausmeister, Hausordnung, Kehrwoche

Streitwert

Die Prozeßkosten richten sich nach den Gerichtskostentabellen und nach den Rechtsanwaltsgebührentabellen. Basis dieser Tabellen ist die Festlegung eines Streitwertes. Nach dem

Streitwert berechnen sich die Gebühren des Gerichts und der beteiligten Rechtsanwälte.

Üblicherweise wird beispielsweise für eine Räumungsklage nach § 16 Abs. 1, 2 Gerichtskostengesetz der Jahresmietzins (= 12 Monatsmieten) als Grundlage des Streitwertes genommen. Umstritten ist in diesem Zusammenhang, ob die Betriebskostenvorauszahlungen dazu gerechnet werden oder ob die Netto-Kaltmiete zugrunde gelegt wird. Dieser Meinungsstreit ist nicht unerheblich, da in aller Regel die Zugrundelegung des Jahresmietzinses zu einem hohen Streitwert führt, mit der Folge von hohen Anwalts- und Gerichtskosten. Bei der Streitwertbemessung einer Klage des Vermieters auf Zustimmung zur Mieterhöhung nach dem Miethöhegesetz gilt: Hier wird regelmäßig der Jahresbetrag des monatlichen Erhöhungswertes als Streitwert für die Gebühren zugrunde gelegt. Für eine Klage des Vermieters auf Duldung von Modernisierungsmaßnahmen wird regelmäßig der dreifache Jahresbetrag der zu erwartenden Mieterhöhung zugrunde gelegt. Weiter ist noch darauf hinzuweisen, daß bei Räumungsandrohungen und Räumungsvollstreckungen der normale Jahreswert den Zwangsvollstreckungsgebühren zugrunde gelegt wird. Eine Zwangsräumung kann für den Räumungsschuldner sehr teuer werden. Falls diese Kosten beim Schuldner jedoch nicht beigetrieben werden können, bleibt der Gläubiger (= Vermieter) auf diesen Kosten sitzen, er muß z. B. auch die Gerichtsvollzieherkosten tragen, die bei Zwangsräumungen schon mal 8000,– DM betragen können.

Weiteres Stichwort:
Prozeßkosten

Teilkündigung

Grundsätzlich bilden die von einem Mietverhältnis erfaßten Gegenstände eine rechtliche Einheit und sind in der Regel auch wirtschaftlich als Einheit zu sehen. Die rechtliche und wirtschaftliche Einheit kann daher nur im ganzen gekündigt werden. Eine Teilkündigung im Rahmen eines Mietverhältnisses ist unzulässig.

Eine unzulässige Teilkündigung liegt vor, wenn der Vermieter beispielsweise einen einzelnen Wohnraum einer Wohnung kündigt. Das gleiche ist anzunehmen, wenn etwa Wohn- und Geschäftsräume (Tankstelle mit Pächterwohnung) oder eine Wohnung mit Garage gemeinsam in einem Mietvertrag aufgeführt und vermietet sind. Will der Vermieter nunmehr nur den Garagenmietvertrag kündigen, so ist dies in der Regel als unzulässig anzusehen. Eine solche Teilkündigung ist auch dann als unwirksam anzusehen, wenn für die Vermietung der Garage und für die Vermietung der Wohnung zwei gesonderte Verträge (zwei Vertragsurkunden) geschlossen worden sind. Allerdings muß hier ein zeitlicher und räumlicher Zusammenhang zwischen der Überlassung der Wohnräume und der Überlassung der Garage oder Geschäftsräume gegeben sein.

Will der Vermieter einen Teil der Mieträume, wie sie im Mietvertrag beschrieben sind, für sich oder einen Dritten nutzen, so hat er rechtlich nur die Möglichkeit, dies durch einen Aufhebungsvertrag herbeizuführen. Der Aufhebungsvertrag muß jedoch im beiderseitigen Einvernehmen abgeschlossen werden.

Von den oben dargestellten Grundsätzen gibt es jetzt Ausnahmen. Teilweise ist eine Teilkündigung zulässig. Entsprechende gesetzliche Änderungen hat es in der Vergangenheit gegeben.

Der Vermieter hat danach die Möglichkeit, „nicht zum Wohnen bestimmte Nebenräume" (beispielsweise Speicher und

Kellerräume) gesondert zu kündigen. Voraussetzung für eine solche Teilkündigung ist, daß der Vermieter die Nebenräume zu Wohnungen ausbauen will und diesen neu geschaffenen Wohnraum vermieten will. Die Kündigung muß auf die bestimmten Nebenräume beschränkt sein und außerdem vor dem 1. 6. 1995 ausgesprochen sein.

Die Kündigungsfristen richten sich nach den allgemeinen Fristen. Die Kündigungsfrist einer Teilkündigung ist also abhängig von der Wohndauer. Der Mieter hat gegen eine Teilkündigung die Einspruchsmöglichkeiten gemäß der Sozialklausel und hat auch einen entsprechenden Kündigungsschutz. Folge einer Teilkündigung ist es auch, daß der Mieter einen angemessenen Mietminderungsanspruch hat. Der Mieter kann die Herabsetzung des Mietzinses verlangen, da die von ihm angemietete Fläche geringer geworden ist.

Weitere Stichwörter:
Garagen, Geschäftsraummiete, Kündigungsfristen, Mischmietverhältnis

Teppichboden

Zum üblichen Wohnungsstandard einer Neubauwohnung gehört, daß ein Teppichboden oder ein Bodenbelag ähnlicher Qualität (Fliesen, Parkett) verlegt ist. Sollte kein Teppichboden vorhanden sein, so ist der Mieter jederzeit berechtigt, selbst einen Teppichboden zu verlegen. Ein solches Ansinnen sollte sich der Mieter jedoch gut überlegen.

Häufig verlangt der Vermieter, daß der Teppichboden bei Auszug wieder entfernt werden muß. Die Beseitigung des verlegten Teppichbodens hat oft zur Folge, daß der darunter liegende Fußboden durch Teppichbodenkleber oder andere Chemikalien beschädigt oder verschandelt worden ist.

Der Mieter muß dann den darunter liegenden Fußboden wieder so herrichten, wie er zu Beginn des Mietverhältnisses war. Anders ist die Situation selbstverständlich, wenn der Vermieter den Teppichboden selbst verlegt hat.

Der Vermieter kann keinen Schadensersatz verlangen, wenn der Teppichboden im Laufe der Mietzeit normal verschlissen worden ist. Der normale Verschleiß wird mit der Miete abgegolten.

Schadensersatz kann der Vermieter jedoch verlangen, wenn der Teppichboden etwa durch Rotwein- oder Brandflecken besondere Beschädigungen aufweist. Hier haftet der Mieter für den eingetretenen Schaden.

Weitere Stichwörter:

Auszug des Mieters, Durchführung von Schönheitsreparaturen, Ersatzansprüche des Vermieters, Sachverständiger, Schadenspauschale, Unterlassung von Schönheitsreparaturen, Verjährung, Verwirkung

Thermostatventile

Der Gesetzgeber sieht vor, daß sämtliche seit 1978 in Wohnungen eingebauten Heizkörper mit Thermostatventilen ausgestattet sein müssen. Durch die automatische Anpassung an die schwankenden Außentemperaturen soll Energie gespart werden. Über die Höhe der hierdurch zu erzielenden Energieersparnis streiten die Fachleute, da bereits durch verbrauchsabhängige Heizkostenabrechnungen der Energieverbrauch der Mieter entscheidend beeinflußt worden ist. Ab dem Stichtag 1. 10. 1987 müssen auch sämtliche Heizkörper, die vor Oktober 1978 installiert worden sind, nachträglich mit Thermostatventilen versehen werden.

Auf diese Umrüstungsmaßnahmen hat der Mieter einen einklagbaren Anspruch. Sollte der Vermieter sich weigern, eine ordnungsgemäße Heizungsanlage zu betreiben, berechtigt dies den Mieter sogar zu einer Mietminderung. Bevor sich der Mieter jedoch zu solchen Schritten entscheidet, sollte er berücksichtigen, daß der Vermieter bei derartigen energieeinsparenden Modernisierungsarbeiten die Kosten mit 11 % auf die Jahresmiete umlegen kann. Sollte die zukünftige

Energieeinsparung also nur gering ausfallen, muß sich der Mieter vorher überlegen, ob es sich wirtschaftlich lohnt, Umrüstungsmaßnahmen vom Vermieter zu verlangen, oder den alten Zustand zu belassen.

Der Vermieter ist zur Umrüstung dann nicht verpflichtet, wenn es sich um ein Ein- oder Zweifamilienhaus handelt. Ebenfalls müssen Zentralheizungen mit sog. Niedertemperaturkesseln nicht nachgerüstet werden.

Schließlich kann der Mieter sich im umgekehrten Fall auch nicht gegen die Nachrüstung der Heizungsanlage mit Thermostatventilen und automatischer Außensteuerung wehren. Er muß vielmehr deren Einbau dulden und die damit verbundene Mieterhöhung akzeptieren (LG Berlin, ZMR 86, 444).

Weitere Stichwörter:

Betriebskosten, Heizkostenverordnung, Informationspflicht bei Modernisierung, Mieterhöhung bei Modernisierung, Mindesttemperaturen

Tierhaltung

Verträge sind so auszulegen, wie Treu und Glauben mit Rücksicht auf die Verkehrssitte es erfordern (§ 157 BGB). Das Problem der Tierhaltung in einer Mietwohnung ist gesetzlich nicht geregelt. Es ist somit zwischen Vermieter und Mieter bei einer Streitigkeit über Tierhaltung der Mietvertrag maßgebend und dieser ist dann gem. § 157 BGB entsprechend von den Gerichten auszulegen.

Werden in neuen Mietverträgen Klauseln bezüglich der Tierhaltung aufgenommen, so richtet sich die Rechtmäßigkeit der Tierhaltung nach diesen Klauseln. Ungewöhnliche, vor allem giftige oder sonstige gefährliche Tiere dürfen nicht in der Wohnung gehalten werden. Weitere Einzelheiten finden sich beim Stichwort „Haustiere".

Insbesondere ist das Halten eines Kampfhundes (Bullterrier) in einer Mietwohnung nicht zulässig. Das Halten eines solchen Tieres stellt keinen vertragsgemäßen Gebrauch der Mietsache dar und darf deshalb gemäß § 535 BGB vom Vermieter untersagt werden. Bei objektiver und vernünftiger Betrachtung ist bei der Haltung eines Bullterriers eine Gefährdung der Mitbewohner nicht verläßlich auszuschließen (vgl. LG Gießen, NJW-RR 1995, 12). Ähnlich hat das Oberlandesgericht Frankfurt (NJW-RR 1993, 981) entschieden, daß auch das Halten eines Kampfhundes in einer Eigentumswohnung durch Mehrheitsbeschluß untersagt werden kann.

Weitere Stichwörter:

Abmahnung, Haustiere, Lärmbelästigung, Mietvertrag, Mündlicher Mietvertrag

Überbelegung

Von einer „Überbelegung" spricht man dann, wenn zu viele Personen in einer zu kleinen Wohnung wohnen. Jedoch kann ein Vermieter nichts dagegen einwenden, wenn sich in der vermieteten Wohnung die Familie im Laufe der Zeit vergrößert, sei es durch Heirat oder durch Geburt weiterer Kinder. Aus diesem Grund darf der Vermieter die Miete jedenfalls nicht erhöhen. Allenfalls können die Nebenkosten, je nach Gestaltung im Mietvertrag, entsprechend angepaßt werden. Sollte sich aufgrund der Vergrößerung der Familie eine Überbelegung ergeben, hat der Vermieter die Möglichkeit zur fristlosen Kündigung oder zur ordentlichen Kündigung des Mietverhältnisses.

Die Antwort auf die Frage wann eine Wohnung überbelegt ist, hängt von mehreren Faktoren ab. Einmal kommt es auf die Größe und den Zuschnitt der Wohnung an, zum anderen auf den zwischen den Parteien abgeschlossenen Mietvertrag und auf die Familienverhältnisse bei Mietbeginn. Wird durch die Geburt eines Kindes die Wohnung erstmals überbelegt, hat der Vermieter noch kein Recht zur fristlosen Kündigung. Der Mieter hat jedoch die Pflicht, sich ab diesem Zeitpunkt um eine neue Wohnung zu bemühen. Erst eine „erhebliche" Überbelegung berechtigt den Vermieter zur fristlosen Kündigung des Mietverhältnisses. Sollten die Gründe für eine fristlose Kündigung noch nicht ausreichen, ist zuerst an eine ordentliche Kündigung zu denken. Das Oberlandesgericht Karlsruhe hat im folgenden Einzelfall eine Überbelegung angenommen (NJW 1987, 1952):

Ein Ehepaar bewohnt mit seinem kleinen Sohn eine 54 qm große Wohnung (zwei Zimmer, Küche, Bad und Balkon). Im Laufe der Zeit hat sich die Familie um fünf Kinder vergrößert, so daß insgesamt acht Personen in der Wohnung leben. Der Vermieter mahnte die Familie wegen Überbelegung ab. Als keine Reaktion darauf erfolgte, kündigte der Vermieter das Mietverhältnis fristlos. Das OLG Karlsruhe entschied, daß die Wohnung erheblich überbelegt sei und deshalb die fristlose Kündigung wirksam war.

Im Zusammenhang mit der Frage, wann eine Wohnung überbelegt ist, wurde dem BGH folgende Frage gestellt: „Ist der Vermieter berechtigt, das Mietverhältnis allein deshalb fristlos wegen vertragswidrigen Gebrauchs gem. § 553 BGB zu kündigen, weil die Wohnung durch Zuzug von Familienmitgliedern in erheblichem Umfang überbelegt ist, obwohl sonst keine weiteren, den Vermieter beeinträchtigende Umstände vorliegen?" Der BGH hat die Frage wie folgt beschieden (vgl. BGH in ZMR 1993, 508): „Der Vermieter ist nicht berechtigt, das Mietverhältnis allein deshalb fristlos wegen vertragswidrigen Gebrauchs gem. § 553 BGB zu kündigen, weil die Wohnung durch Zuzug von Kindern des Mieters in erheblichem Umfang überbelegt ist, den Vermieter beeinträchtigende Auswirkungen indes nicht festzustellen sind." Ob das Interesse des Vermieters an einem vertragsgemäßen Verhalten des Mieters in hohem Maße beeinträchtigt und die Störung seiner Belange von besonderem Gewicht ist, beurteilt sich – insbesondere soweit es um eine mögliche Gefährdung der Wohnsubstanz geht – in erster Linie nach den Auswirkungen der vertragswidrigen Verhaltensweise. Pflichtverletzungen mit geringfügigen Auswirkungen berechtigen grundsätzlich nicht zur fristlosen Kündigung. Von einer erheblichen Beeinträchtigung der Vermieterrechte kann nicht gesprochen werden, wenn die Überbelegung keine Auswirkungen zeigt. Leider läßt sich mit dieser Entscheidung in der Praxis nicht viel anfangen. Denn die Frage, wann „eine erhebliche Beeinträchtigung der Vermieterrechte" gegeben ist, läuft weitgehend auf eine Wertung hinaus. Eine solche Frage wird mit Sicherheit von verschiedenen Gerichten verschieden beurteilt.

Weitere Stichwörter:

Abmahnung, Ehegatten, Fristlose Kündigung, Rechtsentscheid, Wohngemeinschaft, Wohnungsgröße

Umwandlung

Befinden sich in einem Anwesen mehrere Wohnungen und werden diese nach Bezug in Eigentumswohnungen aufgeteilt und einzeln verkauft, so laufen die Wohnungsmieter regelmäßig Gefahr, daß ihnen der Mietvertrag anschließend wegen „Eigenbedarf" gekündigt wird. Es ist in der Regel davon auszugehen, daß derjenige, der eine Wohnung käuflich erwirbt, auch selbst darin wohnen möchte. Für den Mieter ist eine derartige Situation regelmäßig nicht vorauszusehen, und er kann sich auch rechtlich dagegen nicht schützen.

Deshalb bietet das Gesetz gem. § 564b Abs. 2 BGB für den Mieter einen besonderen Schutz. Wurde die Mietwohnung in eine Eigentumswohnung umgewandelt und danach verkauft, dann gibt es drei Jahre lang keine Kündigung wegen Eigenbedarf. Diese dreijährige Sperrfrist gilt allerdings nur, wenn der Mieter in die Wohnung eingezogen ist, bevor das Haus in Eigentumswohnungen aufgeteilt wurde und bevor diese verkauft worden sind. Wer sich bereits eine Eigentumswohnung mietet, der kann sich auf das Schutzgesetz nicht berufen, auch wenn die Wohnung später verkauft wird. Der besondere Schutz gilt nur bei Umwandlung. Wird das Mietshaus nur in Wohnungseigentum aufgeteilt, ohne daß die Einzelwohnungen weiterverkauft werden, gilt diese Sperrfrist selbstverständlich nicht. Die Wartefrist ist aber dann einzuhalten, wenn mehrere Personen das Mietshaus gemeinschaftlich erwerben und danach in Wohnungseigentum aufteilen. Allerdings kommt die Sperrfrist dann nicht zum Tragen, wenn die Miteigentümer das Haus so in Eigentumswohnungen aufteilen, daß jeder von ihnen sofort Eigentümer einer Wohnung wird. Der Eigentumswechsel findet gleichzeitig mit der Umwandlung statt. Die Drei-Jahres-Sperrfrist beginnt erst mit dem Tag zu laufen, an dem der Käufer ins Grundbuch eingetragen wird. Wird die Wohnung innerhalb der drei Jahre weiterverkauft, beginnt die Frist nicht von neuem zu laufen.

Weitere Erwerber treten in die bereits abgelaufene Wartezeit ein.

Der Käufer einer umgewandelten Eigentumswohnung muß die drei Jahre vollständig abwarten. Während dieser Zeit soll der Mieter vor einer Kündigung geschützt werden. Verschickt der neue Eigentümer trotzdem Kündigungsschreiben vor Ablauf der Drei-Jahres-Frist, dann sind diese nichtig.

Die Drei-Jahres-Frist kann auch auf 5 oder 10 Jahre in Ausnahmefällen verlängert sein. Hierzu wird insbesondere auf das Stichwort „Kündigungssperrfrist" verwiesen. Die Landesregierungen wurden durch das Sozialklauselgesetz ermächtigt, entsprechende Verordnungen in einzelnen Ländern zu erlassen, wodurch die Drei-Jahres-Frist verlängert werden kann.

Bei Mietverträgen, die vor dem 3. 10. 1990 abgeschlossen worden sind, gelten Sonderregelungen in den neuen Bundesländern. Hier hat der Mieter einen verbesserten Kündigungsschutz im Umwandlungsfall. Der Mieter kann vom Vermieter nicht mit der Begründung, das Mietverhältnis hindere den Vermieter an einer angemessenen wirtschaftlichen Verwertung, kündigen. Ein höherer zu erzielender Verkaufspreis ist also in den neuen Bundesländern kein Kündigungsgrund. Die Vierte Mietrechtsänderung der gesetzgebenden Organe brachte für den Mieter in allen Bundesländern nunmehr die Möglichkeit, ein Vorkaufsrecht unter bestimmten Voraussetzungen auszuüben. Insoweit wird auf das Stichwort „Vorkaufsrecht" und auf § 570b BGB verwiesen.

Weitere Stichwörter:

Eigenbedarf, Grundbucheintragung, Kündigungssperrfrist, Unabdingbare Mieterrechte

Umzugskosten

Zwischen einem Vermieter und einem Mieter kann frei vereinbart werden, daß der Vermieter dem Mieter eine Umzugskostenbeihilfe bezahlt, um den Mieter zu veranlassen, die Wohnung früher als gesetzlich vorgesehen zu räumen, oder um ihm einen früheren Auszug zu ermöglichen. Allerdings ist zu betonen, daß ein gesetzlich festgelegter Anspruch des Mieters auf Erstattung von Umzugskosten gegenüber dem Vermieter nicht besteht. Die „Umzugsbeihilfe" ist als einmalige Abstandszahlung im Rahmen einer Mietaufhebungsvereinbarung zu sehen. Solche Abstandszahlungen sind in der Regel als vertraglich vereinbarte, einmalige Geldleistungen des Vermieters an den Mieter (oder umgekehrt des Mieters an den Vermieter, wenn der Mieter vorzeitig des Mietverhältnis lösen möchte) zu sehen.

Häufiger kommt es angesichts der derzeit herrschenden Wohnungsnot zu Abstandszahlungen des Mieters an den Vermieter, um den Vermieter zu einem Abschluß oder einer Verlängerung des Mietvertrages zu veranlassen. Eine Abstandszahlung kann eine vertragliche Vereinbarung auch erleichtern, wenn der Mieter etwa vorzeitig aus einem langfristig abgeschlossenen Mietvertrag ausscheiden will. Der Mieter kann damit erreichen, daß der Vermieter auf die Restzahlung des Mietzinses verzichtet und sich einen neuen Nachmieter sucht. In diesem Zusammenhang wird die Frage zu prüfen sein, ob in Wahrheit zwischen den Parteien nicht eine Abstandszahlung vereinbart worden ist. Eine vereinbarte Abstandszahlung kann nämlich, wie das Vierte Mietrechtsänderungsgesetz (Art. 3 Nr. 3) meint, unwirksam sein. Die Gesetzesänderung führte zur Einführung des § 4a des Gesetzes zur Regelung der Wohnungsvermittlung, dort heißt es:

„(1) Eine Vereinbarung, die den Wohnungssuchenden oder für ihn einen Dritten verpflichtet, ein Entgelt dafür zu leisten, daß der bisherige Mieter die gemieteten Wohnräume räumt, ist unwirksam. Die Erstattung von Kosten, die dem bisherigen Mieter nachweislich für den Umzug entstehen, ist davon ausgenommen.

(2) Ein Vertrag, durch den der Wohnungssuchende sich im Zusammenhang mit dem Abschluß eines Mietvertrages über

Wohnräume verpflichtet, von dem Vermieter oder dem bisherigen Mieter eine Einrichtung oder ein Inventarstück zu erwerben, ist im Zweifel unter der aufschiebenden Bedingung geschlossen, daß der Mietvertrag zustande kommt. Die Vereinbarung über das Entgelt ist unwirksam, soweit dieses in einem auffälligen Mißverhältnis zum Wert der Einrichtung oder des Inventarstücks steht."

Diese Regelung hat im Klartext folgende Konsequenzen: Abstandszahlungen, mit der sich ein neuer Mieter die Mietwohnung erst einmal „erkaufen" soll, werden unwirksam. Die Erstattung von Kosten, die dem bisherigen Mieter nachweislich für den Umzug entstehen, ist davon ausgenommen. Inventar: Ein neuer Mieter darf künftig zur Erstattung von Inventarkosten (Gardine, Einbauküche etc.) nur dem Wert angemessen herangezogen werden.

Weitere Stichwörter:
Abstandszahlung, Kündigung durch Mieter, Mietaufhebungsvereinbarung, Nachmieter, Untermietverhältnis

Umzugskostenpauschale

Immer wieder gibt es in größeren Wohnungseigentumsanlagen Mietverträge, in denen der Vermieter dem Mieter eine „Umzugskostenpauschale" auferlegt. Die Umzugskostenpauschale hat ihren Grund in der Erfahrung, daß selbst bei sorgfältig durchgeführten Umzügen in der Regel kleine Beschädigungen am gemeinschaftlichen Eigentum nicht vermieden werden können. Häufig unterbleibt allerdings die Beseitigung solcher Bagatellschäden, weil die Kosten unverhältnismäßig hoch wären. Vermieter versuchen deshalb solche Kosten im Wege einer Pauschale vom umziehenden Mieter zu erhalten. Allerdings kann eine Umzugskostenpauschale zum Nachteil des Mieters nicht in zulässiger Weise vereinbart werden. Eine Vereinbarung der Umzugskostenpauschale als Ersatz kann im Verhältnis zwischen Mieter und Vermieter nicht wirksam sein, weil nach den Grundsätzen des BGB Schadensersatz immer nur dann verlangt werden kann, wenn ein Verschulden und ein Schaden eindeutig vorliegen. Der Vermieter kann auch bei kleinen Schäden Schadensersatz verlangen, allerdings nicht über den einfachen Weg der Pauschale. Die Wohnungseigentümer können jedoch untereinander innerhalb ihrer Wohnungseigentumsanlage mehrheitlich beschließen, daß im Rahmen der Bewirtschaftungskosten kleinere Beträge angespart werden, so daß kostengünstig mehrere Kleinschäden, die bei Umzügen unvermeidlich sind, zusammen beseitigt werden können.

Weitere Stichwörter:
Auszug des Mieters, Ersatzansprüche des Vermieters, Hausmeister, Umzugskosten

Unabdingbare Mieterrechte

Ganz allgemein kann gesagt werden, daß vertragliche Regelungen, die gegen die guten Sitten oder gegen das Gesetz verstoßen, nichtig sind. An die Stelle der nichtigen vertraglichen Regelung tritt dann die gesetzliche Regelung. Im Wohnraummietrecht gibt es aus sozialen Gründen „unabdingbare" Regelungen. Es handelt sich hierbei um gesetzliche Vorschriften, die in schriftlichen oder mündlichen Wohnraummietverträgen nicht abgeändert werden dürfen. Zu den unabdingbaren Rechten des Mieters gehören u. a.:

Der gesamte Kündigungsschutz einschließlich Sozialklausel (§§ 564b, 556a–556c BGB); die Bestimmungen des Miethöhegesetzes, insbesondere über das Vergleichsmietenverfahren; der Schutz des Mieters bei Modernisierung durch den Vermieter (§ 541b BGB); die Mietminderung (§ 537 BGB); die fristlose Kündigung des Mieters bei Nichtgewährung oder Entziehung des Gebrauchs der Wohnung (§§ 542, 543 BGB); die teilweise Untervermietung bei berechtigtem Interesse des Mieters (§ 549 Abs. 2 BGB); Höhe, Fälligkeit und Verzinsung der Mietkaution (§ 550b BGB); die Aufrechnung gegen die Miete oder die Zurückhaltung der Mietzahlung, wenn dem Mieter wegen Mängeln der Mietsache Ersatzansprüche zustehen (§ 552a BGB), wobei der Mieter seine Absicht dem

Vermieter einen Monat vor Fälligkeit der Miete schriftlich mitteilen muß; die Gründe für die fristlose Kündigung des Vermieters (§§ 553–554b BGB: vertragswidriger Gebrauch, Zahlungsverzug, schuldhafte Pflichtverletzung; Zurückzahlung von im voraus über die Mietdauer hinaus entrichteter Miete (§ 557a BGB); die Kündigung des Mieters bei unbefristeten Mietverträgen zu jedem Monatsletzten unter Wahrung der Kündigungsfrist (§ 565 BGB) und die Wahl der Familienangehörigen, ob sie nach dem Tod des Mieters die Wohnung beibehalten, wenn sie mit dem Mieter zusammengelebt haben (§ 569a BGB).

Weitere Stichwörter:

Allgemeine Geschäftsbedingungen, Eigenbedarf, Fristlose Mieterkündigung, Härteklausel (Kündigungsschutz), Kündigungsschutz, Mieterhöhung, Mieterkündigung bei Todesfällen, Modernisierung, Rechtsentscheid, Sozialklausel, Untermietverhältnis

Unterlassung von Schönheitsreparaturen

Der Mieter ist bei entsprechender vertraglicher Vereinbarung im Mietvertrag verpflichtet, Schönheitsreparaturen durchzuführen. Es handelt sich um eine Leistungsverpflichtung des Mieters. Der Mieter muß somit in eigener Regie die Schönheitsreparaturen vornehmen. Weigert sich der Mieter, so verwandelt sich der Anspruch des Vermieters auf Durchführung von Schönheitsreparaturen in einen Schadensersatzanspruch in Geld. Voraussetzung ist dafür, daß der Mieter in Verzug gesetzt wird (§ 326 BGB). Will sich der Vermieter der Rechte aus § 326 BGB bedienen, so muß er dem Mieter eine bestimmte Frist zur Durchführung der unterlassenen Schönheitsreparaturen setzen. Hierbei muß der Vermieter die einzelnen vorzunehmenden Arbeiten genau bezeichnen und erklären, daß er nach Ablauf der gesetzten Frist die Durchführung der Arbeiten durch den Mieter ablehnt und die Arbeiten auf Kosten des Mieters durch einen Handwerker vornehmen lassen wird. Der Vermieter kann die Arbeiten auch selbst erledigen. Die Geltendmachung dieses Schadens-

ersatzanspruches sollte zweckmäßigerweise schriftlich erfolgen.
Die Schönheitsreparaturen müssen bis zum letzten Tag der Mietzeit oder bis zum Ablauf der Kündigungsfrist durchgeführt worden sein. Der Vermieter sollte in der Lage sein, die Wohnung anschließend ohne Mietausfall weitervermieten zu können. Verzögert sich der Auszug des Mieters und werden die Schönheitsreparaturen erst nach seinem Auszug und nach Beendigung des Mietverhältnisses ausgeführt, so hat der Vermieter regelmäßig einen Mietausfall. Diesen Mietausfall kann der Vermieter als Schaden vom Mieter geltend machen. Der Vermieter ist allerdings gleichzeitig verpflichtet, den ihm entstandenen Schaden möglichst gering zu halten (Schadensminderungspflicht), also die gerichtete Wohnung so schnell wie möglich weiterzuvermieten. Gibt es hier zwischen Mieter und Vermieter über die Notwendigkeit von Schadensersatzansprüchen Streitigkeiten, so empfiehlt es sich, den tatsächlichen Zustand der Wohnung durch ein Sachverständigengutachten kurzfristig feststellen zu lassen oder ein Beweissicherungsverfahren durchzuführen. Im allgemeinen haben Vermieter und Mieter Schwierigkeiten, ihre jeweiligen Behauptungen mit Hilfe von Zeugen nachzuweisen. Bei der Hinzuziehung von Zeugen kann oft festgestellt werden, daß der jeweilige Zustand der Räume vor der Renovierung schlechter oder besser dargestellt wird, als er wirklich war, je nachdem, welcher Partei die Zeugen näherstehen.

Weitere Stichwörter:

Auszug des Mieters, Beweismittel, Beweissicherungsverfahren, Durchführung von Schönheitsreparaturen, Ersatzansprüche des Vermieters, Instandhaltung, Instandsetzung, Sachverständiger, Schadenspauschale, Schönheitsreparatur, Teppichboden, Verjährung von Schadensersatzansprüchen, Verwirkung, Wohnungsübergabe

Untermietverhältnis

Bei einem Untermietverhältnis sind die verschiedenen vertraglichen Beziehungen strikt auseinanderzuhalten. Bei einem normalen Mietverhältnis gibt es nur einen Mietvertrag und zwei Vertragspartner, nämlich Mieter und Vermieter.

Anders beim Untermietverhältnis: Hier gibt es einen Mietvertrag zwischen dem Untermieter (Mieter) und dem Hauptmieter (Vermieter/Mieter) sowie einen weiteren Mietvertrag zwischen dem Hauptmieter (Mieter/Vermieter) und dem Eigentümer (Vermieter). Oft wird der Hauptmieter als Zwischenmieter bezeichnet. Bei einem Untermietverhältnis ist bei der Klärung von Rechtsfragen darauf zu achten, in welchem Mietverhältnis man sich gerade befindet. Ein Untermietverhältnis ist dadurch gekennzeichnet, daß zwei Verträge und drei Vertragsparteien vorhanden sind, die in einem gewissen Zusammenhang stehen.

Der Untermieter ist kein Mieter zweiter Klasse. Für ihn gelten grundsätzlich die allgemeinen Kündigungsschutzregeln, wie in einem normalen Mietverhältnis auch. Der Untermieter steht jedoch dann relativ schutzlos da, wenn das Hauptmietverhältnis vom Eigentümer (Vermieter) beendet ist. In diesem Zusammenhang ergibt sich die Frage, ob die Kündigung des Hauptmietvertrages ein „berechtigtes Interesse" für die Auflösung des Untermietverhältnisses darstellt. Diese Frage kann weder mit Ja noch mit Nein beantwortet werden. Sondern es kommt auf die Begründung des Kündigung des Hauptmietvertrages an. Liegt eine fristlose Kündigung des Hauptmietvertrages vor, weil der Hauptmieter (auch Zwischenmieter genannt) mehrere Monate Mietzins schuldig geblieben ist, so hat er selbst die Ursache für eine fristlose Kündigung gesetzt. Dem Hauptmieter fehlt es dann an einem berechtigten Interesse für eine Kündigung des Untermietvertrages.

Wird dem Hauptmieter wegen „Eigenbedarf" gekündigt, so kann sich der Untermieter kaum noch gegen eine ebenfalls ausgesprochene Kündigung durch seinen Vermieter (Zwischenmieter) wehren. Allerdings muß eine Kündigung des Eigentümers (Vermieters) wegen Eigenbedarfs auf vernünftige und nachvollziehbare Gründe gestützt sein.

Selbst wenn der Eigentümer dem Hauptmieter fristlos wegen Zahlungsverzug kündigt, bedeutet dies noch nicht, daß der Untermieter trotzdem in der Wohnung bleiben kann. Wird das Hauptmietverhältnis durch Kündigung beendet, so hat der Untermieter kein Recht mehr zum Besitz. Der Untermieter muß seine Wohnung an den Eigentümer herausgeben, wobei der Untermieter gegen den Hauptmieter (Zwischenmieter) Schadensersatzansprüche hat. Ausnahmsweise gibt es für gewisse Untermietverhältnisse überhaupt keinen Kündigungsschutz. Ohne jeglichen Kündigungsschutz sind Untermietverhältnisse, bei denen der Hauptmieter ebenfalls in der Wohnung verbleibt und nur einen Teil der Wohnung (teilweise Untervermietung) weitervermietet. Ist der Untermieter ohne Familienanhang und ist sein Zimmer, das sich innerhalb der Wohnung des Hauptmieters befindet, mit dessen Mobiliar ausgestattet, so hat dieser Untermieter überhaupt keinen Kündigungsschutz. Er kann mit einer Frist von zwei Wochen gekündigt werden. Wird die Miete monatlich bezahlt, was üblich sein dürfte, so hat der Hauptmieter die Möglichkeit, bis zum 15. eines jeden Monats zum Ende des gleichen Monats das Untermietverhältnis zu beenden.

Anders ist die rechtliche Situation, wenn an eine Familie untervermietet wird. Dabei ist es gleichgültig, ob der Wohnraum, der der Familie gegeben wird, möbliert oder unmöbliert ist. Der Gesetzgeber versteht unter Familie beispielsweise Eheleute mit oder ohne Kinder, eine Mutter oder einen Vater mit Kind und Geschwister. Liegt eine solche Untermietkonstellation vor, so hat der Hauptmieter folgende Möglichkeiten: Der Hauptmieter kann dem Untermieter ordentlich kündigen, muß aber dabei die gesetzliche Kündigungsfrist beachten. Die Dauer der Kündigungsfrist richtet sich nach der Wohndauer. Sie kann zwischen drei und zwölf Monate betragen. Kündigt der Hauptmieter dem Untermieter wie bei einem sonstigen Mietverhältnis, so muß er ein berechtigtes Interesse an der Beendigung des Mietverhältnisses haben, z. B. Eigenbedarf. – Möchte der Hauptmieter das

Untermietverhältnis beenden und kann er keinen der gesetzlichen Kündigungsgründe (berechtigtes Interesse) darlegen, muß der Hauptmieter in seinem Kündigungsschreiben an den Untermieter angeben, daß er die Kündigung nicht auf berechtigtes Interesse stützt. In einem solchen Fall verlängert sich die gesetzliche Kündigungsfrist des Hauptmieters gegenüber dem Untermieter um weitere drei Monate. – Beim Untermietverhältnis ist auch das Verhältnis des Untermieters zum Eigentümer rechtlich von Interesse. Festzuhalten bleibt, daß der Untermieter und der Eigentümer (= Vermieter des Hauptmieters) keine vertraglichen Beziehungen miteinander haben. Der Untermieter hat seinen Mietvertrag mit dem Hauptmieter (Zwischenmieter) und der Hauptmieter (Zwischenmieter) mit dem Vermieter (Eigentümer) abgeschlossen. Diese Betrachtungsweise hat erhebliche Konsequenzen.

Hat der Untermieter Kündigungsschutz, so kann er sich auf diesen Kündigungsschutz nur gegenüber seinem Hauptmieter berufen. Dagegen kann der Eigentümer vom Untermieter die Rückgabe der Wohnung verlangen und damit den Auszug des Untermieters durchsetzen. Dieser Anspruch ist davon abhängig, daß das Mietverhältnis, das zwischen dem Eigentümer und dem Hauptmieter besteht, wirksam durch Kündigung oder Urteil beendet ist. Bei einer Beendigung des Hauptmietvertrages kann der Eigentümer die Herausgabe der Wohnung vom Untermieter verlangen. Der Untermieter hat kein Recht zum Besitz mehr. Hinsichtlich der Problematik, die bei einem Zwischenmietverhältnis besteht, wird auf das Stichwort „Bauherren-Modell" verwiesen. Dort ist auch der Text des § 549a BGB abgedruckt.

Weitere Stichwörter:

Bauherren-Modell, Eigenbedarf, Einliegerwohnung, Fristlose Kündigung, Härteklausel (Kündigungsschutz), Kündigungsfristen, Mietvertrag, Möbliertes Zimmer, Sonderkündigungsrecht

Verbrauchserfassung

Nach Maßgabe von § 4 der Heizkostenverordnung hat der Gebäudeeigentümer den anteiligen Verbrauch der Nutzer an Wärme und Warmwasser zu erfassen. Der Vermieter muß deshalb die Räume mit Ausstattungen zur Verbrauchserfassung (Thermostaten o. ä.) versehen und der Nutzer, in der Regel also der Mieter, hat solche Maßnahmen zu dulden.

Da die Wärmeabgabe der einzelnen Heizungen erfaßt werden soll, kommen für die Erfassung nur die Räume in Betracht, die mit einem Heizkörper ausgestattet sind oder die über einen Wärmezähler für Fußbodenheizungen verfügen. Der Gebäudeeigentümer ist verpflichtet, alle in seinem Gebäude befindlichen Wohnungen mit einheitlichen Geräten auszustatten. Für gemeinsam zur Verfügung stehende Gebäudeteile (Waschküche, Fahrradkeller) sind keine Erfassungsgeräte notwendig. Die für diese Räume verbrauchte Energie ist im Gesamtverbrauch mit enthalten und benachteiligt deshalb geringfügig denjenigen Nutzer, welcher insgesamt viel Wärme verbraucht. Es wird ihm auf diese Weise automatisch ein größerer Teil der Allgemeinwärmekosten zugerechnet. Diese Art der Erfassung benachteiligt auch diejenigen Nutzer, die in einer merklich größeren Wohnung in dem Gebäudekomplex wohnen. Allerdings sind die sog. Allgemeinwärmekosten kein allzu hoher Kostenfaktor. Sie dürften nur einen geringen Prozentsatz des Gesamtgebäudeverbrauches ausmachen.

Üblicherweise werden für die Verbrauchserfassung sog. Wärmezähler verwendet, die allesamt eichpflichtig sind. Neben den Wärmezählern sind auch noch Heizkostenverteiler, die nach dem Verdunstungsprinzip arbeiten, erhältlich. Diese Heizkostenverteiler sind jedoch nicht als eigentliche Meßgeräte anzusehen wie die Wärmezähler, da sie keinen Verbrauch anzeigen, sondern nur das Verhältnis zum Gesamtverbrauch verdeutlichen.

In der Zwischenzeit gibt es auf dem Markt elektronische Heizkostenverteiler. Diese enthalten einen elektronischen Schaltkreis und arbeiten mit Wärmefühlern. Diese Wärmezähler arbeiten nach folgendem physikalischen Prinzip: Es wird die Temperatur des zum Heizkörper einlaufenden Wassers gemessen und es wird die Temperatur des zurückfließenden Wassers gespeichert. Gleichzeitig mißt das Gerät auch die Wassermenge, die in einem bestimmten Zeitraum durchläuft. Die auf diese Weise erzielten Meßwerte werden entsprechend umgerechnet und in kw/h angezeigt. Die Gebühren für Müllabfuhr, Wasser und Abwasser können nunmehr vom Vermieter auch verbrauchsabhängig abgerechnet werden. Weitere Einzelheiten finden Sie am Ende des Stichwortes „Betriebskosten".

Weitere Stichwörter:

Betriebskosten, Hausverwaltung, Heizdauer, Heizkostenverordnung, Heizperiode, Mindesttemperatur, Nettomiete, Vorauszahlungen

Vergleich

Normalerweise endet ein Prozeß bei einem Gericht durch ein Urteil. In einem Zivilprozeß sind jedoch die beteiligten Parteien (Kläger und Beklagter) Herren des Verfahrens. Im Rahmen der mündlichen Verhandlung oder auch außerhalb des eigentlichen Gerichtsverfahrens können die streitenden Parteien den Streitstoff durch einen Vergleich bzw. durch eine Vereinbarung zu einem beiderseitigen akzeptablen Abschluß bringen. Ein Urteil durch das erkennende Gericht ist dann entbehrlich. Es ist ratsam, einen außergerichtlichen Vergleich, der den Prozeß bzw. das laufende Verfahren beenden soll, gerichtlich protokollieren zu lassen. Der zuständige Richter wird sozusagen zum Protokollführer der Parteien degradiert.

Ein guter Prozeßvergleich ist immer dann gegeben, wenn beide Parteien mit dem ausgehandelten Ergebnis unzufrieden sind. Oft beharren die Streitenden auf ihren jeweiligen Rechtsstandpunkten, sind jedoch auch gleichzeitig daran interessiert, ein angestrengtes Verfahren ohne größeren Aufwand möglichst rasch zu beenden. Sie fürchten in der Regel, daß der weitere Aufwand kaum vorhersehbar und wirtschaftlich nicht vertretbar ist.

Weitere Stichwörter:
Beweismittel, Beweissicherungsverfahren, Eilverfahren, Entscheidung (Urteil), Gebühren, Prozeßkosten, Prozeßkostenhilfe, Rechtsanwalt, Rechtsentscheid, Streitwert

Vergleichsmiete bei Mieterhöhung

Nach § 2 des Gesetzes zur Regelung der Miethöhe (Miethöhegesetz, MHG) kann der Vermieter vom Mieter die Zustimmung zu einer Erhöhung der Miete verlangen, wenn der bisherige Mietzins (von Erhöhungen wegen baulicher Änderungen oder Erhöhung der Betriebs- oder Kapitalkosten abgesehen) seit einem Jahr unverändert ist, wenn die verlangte Miete die üblichen Entgelte nicht übersteigt, die in der Gemeinde oder vergleichbaren Gemeinden für nicht preisgebundenen Wohnraum vergleichbarer Art, Größe, Ausstattung, Beschaffenheit und Lage in den letzten drei Jahren vereinbart oder (von Betriebskostenumlagen abgesehen) geändert worden sind (Vergleichsmiete), und der Mietzins sich innerhalb eines Zeitraumes von drei Jahren nicht um mehr als 30 % erhöht. Teilweise ist auch nur noch eine Mieterhöhung um 20 % möglich, dies insbesondere bei Wohnraum, der vor dem 1. 1. 1981 fertiggestellt wurde. In diesem Zusammenhang wird insbesondere auf das Stichwort „Kappungsgrenze" hingewiesen.

Das Verlangen zur Erhöhung des Mietzinses bis zur Höhe des vergleichbaren Entgelts (ortsübliche Vergleichsmiete) ist dem Mieter gegenüber schriftlich geltend zu machen und kann insbesondere mit einem Mietspiegel, durch ein Gutachten eines öffentlich bestellten und vereidigten Sachverständigen oder durch Benennung von drei Vergleichswohnungen begründet werden. Der Mieter hat nunmehr zu prüfen, ob er der verlangten Mieterhöhung zustimmen soll oder nicht. Ihm wird dazu eine Überlegungsfrist bis zum Ende des zweiten Kalendermonats, der auf den Zugang des Mieterhöhungsverlangens folgt, eingeräumt.

Erteilt der Mieter auf die schriftliche Anforderung die gewünschte Zustimmung nicht, so kann der Vermieter innerhalb von zwei Monaten nach Ablauf der zweimonatigen Überlegungsfrist beim zuständigen Amtsgericht Klage auf Erteilung der Zustimmung zur Mieterhöhung einreichen. Hat der Mieter gegenüber dem Vermieter der verlangten Mieterhöhung schriftlich oder mündlich zugestimmt oder ist er von einem Gericht dazu rechtskräftig verurteilt worden, wird die nun erhöhte Miete vom Beginn des dritten Kalendermonats an geschuldet, der auf Zugang des schriftlichen Erhöhungsverlangens folgt.

Weitere Stichwörter:

Entscheidung (Urteil), Erhöhung der Kostenmiete, Kappungsgrenze, Kostenmiete, Mieterhöhung, Mieterhöhung bei Modernisierung, Miethöhe, Mietspiegel, Mietspiegelspanne, Ortsübliche Vergleichsmiete, Sachverständiger, Staffelmiete

Verjährung

Wird ein Mietverhältnis, sei es durch den Vermieter oder sei es durch den Mieter, beendet, so beginnt mit dem Ende des Mietverhältnisses, in der Regel mit dem tatsächlichen Auszug des Mieters aus der Mietwohnung, die Verjährungsfrist gem. § 558 BGB zu laufen. In dieser Regelung des BGB ist festgehalten, daß die Ersatzansprüche des Vermieters wegen Veränderungen oder Verschlechterungen der Wohnung schon nach sechs Monaten verjähren. Die Verjährungsfrist beginnt mit dem Augenblick, in dem der Vermieter freien Zugang zu den Mieträumen erhält und sie auf die eventuell vorhandenen Fehler untersuchen kann. Auch der Mieter muß die Verjährungsfrist gem. § 558 BGB beachten. Für den Mieter ist dies wichtig, wenn es darum geht, Einrichtungen wegzunehmen, mit denen er die Wohnung ausgestattet hat.

Die für beide Seiten (Vermieter/Mieter), rechtlich gesehen, kurze Verjährungsfrist hat die Intention, daß trotz fortschreitenden Zeitablaufs die Beweissituation im Falle eines Prozesses für beide Parteien einigermaßen günstig bleibt. Jahre nach einer Beendigung eines Mietverhältnisses sind die erforderlichen Beweise wohl kaum mehr zu führen.

Hinsichtlich der Verjährung sind in den neuen Bundesländern die Bestimmungen der ehemaligen DDR zu diesem Punkt gem. §§ 475 bis 477 Zivilgesetzbuch zu beachten. Dies gilt insbesondere für noch nicht verjährte Ansprüche, die vor dem 3. 10. 1990 entstanden sind. Bei solchen Ansprüchen sind die Regelungen der ehemaligen DDR über Beginn, Hemmung und Unterbrechung der Verjährung zu beachten.

Nach diesem Datum richtet sich die Verjährung grundsätzlich nach den Regelungen des BGB. Keine Regel ohne Ausnahme: Ist die BGB-Frist kürzer als die ZGB-Frist, so gilt die kürzere Frist, jedenfalls gerechnet ab der Wirksamkeit des Einigungsvertrages (3. 10. 1990). Läuft die längere ZGB-Frist eher ab, so ist dieser Termin maßgeblich.

Weitere Stichwörter:
Auszug des Mieters, Beweismittel, Ersatzansprüche des Mieters, Ersatzansprüche des Vermieters, Verjährung von Schadensersatzansprüchen, Wohnungsbesichtigung, Wohnungsübergabe

Verjährung von Schadensersatzansprüchen

Die Ersatzansprüche des Vermieters wegen Veränderungen oder Verschlechterungen der vermieteten Sache sowie die Ansprüche des Mieters auf Ersatz von Verwendungen oder auf Gestattung der Wegnahme einer Einrichtung verjähren in sechs Monaten. Nähere Einzelheiten finden sich unter dem Stichwort „Verjährung".

Die Ansprüche des Vermieters auf Schadensersatz können allerdings schon **vor** Beendigung des Mietverhältnisses eingetreten sein, falls der Vermieter die vermieteten Gegenstände vor Ablauf des Mietvertrages erhalten hat.

Die Verjährungsfrist von sechs Monaten ist relativ kurz, und deswegen haben Mieter immer wieder das Glück, keinen Schadensersatz bezahlen zu müssen, weil der Vermieter nicht schnell genug in der richtigen Weise aktiv geworden ist. Ein weitverbreiteter Irrtum ist, daß eine Verjährung durch Mahnungen und schriftliche oder mündliche Vorbehalte des Vermieters unterbrochen werden könne. Die Verjährung kann nur durch Einleitung von gerichtlichen Schritten, wie einem Mahnbescheidsantrag oder Klageerhebung o. ä., unterbrochen werden. Es wird insoweit auf § 209 BGB verwiesen.

Weitere Stichwörter:
Auszug des Mieters, Verjährung, Wohnungsbesichtigung, Wohnungsübergabe

Verkauf

Wird die Wohnung eines Mieters vom Vermieter an einen neuen Eigentümer verkauft, so behalten sämtliche abgeschlossenen Mietverträge ihre Gültigkeit weiter. Dabei ist wichtig zu wissen, daß auch mündliche Mietverträge weiterhin wirksam sind. Das bestehende Mietverhältnis wird mit dem Käufer der Wohnung per Gesetz fortgesetzt. Der Mieter ist daher keineswegs verpflichtet – wie viele irrtümlich meinen –, mit dem neuen Vermieter einen neuen Mietvertrag abzuschließen. Auf diese Weise wird der unredliche Versuch gestartet, einen neuen Mietvertrag mit geänderten Konditionen, meist zu Lasten des Mieters, zu erhalten.

Der Käufer hat die Möglichkeit, die vom Mieter innegehaltene Wohnung zu kündigen, wenn der Vermieter einen gesetzlich anerkannten Kündigungsgrund hat und die sonstigen Voraussetzungen gegeben sind. Ist der Vermieter selbst auf die Wohnung angewiesen, so macht er Eigenbedarf geltend. Eine Kündigung kann allerdings erst dann ausgesprochen werden, wenn der Käufer als Eigenümer im Grundbuch eingetragen ist und diese Eintragung dem Mieter mit Hilfe eines Grundbuchauszugs nachgewiesen wurde.

Die Mieter von umgewandelten Eigentumswohnungen genießen zusätzlich zum allgemeinen Kündigungsschutz einen weiteren Schutz. Wird die Wohnung nach der Umwandlung verkauft, darf der Käufer frühestens nach Ablauf einer dreijährigen Sperrfrist wegen Eigenbedarfs kündigen. Die Frist beginnt erst mit der Grundbucheintragung des Käufers. Die normale Kündigungsfrist von drei bis zwölf Monaten kommt zu dieser Drei-Jahres-Sperrfrist noch hinzu. Dabei ist auch wichtig zu wissen, daß der Kauf einer Wohnung für sich allein keinen Kündigungsgrund darstellt.

Weitere Stichwörter:
Eigenbedarf, Grundbucheintragung, Kündigungsfristen, Kündigungsschreiben, Kündigungsschutz, Kündigungssperrfrist, Mietvertrag, Mündlicher Mietvertrag, Sozialklausel, Umwandlung

Verkehrssicherungspflicht

Den Vermieter trifft eine allgemeine Prüfungs- und Überwachungspflicht für alle Teile des Hausgrundstücks. Er hat Kontrollen und Vorkehrungen zu treffen, daß seine Mieter vertragsgemäß und gefahrlos die Mietsache gebrauchen können. Er hat dafür Sorge zu tragen, daß beispielsweise die Treppenhausbeleuchtung funktioniert, schadhafte Treppenstufen ausgebessert werden, Hof, Keller und Dachboden keine Gefahren bergen. Die Verkehrssicherungspflicht erstreckt sich selbstverständlich auch auf die gesamten Versorgungsleitungen des Hauses sowie Zentralheizung und Warmwasserversorgung. Ebenso hat der Vermieter dafür Sorge zu tragen, daß jederzeit ausreichender Brennstoffvorrat vorhanden ist. Überträgt der Vermieter seine Prüfungs- und Überwachungspflicht auf einen Hausverwalter oder eine Verwaltungsfirma, so wird er im Schadensfall hierdurch nicht haftungsfrei, da er auch für das Verschulden seiner Erfüllungsgehilfen gem. § 278 BGB einstehen muß.

Die Verkehrssicherungspflicht ist allerdings für die von seinen Mietern benutzten Räume insofern eingeschränkt, da diese verpflichtet sind, Gefahren und Mängel aus ihrem Wohnbereich dem Vermieter mitzuteilen. Die Verkehrssicherungspflicht des Vermieters bezieht sich nicht nur auf seine Mieter, vielmehr müssen auch sämtliche anderen Personen, wie beispielsweise Lieferanten, Postboten, Besucher der Mieter etc. das Hausgrundstück gefahrlos betreten können. Kommt es zum Schadensfall, kann der Geschädigte gegen den Vermieter dann einen Schadensersatzanspruch geltend machen, wenn dieser seine Sorgfaltspflichten schuldhaft verletzt hat und dies entsprechend nachgewiesen werden kann.

Die Gerichte stellen insofern hohe Anforderungen an die Sorgfaltspflicht des Vermieters. Kann er beispielsweise nicht nachweisen, daß er oder einer seiner Vertreter regelmäßige Kontrollen durchgeführt haben, so liegt eine schuldhafte Pflichtverletzung vor, wenn Dritte beispielsweise durch herabfallende Dachziegel oder herabstürzende Äste von Grundstücksbäumen verletzt werden.

Der Vermieter kann auch Teile seiner Verkehrssicherungspflicht, wie beispielsweise die Wegereinigungs- und Streupflicht vertraglich seinem Mieter übertragen. Verletzt der Mieter schuldhaft die ihm übertragene Pflicht, so kann der Geschädigte sowohl ihn als auch den Vermieter in Anspruch nehmen. Gelingt dem Vermieter allerdings der Nachweis, daß er den Mieter gewissenhaft ausgewählt hat, so haftet nur der Mieter. Sollte dem Vermieter dieser Entlastungsbeweis nicht gelingen, so muß er dem Geschädigten Schadensersatz leisten. In diesem Falle kann der in Anspruch genommene Vermieter allerdings beim Mieter Regreß nehmen.

Erleidet der Mieter aufgrund einer ihm bekannten Gefahrenquelle einen Schaden, muß er sich ein Mitverschulden anrechnen lassen (LG Hamburg, WM 88, 405).

Weitere Stichwörter:

Anzeigepflicht, Ersatzansprüche des Mieters, Fehler der Mietsache, Hausmeister, Straßenreinigung

Vermietergemeinschaft

Es ist keineswegs notwendig, daß auf Vermieterseite, gleichgültig ob es sich um Wohnraummiete handelt oder um sonstige Mietgegenstände, nur eine Person beteiligt ist. Es ist durchaus üblich, daß etwa Ehegatten als Miteigentümer der zu vermietenden Wohnung gemeinsam als Vermieter auftreten. Auf der Vermieterseite können auch Erbengemeinschaften gem. § 2032 BGB stehen.

Steht also auf Vermieterseite eine Gemeinschaft oder eine Mehrheit von Personen, so kann das Mietverhältnis von dieser Gemeinschaft nur wirksam von allen Beteiligten gekündigt werden. Eine Ausnahme ist nur dann gegeben, wenn ein Beteiligter der Gemeinschaft von den anderen Beteiligten zum Ausspruch der Kündigung bevollmächtigt wird.

Ähnliches gilt bei der Durchführung einer Mieterhöhung nach dem Mietgesetz (MHG). Die Vermietergemeinschaft ist in der Rechtsprache sogenannter „Mitgläubiger" (§ 432 BGB), mit der Folge, daß die Miete nur einheitlich und im ganzen eingezogen werden kann und nicht jeder beteiligte Vermieter seinem Anteil entsprechend die Miete beim Mieter geltend machen kann.

Weitere Stichwörter:

Ehegatten, Eheähnliche Lebensgemeinschaft, Mietvertrag, Teilkündigung, Untermietverhältnis, Wohngemeinschaft

Vermieterpfandrecht

Der Vermieter eines Grundstücks hat für seine Forderungen aus dem Mietverhältnis ein Pfandrecht an den eingebrachten Sachen des Mieters (§ 559 Satz 1 BGB). Zu den eingebrachten Sachen gehören unter anderem die Möbel des Mieters. Das Pfandrecht erstreckt sich jedoch nur auf solche Sachen, die im Alleineigentum oder im Miteigentum des Mieters stehen. Das Pfandrecht entsteht mit der Einbringung der Sachen in die Mieträume. Das Pfandrecht bezieht sich allerdings nicht auf Sachen, die unpfändbar sind. Zu den unpfändbaren Sachen gehören: ein Schwarzweißfernsehgerät, eine Waschmaschine oder ein Kühlschrank.

Das Vermieterpfandrecht dient zur Sicherheit **aller** Forderungen des Vermieters aus dem eingegangenen Mietverhältnis. Der Vermieter ist berechtigt, wenn er sein ihm zustehendes Pfandrecht ausübt, die dem Pfandrecht unterliegenden Sachen des Mieters (also nicht die unpfändbaren) in Besitz zu nehmen und versteigern zu lassen. Mit dem Versteigerungserlös werden die Ansprüche des Vermieters befriedigt. Der Vermieter ist auch berechtigt, wenn der Mieter seinen vertraglichen Pflichten nicht nachkommt, schon **vor** Beendigung des Mietverhältnisses dieses gesetzliche Vermieterpfandrecht auszuüben. Allerdings darf das Vermieterpfandrecht für zukünftig entstehende Forderungen nicht geltend gemacht werden. Das Pfandrecht des Vermieters erlischt mit der Entfernung der Sachen von dem Grundstück (aus der Mietwohnung), es sei denn, daß die Entfernung ohne Wissen oder unter Widerspruch des Vermieters erfolgt (§ 560 Satz 1 BGB). Sind die Sachen des Mieters ohne Wissen oder nur unter Widerspruch des Vermieters entfernt worden, so kann der Vermieter die Herausgabe zum Zwecke der Zurückschaffung auf das Grundstück (in die Mietwohnung) und, wenn der Mieter inzwischen ausgezogen ist, die Überlassung des Besitzes an den Sachen verlangen.

Das Pfandrecht erlischt automatisch mit dem Ablauf eines Monats, nachdem der Vermieter von der Entfernung der Sachen Kenntnis erlangt hat, wenn nicht der Vermieter diesen Anspruch vorher gerichtlich geltend gemacht hat (vgl. § 561 Abs. 2 BGB). Wenn der Vermieter entdeckt, daß der Mieter seine dem Pfandrecht unterliegenden Sachen entfernt, und dies verhindern will, so kann er dies unter Umständen ohne Anrufen eines Gerichts tun. Er kann die Sachen selbst in Besitz nehmen, er handelt hier im Rahmen seines Selbsthilferechts (§ 561 Abs. 1 BGB). In einem solchen Fall dürfen der Vermieter bzw. seine Hilfspersonen den Mieter notfalls mit Gewalt an der Wegschaffung der Sachen von dem Grundstück (Mietwohnung) hindern. Möglicherweise macht sich der Mieter wegen seines Tuns auch strafbar. Dies ist jedoch in jedem Einzelfall gesondert zu prüfen.

Will der Mieter das geltend gemachte Vermieterpfandrecht abwenden, so hat er die Möglichkeit, beim zuständigen Amtsgericht eine Sicherheitsleistung, mindestens in Höhe der Forderung, zu hinterlegen. Die Sicherheitsleistung kann in Geld oder in Form eines Wertgegenstandes erbracht werden. Das Nähere regelt die Hinterlegungsordnung.

Kommt es zwischen dem Mieter und dem Vermieter zu einem Rechtsstreit dahingehend, ob das gesetzliche Pfandrecht besteht oder nicht, so hat der Vermieter das Bestehen zu beweisen. Dazu gehört auch der Nachweis, daß der Mieter Eigentümer der gepfändeten Sachen ist. Weiter muß der Vermieter den Beweis erbringen, daß er einen Anspruch (Forderung) aus dem Mietverhältnis hat, also etwa rückständigen Mietzins. Dagegen hat der Mieter darzulegen, aus welchen Gründen er nicht Eigentümer der dem gesetzlichen Pfandrecht unterliegenden Sachen ist. Weiter hat der Mieter im Prozeß darzulegen und zu beweisen, daß der Anspruch auf die Vermieterforderung oder das Pfandrecht beispielsweise durch Erfüllung erloschen sind.

Weitere Stichwörter:
Auszug des Mieters, Beweismittel, Eilverfahren, Grundstück, Mietschulden

Vermietung und Verpachtung

Die aus einer Vermietung oder Verpachtung erzielten Einnahmen muß der Vermieter versteuern. Diese Einkünfte unterliegen der Einkommensteuer gem. § 2 Abs. 1 Nr. 6 Einkommensteuergesetz (EStG). Dazu zählen alle Einnahmen aus der Vermietung und Verpachtung von unbeweglichem Vermögen, insbesondere Grundstücken, Gebäuden, Gebäudeteilen und anderen. Dazu gehört unter anderem auch gem. § 21 Abs. 2 EStG der Nutzungswert der Wohnung im eigenen Haus oder der Nutzungswert einer dem Steuerpflichtigen ganz oder teilweise unentgeltlich überlassenen Wohnung.

Die Einkünfte, die ein Vermieter aus der Vermietung beweglicher Gegenstände erzielt, gehören zu den sonstigen Einkünften im Sinne von § 22 Nr. 3 EStG. Die Einkünfte aus Vermietung und Verpachtung werden steuerlich als Überschuß der Einnahmen gegenüber den Werbungskosten ermittelt. Werbungskosten sind hier beispielsweise Absetzungen für Abnutzung, die Bezahlung von Schuldzinsen, Steuern und Versicherungsbeiträgen. Ebenso gehören dazu die notwendigen Erhaltungsaufwendungen.

Arbeitnehmer haben die Möglichkeit, den Verlust bei den Einkünften aus Vermietung und Verpachtung als steuerfreien Betrag auf der Lohnsteuerkarte eintragen zu lassen, wenn sich der Verlust infolge erhöhter Absetzungen ergibt.

Weitere Stichwörter:
Bauherren-Modell, Geschäftsraummiete, Leasing, Mietvertrag, Pacht

Vermögensgesetz

Die Wiedervereinigung hat ein großes Problemfeld geschaffen: die sog. „offenen Vermögensfragen". Es handelt sich hierbei um Ansprüche an Vermögenswerten, die in der ehemaligen DDR den Inhabern zu Unrecht weggenommen wurden. Diese können wieder auf die rechtmäßigen Inhaber zurückübertragen werden. Im einzelnen werden diese Problemfelder im Vermögensgesetz vom 18. 4. 1991 geregelt. Das Vermögensgesetz hat auch Auswirkungen auf Miet- und Nutzungsverhältnisse.

Nach § 17 Satz 1 Vermögensgesetz berührt die Rückübertragung von Grundstücken und Gebäuden auf den wahren Berechtigten das Bestehen eines Miet- oder Nutzungsverhältnisses nicht. Jedoch keine Regel ohne Ausnahme:
Wurde mit unlauteren Mitteln das Miet- oder Nutzungsverhältnis an dem Grundstück oder Gebäude erworben, so ist das Miet- oder Nutzungsverhältnis aufzuheben (vgl. § 17 i. V. m. § 4 Vermögensgesetz). In diesem Zusammenhang scheint auch der § 3a Vermögensgesetz besonders wichtig zu sein:
Danach können Gemeinden, Kreise und Länder sowie die Treuhandanstalt Grundstücke und Gebäude zu Investitionszwecken vermieten oder verpachten. Es gilt der bereits aus dem BGB bekannte Satz in abgewandelter Form: „Rückgabe an den Berechtigten bricht nicht Miete" (§ 3a Abs. 6 Vermögensgesetz). Die offenen Vermögensfragen werden die gesamte Justiz sicherlich noch einige Jahre beschäftigen. Bei auftauchenden Problemen sollte unbedingt professioneller Rat eingeholt werden.

Weitere Stichwörter:
DDR, Nachmieter, Nutzungsverträge, Umwandlung

Vertragsstrafe

Nach den Vorschriften des BGB dient eine Vertragsstrafe dazu, den Schuldner zur gehörigen Erfüllung seiner versprochenen Leistungen anzuhalten. Erbringt der Schuldner seine versprochenen Leistungen nicht, so kann den Schuldner ein Vermögensnachteil treffen.

Ein solches Vertragsstrafeversprechen, das sich ein Vermieter von Wohnraum vom Mieter versprechen läßt, ist gem. § 550a BGB unwirksam. Ein Vertragsstrafeversprechen kann wirksam sein, wenn nicht Wohnraum vermietet ist, sondern ein Geschäftsraummietvertrag besteht. Hier können der Vermieter (Gläubiger) und der Mieter (Schuldner) eines Geschäftsraumes entsprechende Vertragsstrafen vereinbaren. In der Regel stellt die Vertragsstrafe ein Druckmittel seitens des Vermieters gegenüber dem Mieter dar.

Weitere Stichwörter:

Geschäftsraummiete, Mischmietverhältnis, Schadenspauschale, Umzugskostenpauschale

Vertragsverlängerung

Der Vermieter muß etwas unternehmen, wenn er dem Mieter gekündigt hat, die Kündigungsfrist abgelaufen ist und der Mieter nicht aus der Wohnung ausgezogen ist. Der Vermieter läuft hier Gefahr, daß die Kündigung zwei Wochen nach Ablauf der Kündigungsfrist unwirksam wird. Wird diese Zwei-Wochen-Frist versäumt, so regelt das Bürgerliche Gesetzbuch, daß der Vermieter die Verlängerung des Mietverhältnisses stillschweigend duldet. Der Vermieter ist also gehalten, innerhalb von zwei Wochen nach Ablauf des Mietvertrages „der Fortsetzung des Mietverhältnisses zu widersprechen" (§ 568 BGB).

Das „Risiko" der stillschweigenden Vertragsverlängerung kann der Vermieter bereits im Mietvertrag ausschließen. Häufig wird folgende Formulierung gewählt: „Bei Beendigung des Mietverhältnisses findet die Vorschrift des § 568 BGB keine Anwendung." Fehlt im Mietvertrag eine derartige Klausel, hat der Vermieter die Möglichkeit, schon in seinem Kündigungsschreiben dem Mieter unmißverständlich mitzuteilen, daß er in keinem Fall ein Interesse an der gesetzlichen Vertragsverlängerung hat. Widerspricht also der Vermieter der Fortsetzung des Mietverhältnisses, so ist das Mietverhältnis in jedem Fall mit Ablauf der Kündigungsfrist beendet, auch wenn der Mieter noch länger als zwei Wochen in der Wohnung verbleibt.

Weitere Stichwörter:

Fomularvertrag, Kündigung durch Mieter, Kündigungsfristen, Mietvertrag, Mündlicher Mietvertrag, Mustermietvertrag, Nutzungsentschädigung, Räumung, Sonderkündigungsrecht, Unabdingbare Mieterrechte, Wohnungsübergabe

Verwaltergebühren

Immer wieder ist zu beobachten, daß Vermieter im Rahmen von Betriebskostenabrechnungen die Verwaltergebühren, die ein professioneller Wohnungsverwalter den Wohnungseigentümern in Rechnung stellt, auf den Mieter umlegen möchten. Die Verwaltungskosten sind auch bei anderslautender schriftlicher Vereinbarung nicht als umlagefähig anzusehen. Stellt der Mieter fest, daß er zu Unrecht Beträge an den Vermieter gezahlt hat, so kann er die zuviel gezahlten Beträge zurückfordern. Bei preisgebundenem Wohnraum (Sozialwohnungen) können Verwaltungskosten in der Wirtschaftlichkeitsberechnung mit eingestellt werden. Beim Sozialmietrecht versteht man unter Verwaltungskosten die Kosten, die zur Verwaltung des Gebäudes oder der Wirtschaftseinheit erforderlich sind. In die Wirtschaftlichkeitsberechnung können allerdings von seiten des Vermieters pro Wohnung und pro Jahr höchstens 420 DM abgerechnet werden.

Weitere Stichwörter:

Betriebskosten, Hausverwaltung, Kostenmiete, Mietzins, Nettomiete, Rückforderung, Sozialmiete, Verwirkung, Vorauszahlungen

Verwirkung

Sowohl der Mieter als auch der Vermieter haben nach Beendigung eines Mietverhältnisses relativ kurze Verjährungsfristen zu beachten. Selbst wenn die Ansprüche, die gegenseitig geltend gemacht werden, noch nicht verjährt sind, besteht die Gefahr, daß die Ansprüche verwirken. Der Tatbestand der Verwirkung kann immer dann verwirklicht sein, wenn aufgrund verspäteter Geltendmachung von Rechten bei der Gegenseite der Anschein erweckt wird, der Anspruchsberechtigte wolle seine Rechte nicht mehr ausüben.

Vermieter laufen regelmäßig Gefahr, daß Ansprüche aus einer Heizkostenabrechnung oder Betriebskostenabrechnung als verwirkt angesehen werden, wenn der Mieter die Abrechnung wegen sachlicher Fehler gerügt hat und der Vermieter daraufhin ein Jahr lang nichts unternimmt. Zwar hat der Vermieter einen Anspruch gegen den Mieter auf restliche Zahlung von Heizkosten oder Betriebskosten, jedoch kann der Anspruch rechtlich aufgrund der eingetretenen Verwirkung nicht mehr durchgesetzt werden.

Weitere Stichwörter:
Betriebskosten, Verjährung, Verjährung von Schadensersatzansprüchen

Volkseigene Wohnungen

Hier handelt es sich um ein Relikt aus alten DDR-Zeiten. Die volkseigenen Wohnungen sind am 3. 10. 1990 mit gleichzeitiger Übernahme der anteiligen Schulden in das Eigentum der Kommunen und Gemeinden übergegangen. Die Kommunen sollen diesen Wohnungsbestand dann nach marktwirtschaftlichen Gesetzen in den freien Wohnungsmarkt überführen (vgl. Art. 22 Abs. 4 S. 1–4 des Einigungsvertrages).

In Art. 22 Abs. 4 S. 5 des Einigungsvertrages ist der volkseigene Wohnungsbestand bei staatlichen Einrichtungen der ehemaligen DDR geregelt worden. Diese sind am 3. 10. 1990 entweder in das Verwaltungsvermögen von Bund, Ländern und Gemeinden übergegangen oder in die Treuhandverwaltung des Bundes gefallen, soweit die volkseigenen Wohnungen staatlicher Einrichtungen nicht der Treuhandanstalt zu übertragen waren. Die jeweiligen Träger der Verwaltungsvermögen sind dann als die maßgeblichen Vermieter anzusehen.

Weitere Stichwörter:
DDR, Vermögensgesetz

Vollstreckungsschutz

Besitzt der Vermieter einen rechtskräftigen Räumungstitel und ist die Räumungsfrist abgelaufen, so ist der Mieter trotzdem noch nicht rechtlos gestellt, selbst dann, wenn er trotz intensivster Suche nach einem Ersatzwohnraum noch keinen in Aussicht hat. Möglicherweise hilft hier dem Mieter § 765a ZPO. Dieser Paragraph gibt dem Mieter ergänzenden Vollstreckungsschutz zu § 721 ZPO.

Der Mieter kann beim zuständigen Amtsgericht den Antrag stellen, daß ausnahmsweise die Vollstreckung des Räumungsurteils oder des Räumungsvergleichs zeitweise ausgesetzt wird, wenn die Räumung für den Mieter eine mit den guten Sitten nicht vereinbare Härte darstellt. Allerdings muß der Mieter hier erhebliche und gewichtige Gründe angeben können, um zu begründen, daß er weiterhin in der bisherigen Wohnung verbleiben darf. Beispielsweise kommen hier schwere gesundheitliche Nachteile in Betracht, die mit einem ärztlichen Attest nachgewiesen werden müssen.

Vollstreckungsschutz ist dem Mieter möglicherweise auch dann zu gewähren, wenn der Mieter nachweist und darlegt, daß ein Umzug unmittelbar bevorsteht und ihm eine Unterbringung in einem Obdachlosenheim zwischenzeitlich nicht zuzumuten ist. In der Regel sprechen jedoch die Amtsgerichte hier nur sehr kurze Aufschubfristen aus. Sie liegen normalerweise zwischen drei Tagen und drei Monaten.

Weitere Stichwörter:
Räumungsfrist, Räumungsfristverlängerung

Vorauszahlungen

Haben der Vermieter und der Mieter über Wohnraum vereinbart, daß neben dem zu entrichtenden Mietzins weitere Nebenkosten anteilig zu bezahlen sind, so muß der Vermieter zunächst die Nebenkosten (Heizung, Wasser, Müllabfuhr) aus eigenen Mitteln bezahlen. Zur Vermeidung dieser finanziellen Nachteile kann vereinbart werden, daß der Mieter auf die von ihm vereinbarungsgemäß zu tragenden Nebenkosten Vorauszahlungen (Abschlagszahlungen) leisten muß. Es handelt sich hierbei um Zahlungen auf die zu erwartenden Kosten. Über die Vorauszahlungen ist dann nach Ablauf des Wirtschaftsjahres abzurechnen.

Die Vorauszahlungen dürfen keine versteckten Vermietergewinne enthalten, sie sind lediglich ein Vorschuß. Übersteigen die tatsächlich entstandenen Kosten die Vorauszahlungen, so muß der Mieter den Differenzbetrag nachzahlen. Sind die tatsächlichen Kosten niedriger, so kann der Mieter vom Vermieter Erstattung verlangen. Die Höhe der zu entrichtenden Vorauszahlungen, soweit solche vereinbart sind, muß angemessen sein. Die Höhe muß sich an den voraussichtlichen Betriebskosten orientieren. Die Vorauszahlungen sind kein kostengünstiger Kredit für den Vermieter. Stellt sich im Laufe des Abrechnungszeitraumes heraus, daß die Vorauszahlungen zu niedrig oder zu hoch angesetzt sind, so sind die Vorauszahlungen der Höhe nach anzupassen. Allerdings darf der Mieter nicht ohne weiteres die monatlichen Vorauszahlungen von sich aus reduzieren, schon gar nicht vor Erhalt der Jahresabrechnung.

Aus der Vereinbarung über die Vorauszahlungen muß sich eindeutig ergeben, welche Beträge der Mieter für welche Betriebskosten vorauszuzahlen verpflichtet ist. Die Zahlungsweise (monatlich, zweimonatlich oder halbjährlich) und die Fälligkeit der Vorauszahlungen können zwischen den Parteien völlig frei vereinbart werden. Abrechnungstechnisch wird es günstig sein, die Vorauszahlungen mit der Zahlung des monatlichen Mietzinses zu koppeln. Werden Vorauszahlungen vereinbart, so ist der Vermieter verpflichtet, über die Vorauszahlungen jährlich abzurechnen (vgl. § 4 MHG). Die schriftliche Abrechnung muß eine geordnete Zusammenstellung der Einnahmen und Ausgaben sein. Der Mieter muß aufgrund der Abrechnung und ohne Hinzuziehung weiterer Unterlagen in der Lage sein, die Abrechnung gedanklich und rechnerisch nachprüfen zu können.

Weitere Stichwörter:

Betriebskosten, Heizkostenverordnung, Kaltmiete, Mietzins, Nettomiete, Verbrauchserfassung

Vorgetäuschter Eigenbedarf

Das Vortäuschen des Kündigungsgrundes „Eigenbedarf" ist eine positive Vertragsverletzung, die zum Ausgleich aller mittelbaren und unmittelbaren Schäden verpflichtet, die dem Mieter entstehen. Ist streitig, ob der Kündigungsgrund im Zeitpunkt der Kündigung bestanden hat, dann liegt die Beweislast beim Vermieter (vgl. Urteil des LG Hamburg, NJW-RR 1993, 333). Immer wieder ist in der Praxis festzustellen, daß Vermieter die vermietete Eigentumswohnung mit der Begründung kündigen, sie benötigen die Wohnung für sich selbst oder für Familienangehörige. Der Mieter hat gegen den Vermieter Ansprüche auf Schadensersatz, wenn sich herausstellt, daß der behauptete Eigenbedarf nur vorgetäuscht war. Die Darlegungs- und Beweislast für das Bestehen des Eigenbedarfs liegt beim Vermieter. Insbesondere tun sich die Vermieter schwer, wenn der zeitliche Ablauf des Sachverhaltes nach der Lebenserfahrung auf das Vortäuschen von Eigenbedarf hinweist. Der Vermieter muß dem Mieter u. a. beispielsweise folgende Schäden ersetzen: die Belastung durch höhere Miete für die neue Wohnung, soweit der Nutzungswert der neuen Wohnung nicht höher ist als der Nutzungswert der früheren Wohnung; die Umzugskosten sind zu erstatten; eventuell neue Gardinen und Zubehör unter Berücksichtigung eines Abzuges neu für alt; auch die Kosten für den Ausbau, Einbau und Umbau der Küchenmöblierung; ebenso der zusätzliche Aufwand beim Umzug für das Einpacken der Gegenstände, das Herrichten der neuen Wohnung und den Zeitaufwand für den Erwerb notwendiger neuer Gegenstände.

Weitere Stichwörter:
Eigenbedarf, Kündigungsgründe, Kündigungsschreiben, Kündigungsschutz, Mietaufhebungsvereinbarung

Vorkaufsrecht

Nach Maßgabe von § 504 BGB gilt zum „Vorkauf" folgendes:

„Wer in Ansehung eines Gegenstandes zum Vorkauf berechtigt ist, kann das Vorkaufsrecht ausüben, sobald der Verpflichtete mit einem Dritten einen Kaufvertrag über den Gegenstand geschlossen hat."

Grundsätzlich hat der Mieter an seiner Mietwohnung im gesamten Gebiet der Bundesrepublik **kein** Vorkaufsrecht im Sinne von § 504 ff. BGB, es sei denn, das Vorkaufsrecht ist im Mietvertrag vertraglich vereinbart worden. Anders ist allerdings die Rechtslage, wenn eine Wohnung in Wohnungseigentum umgewandelt wurde. Hier ist dem Mieter nunmehr ein Vorkaufsrecht eingeräumt worden. Hinsichtlich dieses Sonderfalles wird auf das Stichwort „Umwandlung" verwiesen, wo die Rechtslage besonders dargestellt ist.

Dann kann der Mieter in den Kaufvertrag, den der Eigentümer der Mietwohnung mit einem Dritten abgeschlossen hat, zu den gleichen Bedingungen einsteigen und die Wohnung erwerben. Folgende Ausnahmen sind allerdings zu beachten:

Wurde in den neuen Bundesländern und nur dort vor dem 3. 10. 1990 ein Vorkaufsrecht gem. den §§ 306–309 Zivilgesetzbuch vertraglich wirksam vereinbart, so hat dieses Vorkaufsrecht weiterhin Bestand und die bisherige Rechtslage bleibt bestehen. Die ab dem 3. 10. 1990 vereinbarten Vorkaufsrechte, also nach der Wiedervereinigung, richten sich ausschließlich nach den §§ 504 ff. BGB bzw. nach den individuellen Vereinbarungen. Der Mieter hat auch ein gesetzliches Vorkaufsrecht nach den Voraussetzungen von § 20 Vermögensgesetz. Wenn die Voraussetzungen dieser Norm gegeben sind, kann der Mieter und Nutzer die Einräumung eines Vorkaufsrechts am Grundstück beantragen. Bei öffentlich geförderten Mietwohnungen, die in eine Eigentumswohnung umgewandelt und an Dritte veräußert werden, hat der Mieter ein Vorkaufsrecht nach § 2b Wohnungsbindungsgesetz. Abschließend soll noch auf § 570b BGB hingewiesen werden. In bestimmten Umwandlungsfällen kann der Mieter ein Vorkaufsrecht nutzen, wenn ihm dies nicht schon vertraglich eingeräumt wurde.

Weitere Stichwörter:

DDR, Grundstück, Sozialmiete, Umwandlung, Vermögensgesetz, Volkseigene Wohnungen

Wertsicherungsklauseln

Hierunter versteht man vertragliche Vereinbarungen, die es dem einen Vertragspartner ermöglichen, einen Kaufkraftverlust auszugleichen. Im Rahmen von Mietverträgen sollen die Wertsicherungs- oder Mietanpassungsklauseln den Vermieter vor erheblichem Kaufkraftschwund schützen. Das Geldentwertungsrisiko wird auf den Mieter abgewälzt. Häufig werden solche Wertsicherungsklauseln an bestimmte Lebenshaltungsindices gekoppelt.

Bei Wohnraummietverträgen sind gem. § 10 MHG solche Wertsicherungsklauseln bisher als generell unwirksam anzusehen gewesen. Es handelt sich um Vereinbarungen, die zum Nachteil des Mieters von den §§ 1–9 MHG abweichen, was nicht zulässig ist. Das Vierte Mietrechtsänderungsgesetz hat hier Lockerungen gebracht. Voraussetzung ist allerdings, daß der Mieter und der Vermieter entsprechende Mietanpassungsvereinbarungen schließen. Insoweit wird auf § 10a MHG verwiesen.

Bei Geschäftsraummietverträgen dürfen solche Klauseln vereinbart werden. Die Wertsicherungsklauseln gibt es häufig in Form von sog. Gleitklauseln. Dabei gleicht sich der Geschäftsraummietzins unmittelbar und ohne zusätzliche Entscheidungen der Vertragspartner an bestimmte Wertmaßstäbe an, die in der Klausel festgelegt sind. Solche Klauseln bedürfen in aller Regel der Genehmigung der zuständigen Landeszentralbank gem. § 3 des Währungsgesetzes. Fehlt eine solche Genehmigung, kann sich der belastete Vertragspartner auf die Unwirksamkeit berufen.

Das Vierte Gesetz zur Änderung mietrechtlicher Vorschriften (Viertes Mietrechtsänderungsgesetz) hat nunmehr auch die Möglichkeit gegeben, in den Wohnungsmietverträgen Indexklauseln zuzulassen. Dadurch sollen künftig die Wohnungsbauinvestoren vor Inflationsverlusten geschützt werden mit dem Ziel, daß die Investitionsbedingungen langfristig im Wohnungsbau verbessert werden sollen. Der Gesetzgeber stellt sich auch vor, daß dieses System der Mieterhöhungen, die sich an Lebenshaltungskosten orientieren, dem Mieter besser begreiflich zu machen ist, als das derzeitige nicht immer ganz einfach zu verstehende Vergleichsmietenrecht. Der Gesetzgeber hofft, daß es aufgrund der Zulassung von Indexklauseln weniger Streitigkeiten um die Miethöhe gibt. Voraussetzung für die Zulässigkeit einer solchen Indexklausel in einem Mietvertrag ist allerdings, daß Mieter und Vermieter eine entsprechende Mietanpassungsvereinbarung geschlossen haben. Auch diese muß nach wie vor von der zuständigen Landeszentralbank genehmigt werden. Der Gesetzgeber hat im Rahmen des § 10a Miethöhegesetz, der neu eingefügt wurde, folgende Regelung getroffen: „Abweichend von § 10 Abs. 1 Miethöhegesetz kann schriftlich vereinbart werden, daß die weitere Entwicklung des Mietzinses durch den Preis von anderen Gütern oder Leistungen bestimmt werden soll (Mietanpassungsvereinbarung) ... Während der Geltungsdauer einer Mietanpassungsvereinbarung muß der Mietzins, von Erhöhungen nach den §§ 3 und 4 MHG abgesehen, jeweils mindestens ein Jahr unverändert bleiben ...".

Das Euro-Einführungsgesetz trat am 1. 1. 1999 in Kraft und läßt praktisch eine Genehmigungsverpflichtung von Mietanpassungsvereinbarungen bzw. Wertsicherungsklauseln entfallen. Siehe hierzu insbesondere das Stichwort „Lebenshaltungsindex".

Weitere Stichwörter:

Betriebskosten, Erhöhung der Kostenmiete, Geschäftsraummiete, Kapitalkosten, Kostenmiete, Lebenshaltungsindex, Mieterhöhung, Mietsenkung

Wiedereinweisung

Gelingt es der Obdachlosenbehörde nicht, dem Räumungspflichtigen, dem Obdachlosigkeit droht, geeigneten Wohnraum zur Verfügung zu stellen, kann die Obdachlosenbehörde den räumungspflichtigen Mieter in seine bisherige Wohnung wieder einweisen. Erläßt die Behörde eine sogenannte Wiedereinweisungsverfügung, hat sie dabei die sachlichen und örtlichen Belange des Vermieters zu berücksichtigen. Die Obdachlosenbehörde (Amt für öffentliche Ordnung) darf nicht willkürlich handeln. Die Wiedereinweisungsverfügung muß zeitlich begrenzt sein.

Die Höchstdauer einer Wiedereinweisung des Räumungspflichtigen in seine bisherige Wohnung wird von den Gerichten auf vier bis sechs Monate limitiert. Diese Höchstfrist von sechs Monaten darf auch nicht durch ständige Wiederholungen kurzfristiger Einweisungsverfügungen überschritten werden. Nach Ablauf dieser Frist ist die Behörde gezwungen, den Wiedereingewiesenen in einer gemeindeeigenen Obdachlosenunterkunft unterzubringen. Hat die zuständige Gemeinde eine Wiedereinsetzungsverfügung erlassen, kann der Vermieter das Räumungsurteil nicht mehr durch den Gerichtsvollzieher vollstrecken lassen. Nach Ablauf der Beschlagnahme kann der Vermieter unverzüglich die Zwangsräumung durchführen lassen.

Für die Dauer der Einweisung hat der Vermieter gegen die einweisende Behörde einen Anspruch auf Entschädigung seiner Vermögensnachteile. Die Behörde ist dann verpflichtet, eine Nutzungsentschädigung für die Wohnung in ortsüblicher Höhe zu bezahlen. Der Vermieter selbst hat keinen Zahlungsanspruch gegen den früheren Mieter. Gegen eine Wiedereinweisungsverfügung kann der Vermieter das Rechtsmittel des Widerspruchs (Frist: ein Monat) einlegen.

Weitere Stichwörter:

Auszug des Mieters, Entscheidung (Urteil), Ersatzwohnraum, Mietaufhebungsvereinbarung, Nutzungsentschädigung, Obdachlosenunterbringung, Ortsübliche Vergleichsmiete, Räumung, Räumungsfristverlängerung, Vergleich, Vollstreckungsschutz

Wohnberechtigungsschein

Wer in eine Sozialwohnung einziehen und nur Sozialmiete bezahlen will, muß dem Vermieter einen Wohnungsberechtigungsschein vorlegen können. Werden nämlich dem Bauherrn öffentliche Finanzmittel zur Verfügung gestellt, gilt die Wohnung als öffentlich gefördert. Damit entsteht für die Wohnung nicht nur eine „Mietpreisbindung" (Kostenmiete), sondern auch eine „Belegungsbindung". Beide Bindungen gelten so lange, wie die Wohnung als öffentlich gefördert gilt. Unter „Belegungsbindung" versteht man, daß der Vermieter die Sozialwohnung nur an Wohnberechtigte vermieten darf.

Der Wohnberechtigungsschein wird auf Antrag für ein Jahr ausgestellt. Bezieht der Mieter nicht innerhalb eines Jahres eine Sozialwohnung, muß er sich einen neuen Wohnberechtigungsschein besorgen. Ein Wohnberechtigungsschein ist immer erforderlich, auch wenn der Mieter bisher schon in einer Sozialwohnung mit Hilfe eines Wohnberechtigungsscheines gewohnt hat und die Wohnung wechseln möchte. Dies gilt auch dann, wenn innerhalb eines Objektes zwei Sozialwohnungen von den Mietern getauscht werden. Der Wohnberechtigungsschein muß beim örtlich zuständigen Wohnungsamt beantragt werden. Nicht jeder Antragsteller hat darauf Anspruch. Dieser ist abhängig von der Familiengröße und dem Einkommen. Beispielsweise erhält ein Ein-Personen-Haushalt einen Wohnberechtigungsschein, wenn das Jahreseinkommen unter 21 600 DM liegt. Bei einem Zwei-Personen-Haushalt beträgt die Einkommensgrenze 31 800 DM. Für junge Ehepaare, Aussiedler und Rentner gibt es weitere Vorteile. Außerdem können Schwerbehinderte mit einer Minderung der Berufsfähigkeit von 80 % die Grenzwerte mit pauschalen Freibeträgen erhöhen. Nicht zum Einkommen, nach dessen Maßgabe ein Wohnberechtigungsschein ausgestellt wird, zählen steuerfreie Einnahmen wie Kindergeld, Leistungen aus Krankenversicherung, Arbeitslosengeld und Arbeitslosenhilfe sowie Heirats- und Geburtshilfen. Außerdem bleiben gesetzliche und tarifliche Kindergeldzulagen bei der Berechnung des Einkommens außer Betracht.

Auch Mieter mit höheren Einkommen können einen Wohnberechtigungsschein unter bestimmten Voraussetzungen erhalten: Das Gesamteinkommen darf maximal 40 % über der festgelegten Einkommensgrenze liegen und er macht eine billigere oder größere öffentlich geförderte Wohnung frei bzw. der geplante Wohnungswechsel liegt im öffentlichen Interesse. Ein öffentliches Interesse wird immer dann angenommen, wenn andere Wohnungsberechtigte für die freizumachende Wohnung vorhanden sind. Weitere Ausnahmen können in Betracht kommen, um besondere Härten zu vermeiden. Ein Wohnberechtigungsschein wird auch dann erteilt, wenn die an sich zulässige Wohnungsgröße überschritten würde oder wenn die Wohnung eigentlich einem bestimmten Personenkreis vorbehalten ist oder wenn Personen berücksichtigt werden sollen, die keine Familienangehörigen sind. Auf diese Weise kann erreicht werden, daß eine kinderreiche Familie, die eigentlich einen Anspruch auf eine angemessene große Wohnung hätte, die aber in absehbarer Zeit nicht zur Verfügung steht, in zwei benachbarte Wohnungen einziehen kann. Ähnliches gilt etwa für zwei nicht verheiratete Rentner, die nur deswegen nicht heiraten, um den Verlust von Renten- oder Versorgungsansprüchen zu vermeiden. Da mit Hilfe eines Wohnberechtigungsscheins in der Regel eine kostengünstige Wohnung angemietet werden kann, wird empfohlen, jeweils vom zuständigen Wohnungsamt die Berechtigung prüfen zu lassen.

Weitere Stichwörter:

Eheähnliche Lebensgemeinschaft, Erhöhung der Kostenmiete, Familieneinkommen, Fehlbelegung, Kostenmiete, Kündigung einer Sozialwohnung, Mietausfallwagnis, Mietsenkung, Sozialmiete, Wohngeld

Wohngeld

Jeder Bürger hat das Recht, einen Antrag auf Zahlung von Wohngeld zu stellen. Wer die Anspruchsvoraussetzungen erfüllt, hat auf das Wohngeld einen Rechtsanspruch wie auf Kindergeld. Ob etwas bezahlt wird und wieviel bezahlt wird, ist von verschiedenen Faktoren abhängig. Erstens kommt es darauf an, wie groß die Familie ist; zweitens ist die Höhe des monatlichen Familieneinkommens zu prüfen, und drittens muß festgestellt werden, welche Miete berücksichtigt werden kann bzw. bei Eigentümern, die auch einen Anspruch auf Wohngeld haben, welche Belastungen berücksichtigungsfähig sind.

Zur Berechnung der Höhe des Wohngeldes gibt es Wohngeldtabellen. Diese sind im Wohngeldgesetz abgedruckt. Die Tabellenbeträge differenzieren zwischen Ein-Personen-Haushalten bis zu Familien mit zehn und mehr Angehörigen. Die Wohngeldtabelle arbeitet nach den Motto, daß derjenige hohes Wohngeld erhält, der niedrige Einkünfte hat. Und umgekehrt: je höher die Einkünfte, desto niedriger das Wohngeld. Außerdem wird bei der Berechnung des Wohngeldanspruchs die Höhe der aktuell zu bezahlenden Miete berücksichtigt. Kurz gesagt: je höher die Miete, desto höher das Wohngeld. Allerdings ist die wohngeldfähige Miete nach Höchstbeträgen beschränkt. Das Wohngeld kann durchaus die Mieter finanziell entlasten. Viele Bürger machen von ihrem Antragsrecht jedoch keinen Gebrauch und lassen ihre Ansprüche nicht prüfen.

In den neuen Bundesländern Brandenburg, Mecklenburg-Vorpommern, Freistaat Sachsen, Sachsen-Anhalt und Thüringen sowie einem Teil des Landes Berlin ist für die Zeit vom 1. 10. 1991 bis 31. 1. 1993 ein vereinfachtes Wohngeldverfahren eingeführt worden. Bei einem entsprechenden Familieneinkommen und bei einer entsprechenden Größe einer Wohnung sowie den zu berücksichtigenden Wohnkosten kann hier der Mieter einer Wohnung, die in den neuen Bundesländern gelegen ist, prüfen lassen, ob er einen Anspruch auf Wohngeld hat. Im Gegensatz zu den alten Bundesländern werden hier Einkommen und Wohnkosten in einfacherer Weise berechnet. Die einzelnen finanziellen Einkommen und ob ein Anspruch auf Wohngeld besteht, ist jeweils gesondert zu prüfen. Man wird jedoch davon ausgehen können, daß ein Anspruch auf Wohngeld erst bestehen wird, wenn zum 1. 10. 1991 die Mieten erhöht und die Betriebs- und Heizkosten auf die Mieter umgelegt werden.

Weitere Stichwörter:
Familieneinkommen, Miethöhe, Ortsübliche Vergleichsmiete

Wohngemeinschaft

Bewohnen mehrere Personen, die keine Familie bilden, eine Wohnung gemeinsam, so wird allgemein von einer Wohngemeinschaft gesprochen. Für den Mietvertrag zwischen dem Vermieter und der Wohngemeinschaft sind mehrere Arten der Vertragsgestaltung denkbar, mit unterschiedlichen Konsequenzen. Unterschreibt nur ein Mitglied der Wohngemeinschaft den Mietvertrag mit dem Vermieter, so ist nur der Unterzeichnende zur Mietzinszahlung verpflichtet. Der Vermieter kann nur ihn zur Zahlung des Mietzinses heranziehen. Unterschreiben alle Mitglieder der Wohngemeinschaft den Mietvertrag, so haften alle Mitglieder der Wohngemeinschaft als Gesamtschuldner (§ 426 BGB) für den Mietzins.

Will ein einzelner eine Wohngemeinschaft gründen und allein den Mietvertrag abschließen, so sind die anderen Mietglieder der Wohngemeinschaft – rechtlich gesehen – Untermieter. Ein Untermietverhältnis darf in der Regel nur mit Erlaubnis des Vermieters begründet werden. Weiterhin besteht die rechtliche Gestaltungsmöglichkeit, daß der Vermieter nicht die gesamte Wohnung, sondern die einzelnen Zimmer an verschiedene Mieter einzeln vermietet. Jeder Mieter hat ein Zimmer allein innerhalb der Wohnung und ist berechtigt, die übrigen Räume, wie Küche, Bad und WC, mitzubenutzen. Es liegt keine Wohngemeinschaft vor.

Schwierigkeiten zwischen den Mietvertragsparteien gibt es immer dann, wenn einzelne Mitglieder einer Wohngemeinschaft wechseln oder ausscheiden wollen. Ist in dem Mietvertrag festgehalten, daß die Wohnung an eine Wohngemeinschaft vermietet ist, dann können die Mieter vom Vermieter verlangen, daß neue Mitglieder in die Wohngemeinschaft aufgenommen werden dürfen, möglicherweise auch über die rechtliche Konstruktion der Untermiete. Um der Kündigungsmöglichkeit wegen unberechtigter Untervermietung entgegenzuwirken, empfiehlt es sich, einen Wechsel der Mitglieder der Wohngemeinschaft dem Vermieter mitzuteilen.

Weitere Stichwörter:
Eheähnliche Lebensgemeinschaft, Nachmieter, Überbelegung, Untermietverhältnis, Möbliertes Zimmer, Vermietergemeinschaft

Wohnlage

Bei der Anwendung des Mietspiegels werden Wohnungen pauschal in drei verschiedenen Wohnlagen erfaßt. Bei der Ermittlung der ortsüblichen Vergleichsmiete ist die jeweilige Wohnung nach den Merkmalen „Wohnlage", „Baualtersgruppe" und „Ausstattung" einzuordnen.
Unter „einfacher Wohnlage" versteht man: besonders dichte Bebauung, Baugebiete mit gemischter Nutzung, außergewöhnliche Beeinträchtigung durch Lärm, Abgase, Rauch, Verkehr, sowie starke Mängel hinsichtlich ausreichender Belichtung und Belüftung. – Unter „mittlerer Wohnlage" versteht man Wohngebiete ohne besondere Vor- und Nachteile, auch in größerer Entfernung zum Stadtzentrum bei ausreichender Verkehrsanbindung zu Einkaufszentren und öffentlichen Einrichtungen. Die mittlere Wohnlage ist gekennzeichnet durch eine in der Regel kompakte Bauweise mit geringen Freiflächen und mit durchschnittlicher Immis-

sionsbelastung. – Von „guter Wohnlage" spricht man, wenn es sich um eine aufgelockerte Bebauung in besonders ruhiger Lage ohne Durchgangsverkehr handelt. Ausreichende Grünflächen müssen vorhanden sein, oder die gute Wohnlage befindet sich in durchgrünten, durch Gärten aufgelockerten Straßen mit guter Verkehrsverbindung zum jeweiligen Stadt- oder Gemeindezentrum.

Weitere Stichwörter:
Ausstattungsmerkmale, Lärmbelästigungen, Mietspiegel, Mietspanne, Ortsübliche Vergleichsmiete, Vergleichsmiete bei Mieterhöhung, Wohnungsgröße

Wohnungsgröße

Der Begriff der „Wohnungsgröße" spielt eine wichtige Rolle bei den „preisgebundenen Wohnungen". Wer einen Wohnberechtigungsschein für eine öffentlich geförderte Wohnung erhält, kann nicht in jede Wohnung einziehen, die ihm gefällt. Damit Wohnungen nicht „unterbelegt" werden, ist in dem Wohnberechtigungsschein die angemessene Größe der Wohnung anzugeben, die der Vermieter dem Mieter höchstens überlassen darf. Für die Bemessung der Wohnungsgröße gibt es unterschiedliche Verwaltungsvorschriften in den einzelnen Bundesländern.

Beispielsweise wird eine angemessene Wohnungsgröße in den Ländern Baden-Württemberg und Nordrhein-Westfalen für einen Ein-Personen-Haushalt mit 45 qm angenommen oder für einen Vier-Personen-Haushalt mit 90 qm oder vier Räumen. Für jeden weiteren zur Familie zählenden Angehörigen erhöht sich die Wohnfläche um einen Raum oder um 15 qm. Die einzelnen Bundesländer schreiben genau vor, was als „angemessene" Wohnungsgröße gelten soll.

Eine wichtige Ausnahme besteht bei jungen Ehepaaren. Von „jungen Ehepaare" spricht man, wenn keiner der beiden Ehegatten das 40. Lebensjahr vollendet hat und die Ehe noch nicht länger als fünf Jahre dauert. Hier geht der Gesetzgeber davon aus, daß in absehbarer Zeit zusätzlicher Raumbedarf für das junge Ehepaar erforderlich sein wird. Deswegen kann hier eine zusätzliche Wohnfläche von 15 qm zugebilligt werden.

Weitere Stichwörter:

Eheähnliche Lebensgemeinschaft, Ehegatten, Familieneinkommen, Fehlbelegung, Kostenmiete, Mietausfallwagnis, Mietsenkung, Sozialmiete, Wohngeld

Wohnungsübergabe

Hat der Mieter seinen Auszug und Umzug beendet, gehört es zu den Pflichten eines jeden Mieters, die von ihm bisher innegehaltene Wohnung und die zugehörigen Nebenräume, wie Keller, Dachboden etc., geräumt und besenrein an den Vermieter zu übergeben (Wohnungsübergabe). Es kann durchaus im Interesse des Mieters und im Interesse des Vermieters sein, darauf zu bestehen, daß bei Beendigung des Mietverhältnisses und nach Auszug des Mieters die Wohnung von beiden beteiligten Parteien nochmals eingehend besichtigt wird und ein „Wohnungsübergabeprotokoll" gefertigt wird. Diese Protokoll sollten beide Parteien unterschreiben. Es ist daher von beiden Seiten sorgfältig darauf zu achten, daß das gemeinsam gefertigte Protokoll auch den objektiven Tatsachen entspricht. Dadurch schützen sich sowohl Mieter als auch Vermieter vor den Behauptungen, die jetzt festgestellten Schäden an der Mietsache seien erst nach Auszug des Mieters entstanden.

Weitere Stichwörter:

Auszug des Mieters, Durchführung von Schönheitsreparaturen, Ersatzansprüche des Vermieters, Nachmieter, Sachverständiger, Schönheitsreparatur, Teppichboden, Verjährung von Schadensersatzansprüchen

Zeitmietvertrag

§ 564 BGB bestimmt, daß das Mietverhältnis, mit dem Ablauf der Zeit endet, für die es eingegangen worden ist. Ist die Mietzeit nicht bestimmt, so kann jeder Teil das Mietverhältnis nach den Vorschriften des § 565 BGB kündigen.

Ein Mietverhältnis kann durch drei verschiedene Arten beendet werden: durch Zeitablauf, durch Kündigung oder aufgrund einer Aufhebungsvereinbarung. Möchte der Vermieter dem Mieter die Wohnung nur für einen bestimmten Zeitraum überlassen, so kann der Vermieter mit dem Mieter einen „Zeitmietvertrag" abschließen. Will der Vermieter einen solchen befristeten Vertrag abschließen, muß er einige Punkte beachten.

Das Mietverhältnis endet mit Ablauf der Zeit (Mietzeitende) völlig problemlos für den Vermieter eigentlich nur bei Wohnraum, für den auch sonst kein Kündigungsschutz besteht. Auf Kündigungsschutz können sich beispielsweise Studenten nicht berufen, die ein Zimmer in einem Studentenwohnheim angemietet haben.

Ob sich ein Mieter auf die Kündigungsschutzvorschriften berufen kann, hängt im wesentlichen davon ab, welche Art von Zeitmietvertrag er abgeschlossen hat. Es gibt Zeitmietverträge **mit** Kündigungsschutz und es gibt Zeitmietverträge **ohne** Kündigungsschutz.

Beiden Vertragstypen ist grundsätzlich gemeinsam, daß während der gesamten Laufzeit des Vertrages das Mietverhältnis nicht gekündigt werden kann. Selbst wenn der Vermieter ein besonderes Interesse an der vorzeitigen Beendigung des Mietverhältnisses hätte, etwa gegen des Eigenbedarfs für sich oder seine Familie, kann der Vermieter seinen nunmehr geänderten Willen gegen den Mieter rechtlich nicht durchsetzen. Eine vorzeitige Beendigung eines Zeitmietvertrages kann allenfalls durch eine fristlose Kündigung bewirkt werden. Allerdings müssen dann die Gründe für eine fristlose Kündigung, wie z. B. nachhaltige Störung des Hausfriedens oder andauernde und hartnäckige Überbelegung der Wohnung, gegeben sein, oder der Mieter ist mit zwei Monatsmieten im Zahlungsverzug.

Bei einem Zeitmietvertrag mit Kündigungsschutz kann der Mieter gem. § 564c Abs. 1 BGB grundsätzlich verlangen, daß das Mietverhältnis über den im Zeitmietvertrag vereinbarten Endtermin hinaus auf bestimmte Zeit fortgesetzt wird. Dabei muß der Mieter freilich beachten, daß das Gesetz verlangt, daß sich der Mieter mindestens zwei Monate vor Ablauf der Mietzeit erklärt, ob er Verlängerung möchte oder nicht. Der Wunsch nach Verlängerung des Mietverhältnisses auf unbestimmte Zeit muß dem Vermieter schriftlich mitgeteilt werden.

Wird die Zwei-Monats-Frist vom Mieter versäumt, muß er die Wohnung räumen. Andererseits ist auch der Vermieter bei Abschluß des Vertrages nicht gehalten, den Mieter auf diese Rechte hinzuweisen.

Ist beim Vermieter das Fortsetzungsverlangen des Mieters rechtzeitig eingegangen, hat nunmehr wiederum der Vermieter die Möglichkeit, diesem Fortsetzungsverlangen schriftlich zu widersprechen.

Der Vermieter hat dann eingehend die Gründe darzulegen, warum er ein berechtigtes Interesse an der Beendigung des Mietverhältnisses hat. Der Vermieter kann hier etwa als Beendigungsgrund „Eigenbedarf" geltend machen, oder er möchte die Mietwohnung einer angemessenen wirtschaftlichen Nutzung zuführen, dann muß er diese Gründe in nachvollziehbarer Form darlegen. Der Vermieter kann hier in jedem Fall die gleichen Gründe vorbringen, die auch zu einer Beendigung eines unbefristeten Mietverhältnisses führen würden. Die rechtliche Konstruktion des § 564c BGB führt also dazu, daß bei einem Zeitmietvertrag **mit** Kündigungsschutz der Mieter praktisch den gleichen Kündigungsschutz genießt, wie wenn er ein übliches, d. h. unbefristetes Wohnraummietverhältnis eingegangen wäre. Allerdings sollte der Mieter die oben beschriebene Zwei-Monats-Frist nicht versäumen, sonst erleidet er erhebliche Rechtsnachteile, es sei denn, es läge auch im Interesse des Mieters, das Mietverhältnis zu beenden.

Des weiteren gibt es auch einen Zeitmietvertrag ohne Kündigungsschutz. Diese Art der Zeitmietverträge konnte frühestens nach dem 1. Januar 1983 abgeschlossen werden. Gem. § 564c Abs. 2 BGB müssen folgende Voraussetzungen erfüllt sein, damit von einem Zeitmietvertrag ohne Kündigungsschutz gesprochen werden kann:
Das Mietverhältnis darf nicht länger als fünf Jahre dauern. Jede Verlängerung der Mietdauer muß im Vertrag ausgeschlossen sein. Weiter muß im Mietvertrag festgehalten sein, daß der Vermieter nach Ende der Mietzeit, d. h. nach Ablauf der vereinbarten Frist, also spätestens nach fünf Jahren, die Räume für sich selbst, seine Haushalts- oder Familienangehörigen nutzen will oder benötigt („Eigenbedarf"). Weiter kann der Vermieter gem. § 564c Abs. 2 BGB anführen, daß er die bewohnten Zimmer zulässigerweise auflösen bzw. wesentlich verändern oder instand setzen will, was bei einer Fortsetzung des Mietverhältnisses nicht oder nur sehr schwer durchführbar wäre. Dabei ist zu beachten, daß die konkret geplanten Arbeiten so umfangreich sein müssen, daß der Vermieter den Mieter nicht ohne weiteres zwingen könnte, die Modernisierungsmaßnahmen zu dulden.

Beachtenswert bei § 564c Abs. 2 BGB (Zeitmietvertrag ohne Kündigungsschutz) ist auch, daß die Absichten des Vermieters bereits bei Vertragsabschluß dem Mieter schriftlich mitgeteilt worden sein müssen. Es empfiehlt sich, die Gründe, warum nur ein Zeitmietvertrag ohne Kündigungsschutz abgeschlossen werden soll, bereits in der Vertragsurkunde mit aufzunehmen.

Spätestens drei Monate vor Ablauf der vereinbarten Mietzeit muß der Vermieter gegenüber dem Mieter schriftlich erklären, daß er seine ursprünglichen und schriftlich mitgeteilten (meist im Vertrag selbst) Absichten aufrecht erhält. Ist dem Mieter ursprünglich nur ein Motiv oder ein Grund genannt worden, so ist der Vermieter spätestens nach Ablauf der Mietzeit nicht berechtigt, andere Gründe dafür anzugeben und die einzelnen Motive auszuwechseln.

Verzichtet der Vermieter am Ende der Mietzeit darauf, die Wohnung wie geplant und wie dem Mieter mitgeteilt zu nutzen, wird das Mietverhältnis zugunsten des Mieters wie ein Zeitmietvertrag mit Kündigungsschutz behandelt. Der Mieter kann dann wiederum die Fortsetzung des Mietverhältnisses verlangen.

Verzögert sich die vom Vermieter beabsichtigte Verwendung der Räume ohne sein Verschulden, kann der Mieter eine Verlängerung des Mietverhältnisses um einen entsprechenden Zeitraum verlangen; würde durch diese Verlängerung die Dauer des Mietverhältnisses fünf Jahre übersteigen, kann der Mieter die Fortsetzung des Mietverhältnisses auf unbestimmte Zeit nach § 564c Abs. 1 BGB verlangen. Dauert also das Zeitmietverhältnis länger als fünf Jahre an, so kommt der Mieter wieder in den Genuß des Kündigungsschutzes.

Weitere Stichwörter:
Eigenbedarf, Fristlose Kündigung, Kündigungsschutz, Modernisierung

Zinserhöhung

Es ist dem Vermieter gestattet, Zinserhöhungen eines dinglich gesicherten Darlehens, die nach dem 1. 1. 1975 eingetreten sind, auf die Mieter umzulegen (§ 5 MHG). Hierzu ist es bei Mietverhältnissen, die vor dem 1. 1. 1973 begründet worden sind, Voraussetzung, ob und in welchem Umfang sich der Zinssatz ab diesem Zeitpunkt erhöht hat. Bei Mietverhältnissen, die nach dem 31. 12. 1972 begründet worden sind, kommt es auf die Zinssteigerung ab dem Zeitpunkt des Vertragsschlusses an. Desweiteren schreibt das Gesetz vor, daß die

Zinserhöhung nicht auf Umständen beruhen darf, die der Vermieter zu vertreten hat. Dies wäre beispielsweise bei einer vermeidbaren Umfinanzierung der Fall, dagegen nicht bei einer Zinserhöhung, die auf einer Diskonterhöhung beruht.

Die Umlage erhöhter Kapitalkosten ist dann ausgeschlossen, wenn das Haus beim Einzug des Mieters schuldenfrei war und erst danach Zinsbelastungen entstanden sind. Dies gilt ebenfalls dann, wenn das Haus verkauft wird und der Käufer neue Schulden macht. Steigen sodann die Zinsen für diese neuen Schulden, können diese nicht auf die Mieter abgewälzt werden. Dies soll nur dann nicht gelten, wenn die Zinsen sich auch ohne den Verkauf erhöht hätten (OLG Hamm, WM 82, 47). Der Vermieter darf vor allem dann keine Zinserhöhung auf seine Mieter überbürden, wenn er auf deren Anfrage hin die genaue Zinserhöhung nicht offenlegt. Eine Mieterhöhung wegen gestiegener Zinsen ist sogar dann zulässig, wenn hierdurch die ortsübliche Vergleichsmiete überschritten wird; dies gilt selbst dann, wenn die erhöhte Miete die Grenze des § 5 Wirtschaftsstrafgesetz übersteigt (OLG Hamm, WM 83, 18).

Weiterhin ist zu beachten, daß die Erhöhungserklärung des Vermieters nur dann wirksam ist, wenn sie schriftlich erfolgt und in ihr der Grund für die Umlage bezeichnet wird, sowie die Erhöhungsvoraussetzungen erläutert werden. Fällig wird die Mieterhöhung aufgrund gestiegener Zinsen vom 1. des auf die Erklärung folgenden Monats oder ab dem 1. des übernächsten Monats, wenn die Erhöhungserklärung erst nach dem 15. bei den Mietern eingegangen ist.

Das Gesetz sieht weiter vor, daß die Miete dann entsprechend herabzusetzen ist, wenn sich der Zinssatz nach einer Erhöhung wieder ermäßigt. Ist das Darlehen getilgt, so ist der Mietzins um den Erhöhungsbetrag ebenfalls herabzusetzen. Treten die vorgenannten, aus der Sicht des Mieters günstigen, Umstände ein, so hat der Vermieter diese Veränderung seinen Mietern unverzüglich mitzuteilen.

In den neuen Bundesländern gilt die Sonderregelung, daß bei Wohnungen, die vor dem 3. 10. 1990 erstellt worden sind, eine Mieterhöhung wegen gestiegener Zinsen nicht möglich ist.

Für öffentlich geförderte Wohnungen gilt, daß die Kapitalkosten aus der ersten genehmigten Wirtschaftlichkeitsberechnung auch dann bestehen bleiben, wenn einzelne Darlehen zurückgezahlt sind. Dies soll auch noch dann gelten, wenn die Preisbindung später weggefallen ist (OLG Hamm, Re WM 90, 333).

Weitere Stichwörter:
Kapitalkosten, Mieterhöhung, Mietwucher, Überhöhung

Zufallschaden

Veränderungen oder Verschlechterungen der gemieteten Sache, die durch den vertragsmäßigen Gebrauch herbeigeführt werden, hat der Mieter nicht zu vertreten. Dies ist die Regelung des § 548 BGB. Unter Zufall versteht man ein Ereignis, das, im Zusammenhang mit dem Mietwohnungsrecht, weder der Vermieter noch der Mieter zu vertreten hat. Aus Sicht des Mieters ist Zufall ein Ereignis, das nicht auf sein Verschulden zurückzuführen ist. Da er die Verschlechterung seiner Wohnung nicht zu vertreten hat, muß er auch für den dadurch entstandenen Schaden nicht einstehen. Der Vermieter ist verantwortlich für die Beseitigung von Schäden und Mängeln. Zwei Arten von zufälligen Verschlechterungen der Mietwohnung sind zu unterscheiden. Einerseits gibt es die „Schäden durch höhere Gewalt" und andererseits die „Schäden durch Einwirkungen Dritter". Unter „höherer Gewalt" versteht man von außen einwirkende Ereignisse, deren Eintritt nicht voraussehbar ist. Selbst entsprechende Vorkehrungen werden solche Ereignisse nicht verhindern. Als Beispiel ·erden üblicherweise Erdbeben, Sturm, Blitzschlag und ·hwasser genannt. Sind die Schäden durch Einwirkungen ·ntstanden, spricht man ebenfalls von Zufallschaden, unabhängig davon, ob den Vertragspartnern der Dritte bekannt ist oder nicht. Häufig ist dies der Fall bei Beschädigungen durch Einbrecher oder wenn Fenster durch fremde Personen eingeworfen werden.

Die Beseitigung von Zufallschäden in der Mietwohnung ist Bestandteil der gesetzlichen Instandsetzungspflicht des Vermieters. Häufig ist davon auszugehen, daß beim Eintritt von Zufallschäden auch Schönheitsreparaturen erforderlich sind. Beispiel: Die Tapeten lösen sich ab, nachdem ein Hochwasserschaden eintrat. Diese „Schönheitsreparaturen" hat der Vermieter auf seine Kosten zu übernehmen. Selbst dann, wenn der Mieter vertraglich die Schönheitsreparaturen übernommen hat. Es ist nämlich allgemeine Ansicht, daß eine vertragliche Abwälzung der Zufallhaftung auf den Mieter gegen die guten Sitten gem. § 138 BGB verstößt.

Weitere Stichwörter:

Abnutzung, Bagatellschäden, Durchführung von Schönheitsreparaturen, Fehler der Mietsache, Feuchte Wände, Kleinreparaturen

Zweckentfremdung

Viele Mieter werden immer wieder feststellen, daß in vielen Orten Wohnraum knapp ist. Die Vermieter können sich die Mieter aussuchen. Aus diesem Grunde sind die Länderregierungen aufgrund des Gesetzes zur Verbesserung des Mietrechts ermächtigt worden, Anordnungen zu erlassen, daß Wohnraum nur mit Genehmigung der Behörde anderen als Wohnzwecken zugeführt werden darf.

Danach können die Landesregierungen für Gemeinden, in denen die Versorgung der Bevölkerung mit ausreichendem Wohnraum zu angemessenen Bedingungen besonders gefährdet ist, durch Rechtsverordnung bestimmen, daß Wohnraum anderen als Wohnzwecken nur mit Genehmigung der von de Landesregierung bestimmten Stelle zugeführt werden dar

Es gibt also Gemeinden in der Bundesrepublik Deutschland, bei denen ein sog. Zweckentfremdungsverbot herrscht. Unter Zweckentfremdung in diesem Sinne versteht man – rechtlich gesehen –, wenn Wohnraum als Geschäftsraum oder zu einer dauernden Fremdbeherbergung, insbesondere zur gewerblichen Zimmervermietung oder der Einrichtung von Schlafstellen (z. B. für ausländische Arbeitskräfte), oder zu einem anderen nicht dem Wohnen dienenden Zweck (z. B. Eros-Center) verwendet werden soll. Ein typischer Fall der Zweckentfremdung liegt vor, wenn bisher als Wohnraum genutzte Räumlichkeiten in Zukunft ausschließlich zu Geschäftszwecken (Büroräume, Ladengeschäft) verwendet werden sollen. Diese Zweckentfremdung hat zur Folge, daß vorhandener Wohnraum entsprechend verkleinert wird.

Verstößt der Vermieter gegen die Genehmigungspflicht, indem er Wohnraum zu anderen Zwecken vorsätzlich verwendet oder anderen überläßt, stellt dies eine Ordnungswidrigkeit dar. Diese kann mit einer Geldbuße bis zu 20 000 DM geahndet werden. Die Zweckentfremdung ist nach dem Zweckentfremdungsverbot genehmigungspflichtig in einzelnen Gemeinden in Baden-Württemberg, Bayern, Berlin, Hamburg, Hessen, Niedersachsen und Nordrhein-Westfalen. Es ist daher ratsam, wenn Wohnraum umgewandelt bzw. zweckentfremdet werden soll, vorher bei der zuständigen Behörde nachzufragen, ob eine Genehmigung erforderlich ist oder nicht.

Weitere Stichwörter:

Betriebsbedarf, Geschäftsraummiete, Mischmietverhältnis, Umwandlung